倭の五王と二つの王家

前田晴人

同成社

はじめに

古代の王権は歴史上のある特定の時期に社会を統合する必要から創始された権力である。王権の成立を超歴史的な天然自然の現象であると考える人はよもやいないであろう。それならば、日本の古代王権はいついかなる経緯をもって成立したのか、またそれはどのような内容・形態のものであったのか、さらには一体誰が王権を創始したのであろうか。こうした問題についてこれまでに積み重ねられてきた幾多の研究を繙いたとしても、意外なことにほとんど何らの解答も与えられていないことがわかる。すなわちわれわれの前にあるのは確実な実証的根拠の上に立たない曖昧模糊とした議論の山に過ぎないのである。

なぜそうなのかと言うと、王権の成立史を見究めていく上で最も重要な史料がきわめて乏しいという障害が立ちはだかっているからである。国内にある古代の史料は『古事記』『日本書紀』にほぼ限られている。百戦錬磨の研究者たちは両書をあらゆる角度から検討して真実の歴史を描こうと日夜努力を積み重ねてきた。だが、古代史の真相に到達したとするにはほど遠く、右の疑問に明快な解答を与えた研究はいまだに出現していないだけではなく、最近の研究には刺激的な斬新さや現状を打破しようとする意気込みを欠如したものが少なくなく、さらには研究自体が停滞しているという憂うべき状況に陥っているのである。

本書で論じようとするのは五世紀の倭の五王の時代の王権の実像である。筆者は四世紀後半から五世紀初頭の時期に世襲王権が成立し、それ以前は世襲制に基礎を置かない七代の女王の時代(女王の国)が続いたと考えている。最後の女王の時に王位を継ぐことのできる特定の王家、つまり聖なる血筋を受け継ぐ王統譜が形成され、この系譜に出自する王族でなければ即位することができないという観念が確立されたと考えられ、こうした王権の系譜と血統の観念を生みだした主要な勢力は、クメ・ワニ・カツラギという大和に本拠地を置いていた三つの集団であったと推測される。彼らの合議と共同の企画により軍事的色彩を帯びた男王制が史上初めて成立するのである。

初代の男王すなわち始祖帝王は一体誰であったのか、彼は誰の子どもなのであろうか。また始祖帝王の誕生はどのようにして達成されたのか。これらの問題を具体的に究明しないでは倭の五王の五世紀史を本当の意味で論述することはできないであろうし、その後に展開する歴史を語ることもできないであろう。筆者は生まれつき物事の始まりを知らないでは済まない性格の人間である。日本社会の基軸・本質とも言うべき天皇制の始まり、すなわち王権誕生のメカニズムとその動態を明らかにすることが何よりも重要な古代史学の責務であると考えている。

目次

倭の五王と二つの王家

序　章

1 「倭の五王」の復原系譜

次頁に掲げた図1の系譜をまずじっくりとご覧いただきたいと思う。これは本書でこれから詳細に肉付けしようとする五世紀代の王(天皇)系譜と倭の五王に関する系譜を統合して表したもので、最近の筆者自身の研究をベースにして得られた結論を私案として示したものである。歴史的に実在した五世紀の倭国の王系譜は具体的にはこのようなものになると考えられることを予めご諒解いただきたいと思う。

片仮名で記したそれぞれの人名の下に【　】を付して讃・珍・済・興・武とあるのが中国の史籍にみえる「倭の五王」であり、人名の横には対応する天皇の名号を示してある。

倭王讃と考えられるホムツワケ王には天皇名を省いているが、この王は名の知られているいずれの天皇とも対応しないためにこのように書かざるを得なかった。ホムツワケ王は古代史学界の定説ではこれまで実在しない虚構の人物とみなされてきた王者であるが、筆者はこの人物こそが実際の始祖帝王であり、また言い方を変えると天皇系譜の最初に据えられる真実の初代天皇と目すべき人物であると考えている。そこで、私見と従来説とを比較検討する必要のために、『古事記』『日本書紀』に掲載されている天皇系譜を

図1　倭の五王の復原系譜

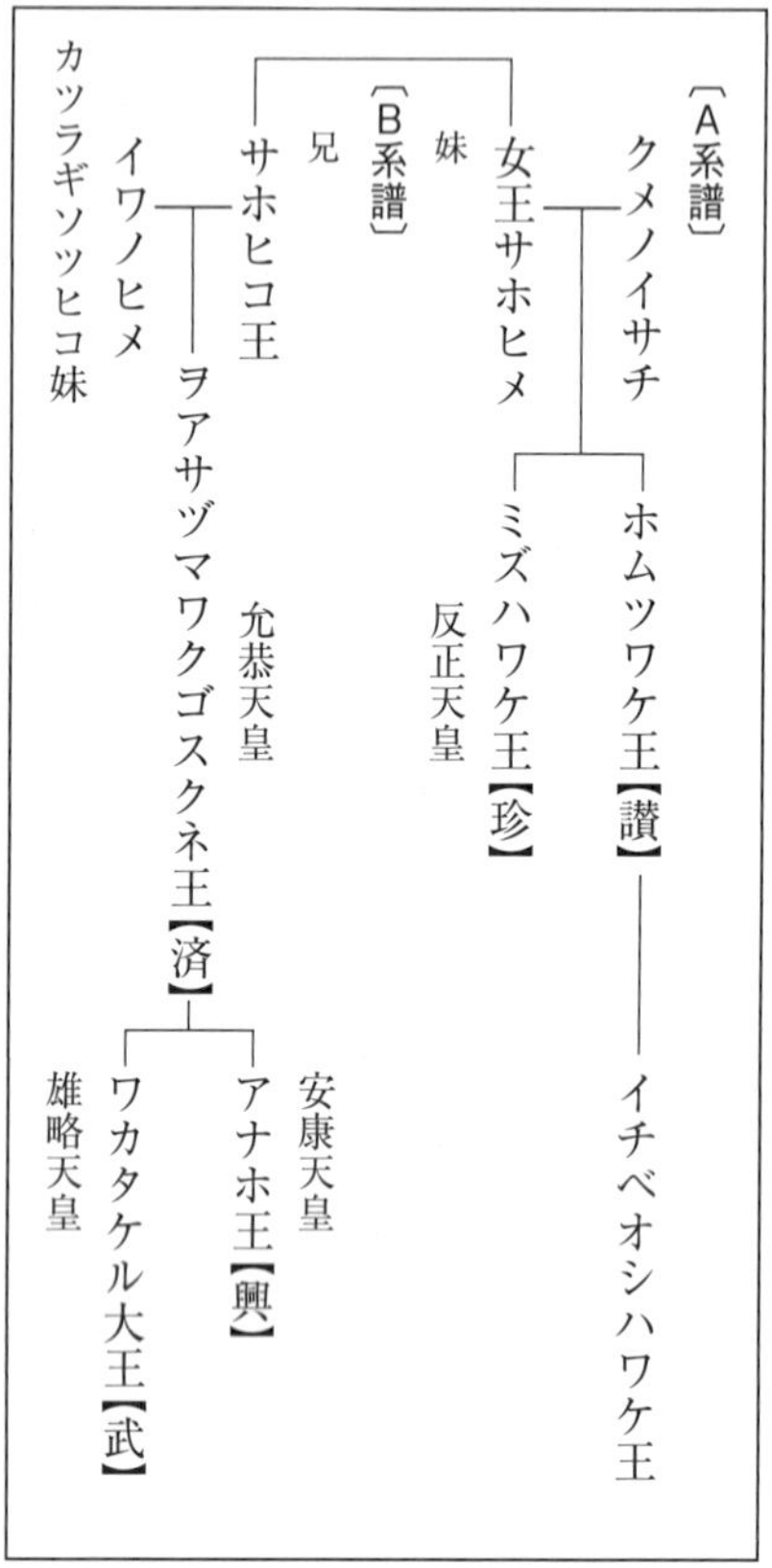

別図の形で表してみると次のようになる。

図1と図2とを見比べていただければ筆者の提説の内容がいかに従来説とは趣きを異にしているかがおわかりいただけると思う。両図で本質的に違うところはおよそ三つの点で、その一つ目は、図1の系譜の冒頭にみえる四人の男女は歴史的には事実としての天皇系譜のはじまり・開祖（太祖）に位置づけられる人々で、図1の系譜の前代にはおよそ二世紀間にわたる世襲制とは無縁の「女王の時代（女王の国）」が存在し、反対に図2では天皇の系譜はさらに過去へ延伸され、応神天皇から遡ること十五代で神武天皇にまでつながっていることである。

二つ目は、図1にあっては応神・仁徳・履中の三天皇が王系譜から完全に消えており、履中天皇の位置にホムツワケ王【讚】が入っていて、この王こそがヤマト王権の初代男王とみなし得るが、それとは逆に、図2では四世紀末から五世紀代の天皇系譜が応神・仁徳両聖帝を始源として一系に結び合わされていることが鮮やかに示されている点である。応神・仁徳・履中の三天皇は、ホムツワケ王の存在を現実の歴史から排斥するために創作された架空の天皇群とみなさなければならないのである。

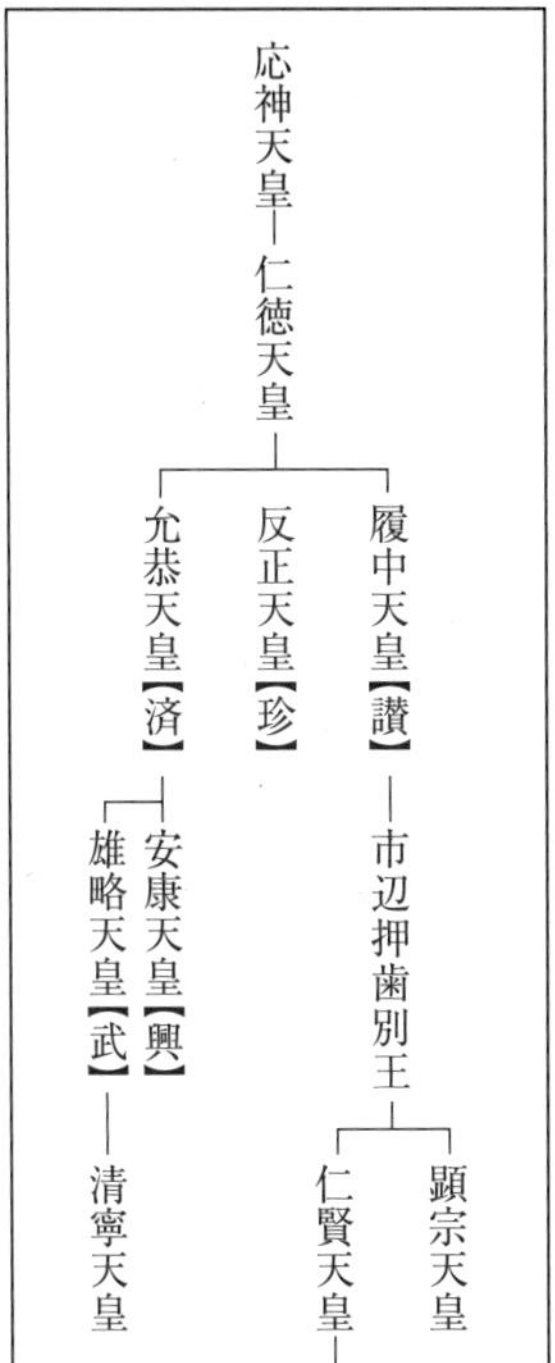

図2　応神・仁徳（記・紀）系譜

三つ目は、図2においては履中・反正・允恭天皇が同腹の兄弟関係にあって一線に並列しているが、図1では倭王の【讃】【珍】と【済】とが父母を異にする従兄弟関係にあることが理解され、A系譜とB系譜は血縁関係にある二つの王家の存在を示している点である。『古事記』安康段に「己が妹や、等し族の下席に為らむ」という仁徳天皇の子大日下王の穴穂御子に対する言葉がある。書紀には同じことを「其れ同族と雖も、豈吾が妹を以て、妻とすること得むや」と表現している。言うまでもなく、これらの言辞はあくまでも図2の系譜関係を大前提として発せられたものではあるが、図1の系譜でも情況は同じであり、【讃・珍】と【済・興・武】とは「同族」であることに変わりはないのである。当時の王家は図1の系譜関係を基にして血筋において明確につながっており同族の関係にあったと言えるだろう。

しかも、図1の系譜をじっくりとながめてみると、允恭天皇も見方によっては始祖帝王の位置にあると言うべきである。従来の五王研究史ではA・B両系譜の形成要因はおろか、血縁関係そのものが具体的にどのようになっていたのか提示されたことも解明されたこともまったくなく、結局のところ図2の系譜を信頼しそれに依拠する形であらゆる論議が進められてきた。そのために古代史の研究は停滞したままで新たな進展がみられない状態に陥っているのである。

2　ホムツワケ王の排斥

これまでの天皇系譜に関する研究史を顧みてみると、応神天皇以後の系譜は「ほぼ信用できる」というスタンスで行われてきた。井上光貞氏の著書『日本国家の起源』（岩波書店、一九六〇年）に明記されている、「皇室系図は応神まではほぼ信用しうるが、神功以前は疑わしいというのが、津田氏以来の定説である」という文章が学界の評価を端的に示している。この文中で津田氏と呼ばれている人物は言うまでもなく津田左右吉のことを指しており、戦前に『古事記』『日本書紀』に対する厳密で体系的な学問的批判を行った唯一の研究者である。

しかし、「ほぼ信用できる」という評価は学問的には最も曖昧で危険な言説にほかならず、応神天皇に関する津田の発言内容には歴史的実体性が窺えないことを遺憾とする。しかも戦後の古代史学界を牽引した井上光貞氏の応神天皇東遷説や直木孝次郎氏の河内政権論も、津田説の延長上にあって歴史構想がきわめて脆弱な基盤の上に作り上げられていると言わざるを得ない。

筆者としては応神天皇の実在性の問題を厳密にクリアできない研究にはもはや学問的な価値が乏しいものと判断し、邪馬台国段階の倭女王卑弥呼からホムツワケ王が登場する四世紀末ないし五世紀初頭頃までのヤマト王権の権力構造を独自に解析し、この間は世襲制に基盤を持たない「女王制(女王の国)」である事実を明らかにした。これによって、真実の王系譜は『古事記』『日本書紀』両書に記されているものとはよほど異なる内容のものであったことが判明したのであり、前著『古代女王制と天皇の起源』でそのことを詳しく論じておいた。

そもそも記・紀両書には二種類の始祖帝王誕生を物語る説話が掲載されている。その一つは神功皇后伝承で、新羅征討という話にかこつけて聖帝応神天皇(ホムタワケ)の誕生と天下統治に至る由来を詳しく書き記している。もう一つは、垂仁天皇の最初の子どもで誉津別王(本牟都和気王・ホムツワケ)の出生にまつわる神秘的な物語である。私はこの二つの説話のうち、神功皇后伝承は実在の始祖帝王ホムツワケの事績を正史から排除し消去するために造作された物語であると考えた。と言うより、神功皇后伝承は元来ホムツワケ王にまつわる伝承であったものが、ホムタワケのそれに書き換えられたものと推測できるのである。

記・紀両書がなぜホムツワケ王を天皇系譜の基軸から排除する措置をとったのかと言うと、ホムツワケが本物の始祖帝王(初代天皇)であるという歴史的な事実と、王が女王の子どもであるという厳然たる二つの事実が明るみに出ると、必然的にホムツワケ王以前は長い「女王制の時代(女王の国)」だという史実が明らかになり、また、世襲制を欠如した女王制が長期にわたって現実に存在したとなると、万世一系の天皇統治の歴史は空想であり虚偽であるということが国内的にも対外的にも明確化し、高天原の神統譜に直結する神聖な天皇の系譜とその歴史とを実体化し説明することができなくなるからである。むしろ、万世一系の天皇統治を描くためには女王制とホムツワケ王の存在が邪魔になったと考えてよい。

『古事記』『日本書紀』両書の編纂は天武朝から開始されたのであるが、欽明朝から舒明・斉明朝にかけての頃にこうした建国史の構想が「帝紀・旧辞」の形ですでに練り上げられており、継体天皇の始祖王像のホムツワケからホムタワケへの転換とともに、ホムツワケ王の歴史的な事績が消去されていったと考えられるのである。ホムツワケには成人して以後の治世にまつわる記述がいっさい無く、ホムタワケには誕生から成年式を経て天下統治に至る話が完備しているのであるが、後者が虚偽の歴史を書いていると言わざるを得ないのであり、このようにして文献上では真実の始祖帝王ホムツワケの歴史からの排斥が断行されたと言えるのである。

3　倭王讃＝ホムツワケ王説

中国の『宋書』倭国伝をはじめとした二、三の史料によると、五世紀初頭から五世紀後半にかけての時期に五人の倭国王が劉氏の宋王朝に遣使朝貢した事実が記載されている。詳しい内容については本文の中で改めて述べることにするが、讃・珍・済・興・武の五王のうち、済・興・武についてはその続柄や在位年代などの点から『古事記』『日本書紀』の允恭・安康・雄略三天皇に比定することができ、こうした説に異論を唱える研究者は現在ほとんどいない。

問題になるのは讃と珍が一体誰なのかということであり、『宋書』倭国伝が讃・珍を兄弟と明記していることを学問上の起点に据えると、讃を履中天皇に、珍をその弟の反正天皇に比定することが正しいやり方と言えるが、讃に関しては応神天皇を当てる説や仁徳天皇のこととみなす説なども出され、現状ではなお万人を納得させる重みを持つ学説は提起されておらず、そのため四世紀末頃から五世紀前半頃にかけての倭王讃の時代の様相を的確に掴むことができないという学問的な混迷の状態にあると言えよう。

しかるに、右に述べたようにこの時期はヤマト王権にとっては女王制の終焉と始祖帝王ホムツワケの時代への転換期に位置づけることができ、ホムツワケ王こそは歴史的に実在した天皇系譜上の初代であると断定できることから、倭王讃の実像をホムツワケ王とみなすことができるのであり、これまでの諸説がくり返し応神・仁徳・履中三天皇のいずれかを倭王讃に擬定してきた努力はすべて失当で、史料的根拠を欠如した単なる想像説であったと言うことができる。

さらに讃・珍と済の関係について、従来説では何ら具体的な分析や提案もなく二つの王統が存在したというようなはなはだ根拠に欠ける論議がくり返されてきた。しかるに、図1の復原王系譜を見てもわかるように、両者は明らかに従兄弟関係で結ばれており、讃・珍の王統と済の王統とが別個の勢力であったとみなすような王権構想はいかに無意味で空想的な解釈であるかということが明確に理解できる。倭王讃以前が「女王の時代(女王の国)」であったという厳然たる史実を踏まえなければ、倭の五王の時代の実相を把握することはできないであろう。

そもそも応神・仁徳・履中天皇らの実在性についての確証が得られていないところで、いかにさまざまな論議をくり返しても、結局議論は堂々めぐりの水掛け論に終わらざるを得なかったのである。書紀紀年論や古事記崩年干支を利用しての五王研究もこれまでさしたる成果があげられていないのは、五王に比定されるべき天皇が実際に生存した人間ではなかったからであると言わざるを得ない。「女王制(女王の国)」

の国家履歴を秘匿する意図から編み出された虚構の天皇群を、勇断をもってわれわれの歴史構想から排除しなければ問題は永久に解決できないであろう。

4　二人の始祖帝王

本書は、これまで実在の始祖帝王と認識されてこなかったホムツワケ王を倭王讃の実体であるとみなして論を立てることにする。倭の五王の長い研究史の中で、ホムツワケ王をまともに五王の候補として取り上げた研究者はこれまでに誰一人としていなかったという事実と、さらにその前提として、『古事記』『日本書紀』の天皇系譜からホムツワケ王が本物の始祖帝王＝御肇国天皇であるという史実を究明した研究者がいなかったという事実とにおいて、いわば筆者はホムツワケ王の実在の古代史への復権を果たす役割を担うという強烈な自覚の下に叙述を進めていこうと思う。

それともう一つの課題は、先ほどすでに指摘しておいたように、図1のB系譜において倭王済すなわちヲアサヅマワクゴスクネ王（允恭天皇）もある意味では系譜上の始祖的な位置にあるということである。後述するようにA系譜とB系譜は本質的に対等な王系ではないが、そのために允恭は自己をより一層強く始祖帝王であるとみなし、A系譜に対抗するさまざまな強権的措置をとった可能性が強い。そのことがひいては五世紀の王権史に血塗られた権力闘争の刻印を押し、さらにはA・B両系譜がともに断絶の危機に瀕した元凶になったのだろうと考えているが、允恭とはいかなる王者であったのかを本書において精力的に明らかにしていきたいと思う。

第一章　倭の五王の前史

1　古代史料の性質

『古事記』『日本書紀』は古代王権の歴史を明らかにしていく上で最も基本的で重要な文献史料である。しかし、そこに記されているヤマト王権の歴史、あるいは換言するならば歴代天皇を主役とする建国史には現実に生起したこととは全く様相の異なる歴史が描かれていると考えなければならない。むしろそれは歴史というよりも理念的かつ権威的な天皇統治の物語が書かれていると言ったほうがよいのである。そのために真実の歴史は歪曲や造作を施され、大胆にも史実を隠蔽し虚偽を書かなければならない事態が生じたのである。

ただ、興味深いのは、『古事記』『日本書紀』の編者らは何の素材もないところから歴史を書き起こそうとしたのではないという点である。歪曲・造作や隠蔽工作を施すためには、その前提として編者らの前に操作を行うための材料が存在していなければならない。古代の宮廷には古くから伝えられた口頭伝承や文字化された文書の類、あるいは諸氏族の伝える系譜や伝承などがあった。それらを利用しつつ理想的な建国の構想にしたがって両書はまとめ上げられたのであり、全編が荒唐無稽な丁稚上げの作文ではないということを認識してかからなければならないことは言うまでもない。

とりわけ本書のテーマになっている四・五世紀の王権成立史を考えていく際には、両書に含まれているその時代の情報そのものは微々たるものではあろうが、何らかの形で古い史実が潜在している可能性を否定することはできないので、できるだけ丹念にそれらの事実を復原し拾い集めながら歴史の再構成を行うことにしたい。

2 「女王の国」の提唱

『魏志』倭人伝が書き記している三世紀の倭国の歴史と、同じく『宋書』夷蛮伝・倭国の条が伝えている五世紀の倭国の歴史との間には、およそ一世紀半以上にわたる空白の期間が挟まっている。女王台与の西晋への遣使のことが伝えられる三世紀後半から、倭王讃の活躍が知られる五世紀初頭頃までの期間のヤマト王権の歴史については、現在でもほとんど何一つ事実らしいことが明らかにされていない。この時代のヤマト王権がどのような権力構造をもち、どのように展開したのかについてはこれまでにさまざまな学説が唱えられてきたが、それらの学説や歴史構想と合致するような考古学的事実・証拠はこれまでほとんど得られていない。

なぜそのような奇妙なことになっているのかと言うと、従来の学説は多かれ少なかれ『古事記』『日本書紀』に記されている建国史の記述をベースにし、それをどこかで信用しながら叙述を進めてきた経緯があるからであろう。神武天皇の実在は否定しても、崇神天皇は実在した御肇国天皇ではないだろうかとか、仲哀天皇・神功皇后の夫婦は実在しなかったが、その子どもである応神天皇は実在性の強い天皇であるといったおよそ非学問的な思いつきや構想に基づく諸種の学説が唱えられてきたからである。

こうした閉塞的で内容の乏しい学説情況に対して、筆者は右のいわゆる「空白の四世紀」を究明するための実体的な歴史概念として「女王制」という概念を新たに提唱し、女王卑弥呼・台与の時代から倭王讃が出現するまでのヤマト王権の歴史は「女王の時代」として説明することができると考え、『古事記』『日本書紀』の記述の中からこれまでほとんど史料的に看過されてきたヒメにまつわる古い伝承を検討し、それらが未知の「女王制」に関わる史料群であることをつきとめた。

「女王制」の提唱には『魏志』倭人伝の女王卑弥呼の存在が大きく関与している。従来の学説は言うまでもなく卑弥呼の実像を明らかにすべくさまざまな検討を加えてきたが、卑弥呼から始まる女王を次の台与の時代で終わらせてしまい、「女王制」の論理をさらに四世紀にまで及ぼして論じることをしなかった。なぜかと言えば、一つには有力な一次史料がほとんど存在しないために大胆な構想を打ち出すだけの基盤が整えられていなかったこと、もう一つはヤマト王権は四世紀代には男王の世襲制に移行していたのではないかという単純な思い込みに囚われていたことによるものと考えられる。

しかし、一次史料が存在しないということ自体も実は研究者の偏見と思い込みによるもので、『古事記』『日本書紀』が史料の宝庫であることを再認識する必要があり、さらに男王制が早くから導入されたという恣意的な思い込みは、同じく『古事記』『日本書紀』からの呪縛を脱することのできない研究者自身の長年にわたる偏見に基礎を置いている。もし仮に筆者の歴史構想が正鵠を射るものであるならば、初期ヤマト王権の歴史は世界的にみてもきわめて珍しい「女王の国」の歴史であったと言えるのである。初代女王卑弥呼から最後の実在した女王サホヒメまでにおよそ七人七代にわたる女王を析出することができるが、倭国の「女王制」には次に説くようなはなはだ興味深い歴史的特質が備わっているように思われる。

3 「女王の国」の史料

まずは、以下の説明が理解しやすいように筆者が発掘した七人七代にわたる女王の群像を表の形で列挙しておくことにしよう。初代女王卑弥呼から最後の女王サホヒメまでの女王は次のような顔ぶれの女性であると考えられる。ただし、これらの女王の即位順についてはなお確証が得られていない点があるので、現在の筆者の推考に基づき仮説として並べているだけであることを予め申し添えておきたい。

初代女王	卑弥呼	カグヤヒメ	山代国
二代目女王	卑弥呼	トヨヒメ	山代国
三代目女王	卑弥呼	タカノヒメ	旦波国
四代目女王	卑弥呼	ハリマノイナミノオホイラツメ	針間国
五代目女王	卑弥呼	ヒバスヒメ	旦波国
六代目女王	卑弥呼	カニハタトベ	山代国
七代目女王	卑弥呼	サホヒメ	大和国

読者にとって、右の表ははなはだなじみの薄いものと思われるので、簡単に解説を施しながら史実に迫っていくことにしたい。まず右の七人の女王について史料上の出典の問題から始めることにしよう。初代女王卑弥呼と二代目女王台与(ヒメ)に関しては『魏志』倭人伝がその存在を明記しており、また『日本書紀』の神功皇后紀にも著名な関連記述があって、彼女らは明らかに女王としての性格がはっきりしているので、これらは当面問題外としておく。三代目女王から七代目女王までのヒメについては次のようになる。

三代目女王　タカノヒメ　『古事記』開化段・『日本書紀』開化巻
　　　　　　　　　　　　『古事記』垂仁段・『日本書紀』垂仁巻
四代目女王　ハリマノイナミノオホイラツメ
　　　　　　　　　　　　『古事記』景行段・『日本書紀』景行巻・『播磨国風土記』印南郡条
五代目女王　ヒバスヒメ　『古事記』垂仁段・『日本書紀』垂仁巻
六代目女王　カニハタトベ　『古事記』垂仁段・『日本書紀』垂仁巻
七代目女王　サホヒメ　『古事記』垂仁段・『日本書紀』垂仁巻

これらの女王たちのうち四代目のハリマノイナミノオホイラツメ以外はみな垂仁天皇の后妃という伝承を保持している。垂仁天皇は数多くの后妃と次々に死別し結婚をくり返したことになっているのだが、興味深いことにタカノヒメ・ヒバスヒメ・カニハタトベ・サホヒメの四人に関してはそれぞれのヒメに独立した固有の物語があり、元来は別々の形でヒメの系譜と伝承が宮廷に伝えられていた蓋然性が高い。タカノヒメの伝承は開化天皇の后妃記事にも及んでいて別人のようにも取り扱われているのであるが、内容から判断するとこれも元々は同一の女王に関する伝承であったものが開化記と垂仁記とに分散して伝えられたものであろう。

垂仁天皇の后妃については、周知のように『古事記』垂仁段にもう一人カグヤヒメ(迦具夜比売)にまつわる系譜伝承があり、このヒメに関しては筆者は初代女王卑弥呼の諱(実名)であると解しており、後で少し触れる点があるので、ここでは史料上の事実関係だけを指摘するにとどめておきたい。

ハリマノイナミノオホイラツメに関しては景行天皇の后妃で著名なヤマトタケル命の生母であると伝えられている。景行天皇(オホタラシヒコ)は六・七世紀の天皇の通称たる「阿毎多利思比孤(アメタラシヒコ)」から造作された架空の天皇であって、ヤマトタケル伝承の編纂に合わせて古い女王の伝承の中から特別に選び出されたヒメであったと考えられ、本来は天皇の后妃ではなく女王であったと解してよい。

これらのヒメにまつわる所伝が垂仁天皇の事績と密接に結びつけて語られている点について、私は垂仁天皇が最後の女王サホヒメの婚姻相手に選定されたクメノイサチなる人物を基盤にして造像された虚構の天皇であり、その事実によって女王の伝承群が一括して垂仁天皇の后妃としてまとめ上げられたものと推測している。

クメノイサチは四世紀後半頃の親衛軍久米集団の指揮官で、ヤマト王権の高官を兼ねる人物であったらしく、それまでの女王制の解体・廃止策を推進した政界の大立者であったとみている。垂仁天皇は崇神天皇と並んでいわゆる「三輪王朝」の王者であるとみなす議論が盛んに行われてきた経緯があるが、両者はもとより天皇として実在した人物であったとは考え難い。

ちなみに、崇神天皇の后妃とその出自氏族をここで列挙してみると、次の三人の女性が伝えられていることがわかる。

・崇神天皇の后妃〔『古事記』崇神段〕
①遠津年魚目目微比売　（木国造、名荒河刀辧之女）
②意富阿麻比売　（尾張連之祖）
③御真津比売命　（大毘古命之女）

・崇神天皇の后妃〔『日本書紀』崇神巻〕
①皇后　御間城姫　（大彦命之女）
②又妃　遠津年魚眼眼妙媛　（紀伊国荒河戸畔女）
③次妃　尾張大海媛

これらの后妃伝承を一見してもわかるように、崇神天皇の后妃はすべて畿内とその近辺の有力な氏族出身の女性であり、しかも阿倍臣・紀直・尾張連らは六世紀以後に活躍する比較的新しい氏族ばかりである。

もし仮に崇神が実在したとしても、三世紀末から四世紀前半頃にこれらの氏族が存在したこと自体が疑わしく、後世の編纂に際しての造作・加上であるとしか言えない。崇神の名号（ミマキイリヒコイニエ）の一部には確かに原始的な要素が含まれている。ミマキは『魏志』倭人伝に記されている邪馬台国の第二高官「弥馬升」と関連する職号かも知れず、もしそうであるならばこれをもって彼が天皇であったことを証明することは不可能で、むしろクメノイサチと同じくミマキノイニエという有力首長の個人名であったと考えた方がよいだろう。

これに対して垂仁天皇の場合には、后妃は氏族制度がまだ姿を現わしていない時期の地方有力首長の系譜上に出自する女性ばかりであることが際立っている。試みにそれを列挙してみよう。

・垂仁天皇の后妃〔『古事記』・『日本書紀』〕

①サホヒメ（サハヂヒメ）　日子坐王・沙本之大闇見戸売
②ヒバスヒメ　旦波比古多多須美知宇斯王・丹波之河上之摩須郎女
③タカノヒメ　旦波之大県主由碁理
④カグヤヒメ　大筒木垂根王
⑤カニハタトベ（エナツヒメ）　山代大国之淵（不遅）

このように、垂仁天皇の后妃はみな地方出身の有力首長の娘たちであることがわかり、さらに①・②には実母の名も伝えられており、何らかの古い所伝がそれぞれのヒメの系譜と伝承に付随していた可能性があることを示している。これらのヒメ群像は『古事記』『日本書紀』の編纂に際して最終的には天皇の后妃に書き換えられたのであろうが、元来は地方から召し出された女王たちであったとみなしてよい人々であった。

4　女王制の特質

以上で歴代女王の史料上の出典とその批判的な解釈の仕方を説明し終えたので、次は女王制の特質を順次述べることにしたい。まず初代女王卑弥呼についてであるが、通説化しているように「卑弥呼」を女王の諱(実名)と考えてはならない。「卑弥呼」というのは女王に選ばれた女性の特殊な称号ないしは職名で、女王が一生涯にわたり仕えた特別な神霊の妻であることを表す倭製称号なのであり、歴代の女王はみな「卑弥呼」であったと解さなければならない。『魏志』倭人伝には、

倭国乱れ、相攻伐すること歴年、乃ち共に一女子を立てて王となす。名づけて卑弥呼という。鬼道に事え、能く衆を惑わす。年已に長大なるも、夫婿なく、男弟あり、佐けて国を治む。

とあり、女王に選定された女子が「卑弥呼」と呼ばれた事実、さらに卑弥呼は年齢が高いにもかかわらず「夫婿なく」という状態であったと伝えられているのであり、それは彼女が何らかの神霊の妻であったことを示す証拠なのである。

筆者は「卑弥呼」が生涯仕えた神霊は三輪山の神オホアナムチであると推定しているが、三輪山は邪馬

台国(大和国)の首都に聳える聖なる神山で、女王制を加護するという重要な働きをした神霊であった。そして、初代女王卑弥呼以後の女王たちもみな同じく神霊オホアナムチの妻となり、世俗の婚姻がタブーとされ禁止されていたため彼女らには子どもがなく、そのために女王位の世襲は行われなかったと考えてよい。換言するならば、歴代の女王はその死を契機として別の女王と入れ替えられ、女王位が特殊な血筋の一族に脈々と受け継がれた形跡をたどることができないのである。

次に、初代女王卑弥呼の諱を「カグヤヒメ」とした理由については、『古事記』の垂仁段にその名が記されている「迦具夜比売」が彼女の諱に該当するのではないかと考えている。平安時代初期に作られた「かぐや姫」の物語は古い女王の伝承をベースにして創作された話と推定され、『古事記』の編者は「迦具夜比売」にまつわる伝承をすべて割愛し、ヒメの出自と名だけを書き記して垂仁天皇の妃とし、女王の実像を後世に悟られないように工夫したのであり、『日本書紀』ではヒメの名を記載することさえも省いてしまい、代わりに倭迹迹日百襲姫なる皇女の伝承を造作して卑弥呼の実像を隠蔽しようとしたのである。私は初代卑弥呼の諱をカグヤヒメに擬定し、その出身地を山代国の綴喜郡ではないかと推考し、その「宗女」と記された二代目女王台与(ヒメ)も同じ綴喜郡から召し出された女性であったと憶測している。

このように考えられるとすると、意外にも歴代の女王は邪馬台国すなわち大和国の出身者ではなく、地方から召し出された蓋然性が高いのではなかろうか。前掲の表(十二頁)を見てもわかるように、大和国出身の女王は最後のサホヒメだけであり、それ以外はみな後の畿内とその周辺の国々の出身者であったことが推定できるのである。

　このように歴代の女王が邪馬台国つまり大和国の範域から召し出されなかった事実は重要で、このことは邪馬台国の首長層は女王位を自分たちで独占せず、王位の争奪による邪馬台国内部での首長層同士の紛争を極力回避しようとしたこと、さらに地方出身の女性の中から女王を選別する慣例を形成することによって、地方の首長層を邪馬台国に統合し服属させるという巧妙な政策をとっていたことを物語るものである。

『魏志』倭人伝によれば、女王卑弥呼の周辺には「婢千人を以て自ら侍せしむ」との記載があり、地方出身の多数の女性が女王の都に召し出され居住していた情況を窺わせており、それらの中から神霊オホアナムチの妻としてふさわしい女性が次代の女王に選定されたとみられるのである。倭人伝はこの女王の選定を「乃ち共に一女子を立てて王となす」と記しているが、女王を「共に……立て」た主体は邪馬台国の首長層であるとみなすことができ、地方の側に女王を選定する権限はなかったと考えてよい。

5　女王の輔政者

　ところで、説明を単純化するためにこれまでに掲げてきた表では女王の名だけを列挙しているが、実は筆者の言う「女王制」には次のような顕著な歴史的特質があることを指摘し強調しておかねばならない。

　初代女王　卑弥呼　カグヤヒメ（姉）――男弟
七代目女王　卑弥呼　サホヒメ（妹）――――サホヒコ（兄）

右に記したように女王にはそれを補佐する男性の兄弟がつき従っていた。遺憾ながらこれ以外の五人の女王には親族関係にある兄弟の伝承が遺存していないのであるが、女王には必ずや男性の輔政者が伴っていたと想定してよい。筆者はこうした初期ヤマト王権の王位のあり方を「ヒメ・ヒコ」制として捉えてよいと考えているが、重要なことはこの「ヒメ・ヒコ」を弥生社会後期から古墳時代前期にかけての首長制の共同統治の組織として把握する必要があることで、ヤマト王権だけに特殊な権力装置ではないという点である。

ヒメとヒコとは日常の政治や祭祀・戦闘などには共同して当たり、どちらか一方が政治権力を掌握し他方は祭祀のみに専念するというような組織ではないということであり、ヤマト王権の場合には「ヒメ」が女王位に就いている関係から、男性の兄弟は女王の輔政者として共同で統治に当たっていたと想定できるのである。研究者によってはヒコもまた王位に即いていたと想定する者がいるが、筆者はヤマト王権に二重王制を想定することはできないと考えており、倭人伝にみえる「男弟」には彼が王であったことを示す記述がみられないことをとりわけ重視したい。男弟はあくまでも女王の共同の輔政者であったと考えるべき性質のものである。

『魏志』倭人伝には初代女王卑弥呼が死没した時、男王を即位させる動きがあったと記し、それに対抗する勢力が卑弥呼の宗女台与(ヒメ)を立てたため、両者が千人を殺戮し合う権力闘争に発展したと伝えている。男王擁立派は「ヒコ」を王位に即ける「ヒコ・ヒメ」制をめざした勢力と考えられるが、そのような体制を望んだのは男王擁立派がオホアナムチとは違う神霊を祭る勢力であったからであると推測できる。本書では詳しい検討を省くが、「ヒコ」を前面に押し立てて男王の即位を画策したのは三輪山の南方に聳える鳥見山の神霊を信仰していた集団で、『古事記』『日本書紀』の神武東征伝承で語られているナガスネヒコ(トミヒコ)とミカシギヤヒメ(トミヤヒメ)の兄妹に象徴される政治集団であったと考えている。

男王制すなわち「ヒコ・ヒメ」制は邪馬台国以外の国々ではすでに一般的に施行されていた形態であり、奴国・伊都国や狗奴国だけでなく、邪馬台国自体も女王卑弥呼を擁立する前には男王制を採択していた事実がある。しかるに旧来の慣例を破ってまでもヤマト王権が女王制に転換したのは、邪馬台国が倭国全体の統合をめざす勢力に発展するためには地方出身の女王を擁立するのが最良の方策であると考えられたためであり、国々の統合と服属の推進のためには優れたやり方であって、三輪山の原初の神霊オホアナムチが国土の経営・国作りの大神とされた由来がこの点にあることも想起されなければならない。

ところで、『魏志』倭人伝は女王卑弥呼とその男弟による共同統治を記しているが、それと同類の伝承が『古事記』『日本書紀』に伝えられているサホヒメ(妹)・サホヒコ(兄)の物語であろう。国内外の出典のまったく異なる史料に同類・同質の政治形態を記載している事実は、それらの記述が何らかの歴史的事実を背景にしていることを示唆するものであり、初期ヤマト王権の政治形態を推定していく上できわめて重要な手がかりになるものと考えられる。ストーリーがほぼ同じであるため、両書の記述を引用すると煩雑この上ないので、ここではひとまず『古事記』垂仁段に出ている話の冒頭部分を掲記しておこう。

此の天皇、沙本毘売を后と為たまひし時、沙本毘売命の兄、沙本毘古王、其の伊呂妹に問ひて曰ひけらく、「夫と兄と孰れか愛しき」といへば、「兄ぞ愛しき」と答曰へたまひき。爾に沙本毘古王謀りて曰ひけらく、「汝寔に我を愛しと思はば、吾と汝と天の下治らさむ」といひて、即ち八塩折の紐小刀を作りて、其の妹に授けて曰ひけらく、「此の小刀を以ちて、天皇の寝たまふを刺し殺せ」といひき。故、天皇、其の謀を知らしめさずて、其の后の御膝を枕きて、御寝し坐しき。爾に其の后、紐小刀を以ちて、其の天皇の御頸を刺さむと為て、三度挙りたまひしかども、哀しき情に忍びずて、頸を刺すこと能はずして、泣く涙御面に落ち溢れき。乃ち天皇、驚き起きたまひて、其の后に問ひて曰りたまひしく「吾は異しき夢見つ。沙本の方より暴雨零り来て、急かに吾が面に沾きつ。又錦色の小さき蛇、我が頸に纏繞りつ。如此の夢は、是れ何の表にか有らむ」とのりたまひき。爾に其の后、争はえじと以為ほして、即ち天皇に白して言ひしく、「妾が兄沙本毘古王、妾に問ひて曰ひしく、『夫と兄と孰れか愛しき』といひき。是の面問ふに勝へざりし故に、妾、『兄ぞ愛しき』と答曰へき。爾に妾に誂へて曰ひけらく、『吾と汝と共に天の下を治らさむ。故、天皇を殺すべし』と云ひて、八塩折の紐小刀を作りて妾に授けつ。是を以ちて御頸を刺さむと欲ひて、三度挙りしかども、哀しき情忽に起りて、頸を得刺さずて、泣く涙の御面に落ち沾きき。必ず是の表に有らむ」とまをしたまひき。

この話に登場する人物は主に三人である。一人は垂仁天皇で、のこりの主役がサホヒメとサホヒコの兄妹である。例によってサホヒメが天皇の后として描かれているのはやむを得ないのだが、ヒメは実際には女王であったとしてよい。そして、本来は女王サホヒメをサポートする共同統治の補佐役がサホヒコなのであった。

ストーリーは兄のサホヒコが妹のサホヒメをそそのかして天皇を刺殺するように提案することからはじ

まり、夫の天皇と兄との間の人間的な情愛の板挟みに懊悩するヒメの悲劇的な姿が描かれている。つまりサホヒメは天皇の愛情を受け続けるためには兄の要求をきっぱりと拒絶しなければならず、兄の脅迫まがいの「夫と兄と孰れか愛しき」という言葉を受け容れるならば夫の天皇を殺す必要があり、二者択一の厳しい選択を迫られたために一層その悲劇が際立っているのである。結局ヒメはしぶしぶ小刀を振るって天皇を刺そうとするも、最後の瞬間には躊躇してしまう。

この話を歴史的に起きた事件だと想定する読者はよもやいないものと思う。これはサホヒコの反逆とそれにしぶしぶ従ったサホヒメ兄妹の悲劇的な死を描いた説話であり、天皇の天下を簒奪しようとするところのような悲劇に見舞われるのだという教訓が記されているのだと解することができる。

物語を造作した者は女王サホヒメとその輔政者であるサホヒコ妹兄の共同統治に関わる原伝承を基にして、女王の輔政者であったサホヒコを「吾と汝と天の下治らさむ」ことを目論んだ反逆者に仕立て上げる話を造作したのだと言うことができる。その直接の根本的な契機は、女王サホヒメがそれまでの「女王制」のタブーを破って子どもを身ごもるというヤマト王権が女王に強制した政策と、すでに何度も述べてきたようにホムツワケ王の正史からの排斥の必要のためであるというのが筆者の考えである。垂仁記は右の話に引き続き次のようなストーリーを展開している。

爾に天皇、「吾は殆に欺かえつるかも」と詔りたまひて、乃ち軍を興して沙本毘古王を撃ちたまひし時、其の王、稲城を作りて待ち戦ひき。此の時沙本毘売命、其の兄に得忍びずて、後つ門より逃げ出でて、其の稲城に納りましき。此の時、其の后妊身ませり。是に天皇、其の后の懐妊ませること、及愛で重みしたまふこと三年に至りぬるに忍びたまはざりき。故、其の軍を廻して、急に攻迫めたまはざりき。如此逗留れる間に、其の妊ませる御子既に産れましつ。故、其の御子を出して、稲城の外に置きて、天皇に白さしめたまひつらく、「若し此の御子を、天皇の御子と思ほし看さば、治め賜ふべし」とまをさしめたまひき。是に天皇詔りたまひしく、「其の兄を怨みつれども、猶其の后を愛しむに得忍びず」とのりたまひき。故、即ち后を得たまはむ心有りき。是を以ちて軍士の中の力士の軽く捷きを選り聚めて、宣りたまひしく、「其の御子を取らむ時、乃ち其の母をも掠ひ取れ。髪にもあれ手にもあれ、取り獲む随に、掬みて控き出すべし」とのりたまひき。爾に其の后、豫て其の情を知らしめして、悉に其の髪を剃り、髪以ちて其の頭を覆ひ、亦玉の緒を腐して、三重に手に纏かし、且酒以ちて御衣を腐し、全き衣の如服しき。如此設け備へて、其の御子を抱きて、城の外に刺し出したまひき。爾に其の力士等、其の御子を取りて、即ち其の御祖を握りき。爾に其の御髪を握れば、御髪自ら落ち、其の御手を握れば、玉の緒且絶え、其の御衣を握れば、御衣便ち破れつ。是を以ちて其の御子を取り獲て、其の御祖を得ざりき。故、其の軍士等、還り来て奏言しけらく、「御髪自ら落ち、御衣易く破れ、亦御手に纏せる玉の緒も便ち絶えき。故、御祖を獲ずて、御子を取り得つ」とまをしき。爾に天皇、悔い恨みたまひて、玉作りし人等を悪まして、其の地を皆奪ひたまひき。故、諺に「地得ぬ玉作」と曰ふなり。

后は兄サホヒコの稲城に立て籠もり天皇が派遣した軍に攻囲されたが、その時にはすでに御子を懐妊し、やがて無事出産するに至る。女王は宗教上のタブーのゆえに懐妊してはならなかったのだが、他方で天皇の后は御子を身ごもり天皇の後継者を生むのが当然なのであり、この話にはどこかしっくりとこない矛盾と説明のつき難い言辞がちりばめられているのである。生まれてきた御子の本当の父はサホヒコではないかという疑いを懐く研究者もいるが、その見方は完全な誤りではあっても、この話にはそのような近親相姦の想像を誘発する雰囲気が溢れている。

その源由は物語の中に潜在している本来の女王制と、女王制が解体した後の后(キサキ)制とのドッキングがもたらした矛盾と葛藤の同時存在であると解することができ、女王サホヒメこそは女王としてはじめて天皇になる御子を身ごもるという史実を体験した女性だったと推測できるのである。女王制の時代には女王より身位の高い人物は誰ひとりとして存在しない。だから、垂仁天皇が女王の婿であるということは事実ではなく、ここにこそ当話の最大の矛盾が潜んでいると言えるのである。垂仁天皇は後世に造作された人物であって、その実体は女王サホヒメの入り婿となったクメノイサチなる親衛軍の司令官兼ヤマト王権の高官で、先ほども指摘しておいたようにクメノイサチこそが女王制の解体・廃止策を推進した大立者と言えるであろう。

さらに天皇への反逆者として描かれているサホヒコも、クメノイサチと共に女王制の解体・廃止策を積極的に推進した人物と考えられ、『古事記』では「沙本毘古王」、『日本書紀』には「狭穂彦王」と記すように、「ヒコ＋王」なる珍しい称号を帯びている。このような称号をもつ古代史上の人物として著名なのは「日子坐王(彦坐王)」であるが、本居宣長が早くに指摘しているように、「さて御代々の皇子たちの御名、此より前は、此記にも書紀にも、みな某命とのみあるを、此に始て二記共に、王とあるは、某王と申すは、実に此王より始まれるか」と解釈しているように、ヒコマス王こそは「王号を称するヒコ」としては初発の人物像なのである。

しかし、ヒコマス王は王号を称する固有のヒコではなくして単なる一般名詞に過ぎず、王号を称する実在のヒコとはサホヒコ王のことなのではなかろうか。サホヒコ王はヒコマス王の子どもと伝えられており、サホヒコ王を下敷きにしてヒコマス王が造作されたとみてよいだろう。サホヒコは実在の女王サホヒメの近親で輔政者としての立場・資格をもつゆえに王号を称することができたのであり、彼は積極的に王号を名乗ることによって女王制の解体・廃止策を推進したと想定されるのであり、彼を起点とする新しい王家が成立してくる背景をなすと考えられるのである。そして、このことが後にサホヒコが王権の簒奪者・天皇への反逆者として描かれるようになる契機ともなったのではなかろうか。

しかし、実際にはサホヒコ王が垂仁天皇の殺害を企図したことは歴史的な事実ではなく、むしろ反対に女王制を廃止して男王制による王統形成に重要な役割を果たした実在の人物だったと考えられよう。

『古事記』開化段によるとサホヒコ王は日下部連・甲斐国造の祖とあり、『新撰姓氏録』河内国皇別条に「彦坐王子狭穂彦命之後」を称する日下部連が存在し、また『三代実録』貞観六年八月八日条によると播磨国飾磨郡人の日下部利貞・歳直父子らは狭穂彦命の後裔を主張しており、『先代旧事本紀』国造本紀の甲斐国造条によれば狭穂彦王の三世孫臣知津彦公の子塩海宿祢が国造に任じられたという。『日本書紀』雄略十三年三月条には、狭穂彦の玄孫歯田根命が罪を犯したかどで罰せられた話が載せられている。現実に反逆罪を犯したならば公然とサホヒコの後裔を名乗る氏族がいたはずもなく、またその子孫の系譜が記されているのも解せないであろう。

すなわち、本書の冒頭に示した倭の五王をめぐるA系譜とB系譜の原点に、サホヒメとサホヒコの妹兄が存在する事実を改めて想起する必要があり、サホヒメはA系譜の祖母（ミオヤ）の位置に、サホヒコはB系譜の男系の太祖に相当する人物となったのであり、女王サホヒメがクメノイサチとの間に身ごもった最初の男子こそが右の伝承に出てくる「御子」すなわちホムツワケ王であるとされねばならない。

亦天皇、其の后に詔りしたまひしく、「凡そ子の名は必ず母の名づくるを、何とか是の子の御名をば称さむ」とのりたまひき。爾に答へて白ししく、「今、火の稲城を焼く時に当りて、火中に生れましつ。故、其の御名は本牟智和気の御子と称すべし」と白しき。又命詔りしたまひしく、「何に為て日足し奉らむ」とのりたまへば、答へて白ししく、「御母を取り、大湯坐、若湯坐を定めて、日足し奉るべし」とまをしき。故、其の后の白せし隨に日足し奉りき。又其の后に問ひて曰りたまひしく、「汝の堅めし美豆能小佩は誰かも解かむ」とのりたまへば、答へて白ししく、「旦波比古多多須美智宇斯王の女、名は兄比売、弟比売、茲の二はしらの女王、浄き公民なり。故、使ひたまふべし」とまをしき。然して遂に其の沙本比古王を殺したまひしかば、其の伊呂妹も亦従ひき。

ストーリーはここで「御子」の御名をはじめて明かしている。燃え盛る稲城の「火中」に出誕したので「本牟智和気の御子」と称すると記す。垂仁記の冒頭に当たる帝紀においては「品牟都和気命」とあり、ホムツワケが本来の訓みであるにもかかわらずホムチワケという御名を強調しようとしているのは、ホ（火）・ムチ（貴人）すなわち火中出誕という異常出生の仕方を前面に押し出して御子の神聖性を誇示しようとする明確な政治的意図がある。

火中に出誕した御子の例には「火照命」・「火須勢理命」・「火遠理命（天津日高日子穂穂手見命）」があり、みな皇祖の天神とされる神々であった。ホムチワケもまた天孫と同じ聖なる御子とする言説を形成しようとする明確な政治的意図をここに窺うことができるのである。結論だけを述べると、ホムツワケの御名をホムチワケに改作したのは息長氏と欽明天皇や舒明天皇の系譜に連なる七世紀の天皇たちであると考える。ホムチワケ王の名代品治（遅）部が各地に設置されたのもホムチワケ王像を実体化しようとする企図によるものであろう。

一方の本物の御名ホムツワケは、ホ（穂）に母サホヒメのサホ（早穂）に由来する聖なる稲穂の霊を含意させながら、ホム（讃美・祝福）の意味を表し、初めてこの世にめでたく出誕した男王・始祖帝王にふさわしい御名であるということができる。垂仁記にはこの後にホムツワケが子どもから成人していく神秘的な物語を描いているが、現実に即位したはずのホムツワケ王の治世はいっさい省略され記されていない。

不思議といえば不思議な現象であるが、もし仮にホムツワケ王の治世を描くことになると、王の祖先や後裔が誰であったのかということがやがて必ずや問題になり、それは必然的に前代の女王制の存在を白日の下にさらけ出すことにつながる。そこで『古事記』『日本書紀』の編者らは女王サホヒメと兄サホヒコの二人を聖なる稲城の中で焚死させ、ホムツワケにまつわる伝承を正史の枠外に置いて系譜関係を秘匿するという手のこんだ措置を講じたのである。これは物語の基底的意図から言えば女王制を加護してきたオホアナムチ神の祟りであり、神の妻としての女王を制度的に奪われてしまった三輪山のオホアナムチ神は以後王権にしばしば祟りをなす神として畏れられる存在に転化するのである。

一方、女王の婚儀と身ごもりを推進した神こそが住吉大神であって、王権は住吉の霊験譚の主役としてホムツワケ王に代わるホムタワケなる応神天皇とその聖母たる神功皇后像を新たに創作し、応神天皇こそが始祖帝王であるかのような言説が造作され形成されたのである。ホムツワケの伝承には「ヒメ・ヒコ」制の遺制がみられ、ホムタワケの所伝にはそうした性質の言辞がまったく含まれていない。後世の物語作者は「ヒメ・ヒコ」制の存在と役割をすでに忘失していたらしく、この点からもいずれが実在の王者であるかは最早明らかであると言ってもよいであろう。

6　継体天皇の祖先系譜

六世紀初頭に王位に就いた継体天皇は自己の父系の始祖を「凡牟都和希王」とみなしていたようである。『上宮記』一云の伝記において継体天皇の父系系譜は次のように説明されている。

凡牟都和希王――若野毛二俣王――大郎子（意富々等王）――乎非王――汙斯王――乎富等大公王

先頭にみえる凡牟都和希王については、これをホムツワケと訓む説とホムタワケと解する説があるが、『上宮記』一云の範囲内で「都」字を「タ」と読むことのできる事例がないことから、ホムツワケと読解するのが正しいと考える。また、この系譜の作為性についてはすでに明らかにされており、川口勝康氏が論定しているように、若野毛二俣王と大郎子（意富々等王）は継体系譜の正統化と潤色のために造作された架空の人物で実体がない。したがって継体天皇の原系譜にはホムツワケ王と乎非王の間にまったく別の一ないし二人の人物が入っていた可能性が高い。

継体天皇の出自についてはこれまで純然たる地方豪族ではないかとみる説（息長氏・三島氏など）や王族説などがあって錯綜し、私は王族説が正しいと考えているが、いずれの説も史料的な根拠が薄弱で学問的に混沌とした状態のままであり、乎非王以前の系譜の実相を明らかにしない限り継体天皇の真実の正体は明確にはならないと思う。しかし、いずれにせよホムツワケ王を自己の系譜の始祖の位置に据えていたという点については、ホムツワケという名の王が五世紀前半期に生存していた事実と、この王を始祖だと主張することによって継体の出自と即位の正統性を証することができる根拠と成しえた事情を反映していると考えられるであろう。継体天皇の実際の祖先系譜や出自がいかなるものであったかにかかわらず、継体自身がその始祖をホムツワケ王であるとみなしていることは、ホムツワケ王が架空の人物でないことを物語っているのではなかろうか。

ところが、『古事記』『日本書紀』では継体天皇の出自に関し、これとは別の記述がみられるのである。すでに周知のことではあるが次に引用してみよう。

天皇既に崩りまして、日継知らすべき王無かりき。故、品太天皇の五世の孫、袁本杼命を近淡海国より上り坐さしめて、手白髪命に合せて、天の下を授け奉りき。

品太王の五世の孫、袁本杼命、伊波礼の玉穂宮に坐しまして、天の下治らしめしき。（『古事記』武烈段）

男大迹天皇は、誉田天皇の五世の孫、彦主人王の子なり。母を振媛と曰す。振媛は、活目天皇の七世の孫なり。（『古事記』継体段）

（『日本書紀』継体即位前紀）

これらの記述では継体天皇の祖先は明瞭にも品太(誉田)天皇すなわち応神天皇であったことになる。系譜の中間部分を捨象して応神天皇に直結する系譜を主張することで継体の正統性を証明しようとしているのである。『古事記』には継体天皇の父・祖父の名と系譜がどこにも記されておらず、書紀にも祖父乎非王のことが何も記載されていない。これは単なる記載漏れということでは済まない問題で、継体の祖先系譜には秘匿を要する重大な事実が潜在したことを示唆しており、このような不安定な系譜は継体天皇自身が主張していたものではなく、継体の系譜につながる後世の天皇らが構想した虚偽の系譜に他ならず、「女王の時代(女王の国)」と実在のホムツワケ王を歴史上から抹殺し、虚構の応神天皇を造像することによって天皇の歴史をさらに遠い過去へと遡らせ、継体王統の正統性をより聖化し強化しようとする意図の下に生み出されたものと言うほかにはないのである。

唐突ながら、ここで試みに筆者の考える継体天皇の男系の祖先系譜の復原案を提示してみることにしたい。継体天皇の祖父乎非王は諱(実名)ではなく普通名詞の甥(をひ)の意味と考えられるから、とにかく系譜の実体をつかむためにはその実名を明らかにする必要があり、また乎非王の母中斯知命については『上宮記』一云には続柄に関し何らの情報も記していないのであるが、謎めいたこの女性こそは継体の真実の系譜を解き明かす重要な手がかりになると考えられる。

ところで、『古事記』『日本書紀』に履中天皇の娘とされている中蒂姫皇女(中磯皇女・長田皇女)がおり、また允恭天皇の娘にも名形大娘皇女(長田大郎女)がいて所伝が錯綜しているのは周知のところであるが、結論から言うと、履中天皇の実在性には疑問があるのと、中磯皇女の生母とされる草香幡梭皇女が履中の皇后になったとする所伝は『古事記』には記載がないこと、また安康天皇が幡梭皇女を雄略の后妃に迎えようと策したというのも世代的にみてあり得ない話で、結論としては幡梭皇女は履中の皇后になったこともなく、したがって彼女に娘がいたということも虚偽の伝承と評すべきである。幡梭皇女は大草香皇子とともにホムツワケ王の女子であったので雄略との婚儀が策されたとすれば辻褄が合う。

さすれば、問題の女性はやはり一人だけであり、中蒂姫皇女＝名形大娘皇女は允恭天皇の娘で大草香皇子の妃となり眉輪王を儲けたが、後に同母弟安康天皇の后妃となったとされる女性とみることができる。また、先の中斯知命という女性名はナカシチと訓むことができるが、語尾の「チ」は人名の中蒂(磯)に霊意を表す「チ」を付したもので格別に意味のあるものではなかろう。そうすると、乎非王とは中蒂姫皇女(名形大娘皇女・中斯知命)の子どもである眉輪王の別名と解することができるであろう。

眉輪王は大草香皇子と中蒂姫との間にできた唯一の子どもであるが、後に詳細を述べるように安康天皇を暗殺したかどで大泊瀬皇子(雄略天皇)によって燔殺された。眉輪王の別名が乎非王とされているのは、王が一時的にその生母とともに安康の王宮に住んでいたためであり、安康や雄略からみて王は甥に当たっていたのである。

眉輪王はA系譜・B系譜両方の王統を統合する要の位置にいる人物であったから、いずれは即位の問題が絡んでくることが予想された。というより、眉輪王は葛城円大使主にそそのかされて王位を狙った可能性さえあるだろう。事件の直接の契機となった幡梭皇女と雄略の婚儀には大草香皇子が猛烈な拒絶反応を示したことも想定できる。安康はそのような大草香を攻め滅ぼし、眉輪王を自家にとりこみB系譜の王族養成のために利用しようと企んだのではなかろうか。しかるに眉輪王は叔父の謀略を見抜き父の仇として刺殺した。『古事記』安康段には眉輪王は七歳にして事件を引き起こしたと記されているが、大いに疑わしくもあり、また王にはすでに子どもがいたことから、こうした記述を信用することはできないと思う。

さて、次頁に示す系譜こそが歴史的な事実関係を表しているとすると、継体天皇の祖父は帝王殺しの大罪を犯した人物であったため、その幼子の汙斯王は流罪となり地方に追放された王族として近江の息長氏の監視と保護下に置かれ、やがて息長氏のみならず三尾氏・尾張氏や越前の三国氏らとの広範な関係を積み重ねながら勢力を地方に扶植していったのではなかろうか。しかし、そうは言っても継体自身はA系譜・B系譜双方の血筋を伝えるれっきとした王族だったのであり、そのことが大伴金村らによって擁立される第一の要因になったことは否めず、ホムツワケ王を系譜上の始祖とするという『上宮記』一云の記述は最早まぎれもない正伝とみなすことができる。さらに言えば、継体と手白香皇女との間に生まれた欽明天皇こそは倭の五王のA系譜・B系譜の全体系を最終的に統合する系譜的位置を占め、ヤマト王権が創出した

図３　継体天皇の祖先系譜

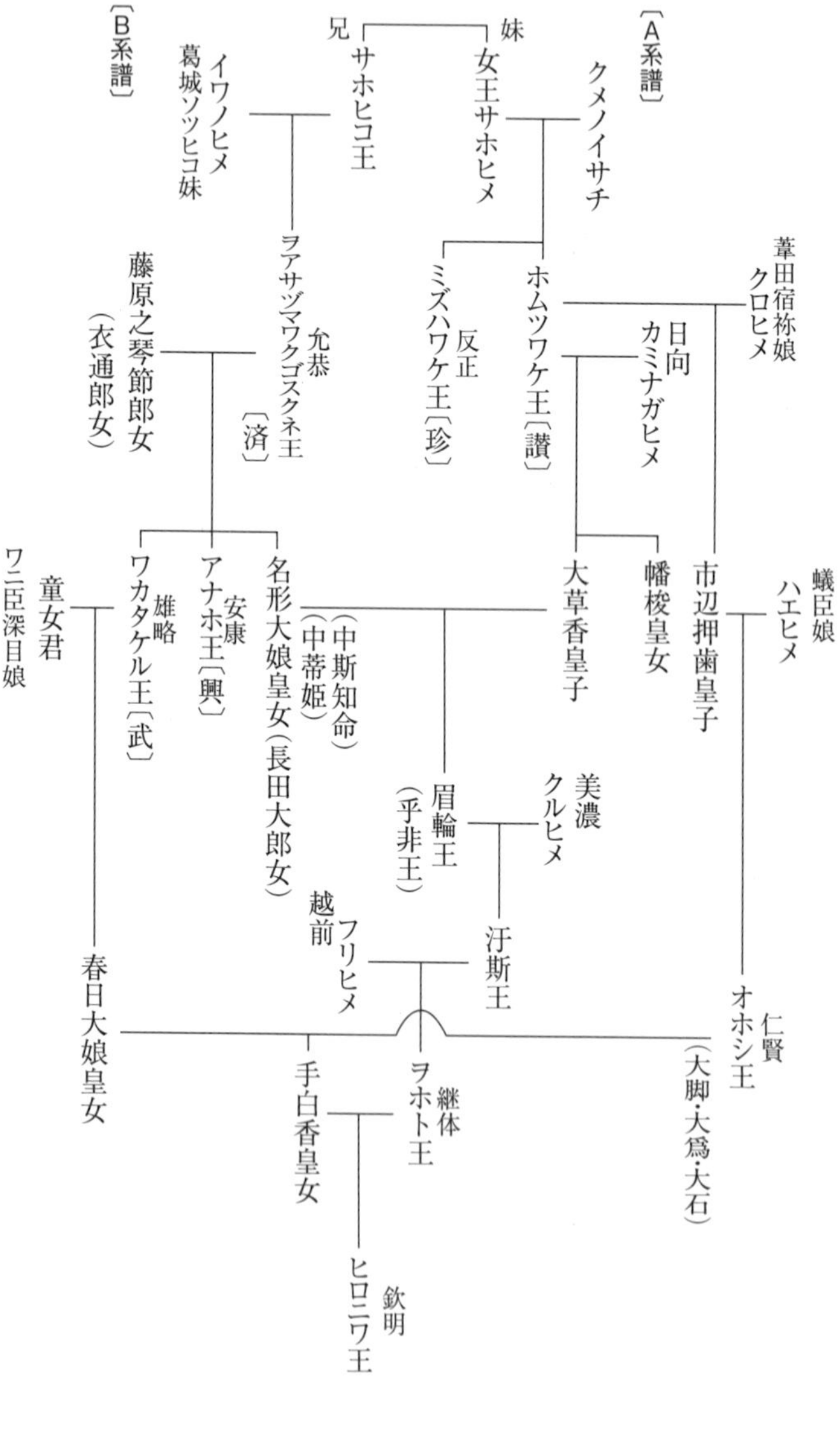

聖なる一系の血筋の歴史的な原拠にも当たることが確認できるであろう。

ただ、欽明及び彼の後裔の天皇らとしては祖先系譜に秘匿したいことが少なくとも三つはあったであろう。その最も重大なものは祖父眉輪王（乎非王）の帝王殺しの件であることは言うまでもなく、もう一つは継体がA系譜におけるいわば傍系の大草香皇子の後裔王族であり安康と厳しく対立して滅亡するに至ったという点であり、さらには安康が同母姉を強引に后妃とした件である。この件に関しては言うまでもなく近親相姦のことは事実ではなく立后についても疑問があり、眉輪王を取り込むことが目的の謀略と考えられるのであるが、いずれにせよ継体の祖先系譜に大きな禍根を遺した事件であったので、祖父以前の系譜については公然とした形で書き記すことが憚られたと思われ、継体の嫡子である欽明天皇は息長氏と図って系譜の改竄を推進し、やがて継体を手白香皇女の入り婿に装いながら応神天皇五世孫とする複雑怪奇な虚構の系譜がまとめ上げられたのであろう。

7　二つの王家

継体天皇の祖先系譜をめぐる謎の問題にも言及しつつ初期ヤマト王権の「女王制」の特質について考えるところをかいつまんで要約してみた。歴代の女王は宗教上のタブーにより世俗の婚姻が厳しく禁止されており、そのために後継者としての子どもがおらず、女王位の世襲制は存在のしようがなかった。邪馬台国（大和国）の首長層は「ヒメ・ヒコ」制に基づく女王制を自分たちの権力機構の上に王冠のように戴きながら、国々の服属と統合を推進する政策を展開していたのであり、三世紀前半の初代女王卑弥呼の時代から四世紀後半の女王サホヒメの時代にかけて、倭国内の政治的統合は女王制の下に順調に進行しつつあったと推測できる。

しかるに、女王制を解体・廃止させる動きが国外の動向を直接的な契機としてはじまった。ヤマト王権は男王を立てて対外交渉に臨む必要に迫られたのであり、最後の女王サホヒメはそのために即位させられた女王であったとも言えるのではなかろうか。彼女が大和国内出身の有力なヒメであり、またその輔政者であったサホヒコが王号を称した事実は、すでに指摘してきたように、男王の世襲制の形成と王を出す特殊な血筋・王統の成立を予見させる事態であったと言えるであろう。

『宋書』夷蛮伝・倭国条が記す「倭の五王」(讃・珍・済・興・武)の系譜関係については、左図に示したような内容になっており、讃・珍の兄弟関係(A系譜と仮称する)と興・武の兄弟関係、それに済が興・武兄弟の父親であること(B系譜と仮称する)が明確になってはいるものの、讃・珍と済との続柄がはっきりしていないためA系譜とB系譜の関係が不明で、これまでにさまざまな憶説が出されており、未だに学問的な決着がついていない。この問題に関し、現状の古代史学界においては次のような二つの基本的な見方があり、いずれかの説が正鵠を射ているか、あるいは史実に近い内容のものと考えられている。

【X】A・B同系説――戦前からの通説であり、『宋書』の編者は讃・珍と済との続柄を書き落としただけで、実際にはAとBは兄弟または親子などの血縁関係にあり、別系の王家とみなす必要はないとするもの。この説ではヤマト王権は五世紀代にはすでに王位を狭い血族の範囲内で世襲していたことが想定される。

【Y】A・B別系説――戦後に藤間生大氏がはじめて指摘し原島礼二氏によって補強された説で、AとBの王家は別々の系譜関係にあると想定するもの。ヤマト王権はこの時代にはなお王統が一つにまとまっておらず、複数の勢力が並立していたことになり、王位の世襲制は未だ確立していなかったと考えられる。AとBとが仮にその本拠地を異にすることになれば、それぞれの王統の独立性はますます強まることにもなるだろう。

中国史料から判明する史実は図4だけにしか過ぎず、いずれの説が正しいのかは『古事記』『日本書紀』に記載されている天皇系譜（王統譜）との対比という作業が必要不可欠になる。ただし、従来の研究者が行ってきた対比の作業には本質的に大きな過誤があり、後者の天皇系譜を基準にして、換言するならば、『古事記』『日本書紀』に記載された天皇系譜に『宋書』の五王を強引にあてはめようとする、きわめて恣意的で非学問的な操作がこれまで何度もくり返されてきたのである。

図4　倭の五王の系譜

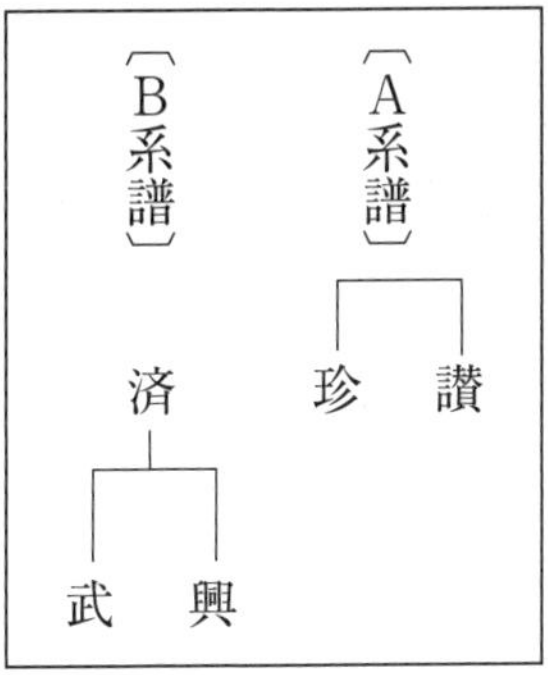

両書の天皇系譜が史実であると認定できない状況の下で日中双方の質の異なる史料の対比という作業を行えば、いつまでたっても我々は史実に接近することはできないし、中国史料に対して日本史料の優越性にあくまでも固執するならば同じような過誤が永遠にくり返されるだけに終わるだろう。ちなみに『古事記』『日本書紀』の天皇系譜を示すと図5のようになる。

図5　応神・仁徳天皇の系譜

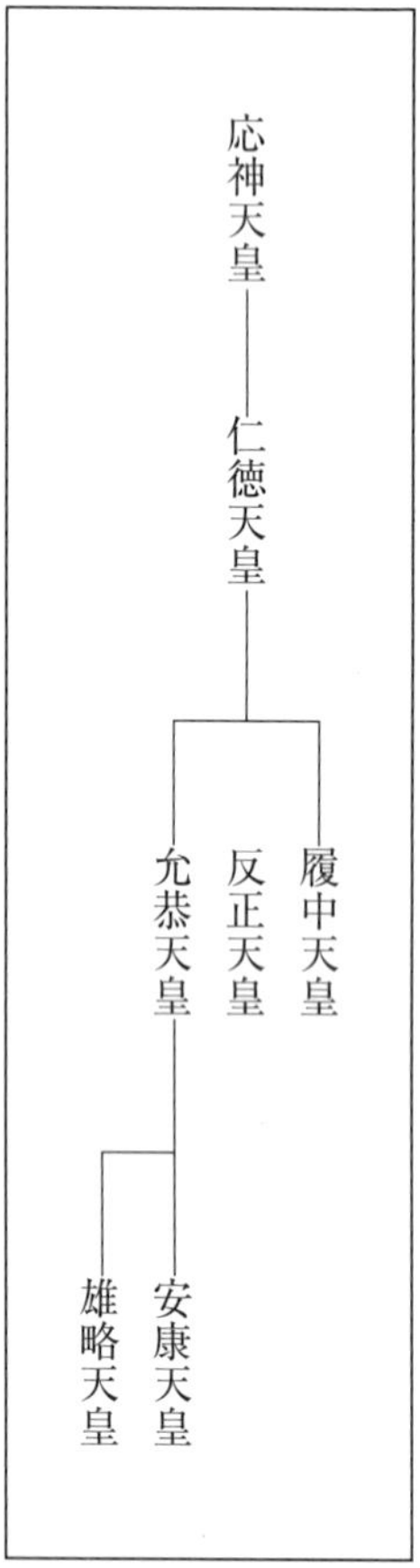

『宋書』倭国伝の五王の系譜と図5の天皇系譜とを単純な形で対比してみると、允恭天皇と安康・雄略両天皇の父子・兄弟関係は済と興・武の関係に合致していることがわかり、すでに通説となっているように允恭天皇（済）・安康天皇（興）・雄略天皇（武）の対比にはほとんど異論がなく問題がない。

次に、履中天皇・反正天皇と允恭天皇はみな同母の兄弟関係と伝えられており、履中天皇・反正天皇をそれぞれ讃・珍とみなすならば、允恭天皇（済）は同腹の末弟であるから、『宋書』のA系譜とB系譜とは血縁関係を同じくする王系譜と判定されることとなる。すなわち、仮に『古事記』『日本書紀』の天皇系譜を基準として『宋書』の五王の系譜を読み解こうとすると、A系譜とB系譜は一系の血縁関係にある王系であることとなり、先ほど説明した学説のうちXの説が正しいということになる。

しかるに、X説には致命的な欠陥がある。すなわち、『宋書』は讃・珍と済との続柄を具体的に記していないという重大な事実である。倭国伝編者の単なる書き落としとしてこれを見過ごすことができないというのがY説の論者の主な主張なのであり、中国側がもし何らかの実体的な理由により倭王の親族関係を記すことができなかったのであれば、あるいは倭国使の虚偽の言説などにより具体的な関係が中国側に知らされなかった場合を想定すれば、やはりY説を簡単には否定することができなくなるのである。

しかも、Y説にはさらに重要な論拠が背景にあることを自覚しなければならない。それは、そもそも『古事記』や『日本書紀』の天皇系譜自体が歴史的な実体を伴う性質のものであるか否かという疑念であり、『古事記』『日本書紀』が描いている建国史全体への不信感である。もしも天皇系譜に何らかの造作が施されているならば、二つの史料の対比という作業そのものが根本的に誤りであり、無意味で非学問的な作業であると言わなければならなくなり、結局は両説の果てしのない水掛け論に陥ることにならざるを得ないのである。

では、これらX説・Y説の対立と相克を解消する方策は何もないのであろうか。もし今その課題を克服する道が見つかるならば、我々は新たな地平に立って、これまでにないさまざまな論議が可能になるであろう。そしてそのための方策は一つしかないと思う。それは『古事記』『日本書紀』の天皇系譜の虚構性を究明し、王統譜の歴史的な実体を当時のままに復原し明らかにするということである。換言するならば、応神から雄略に至る天皇系譜の真実のあり方を探ることでなければならない。この作業を欠いたままで『宋書』の記述と対比することは、従来の水掛論議を再現し、すべての努力が徒労に帰すことにしかならないのである。

本書の冒頭に掲げた系図1はそうした混迷したままの学界状況に対する筆者自身の答えであり、A系譜とB系譜の成立要因が前代の「女王制(女王の国)」の中に潜んでいること、とりわけ最後の女王は初めから男子を身ごもるということを計画に入れた上で選定された女性と考えられ、女王の輔政者であった近親の男性もこの婚姻政策に加担し、やがて男子を儲けることに成功したと言えるのである。したがって、A系譜とB系譜は明確にも血縁関係にある同族なのであり、二つの王家・王系譜を形成したのである。

第二章　王者の行幸

1　王者の行幸

古代の天皇は自分の勢威や権力の在処を社会に認知させるためにしばしば行幸を敢行した。史上では雄略天皇の葛城・吉野行幸、斉明天皇の筑紫行幸、持統天皇の吉野・東国行幸、聖武天皇の東国行幸、桓武天皇の長岡・平安京郊外への頻繁な行幸の実例などがよく知られているが、五世紀の天皇たちについても特色あるまとまった伝承が知られており、それらの事例を通じて倭の五王の歴史の特質を探る手がかりとしたいと思う。

内容的にはとりわけ淡路島への狩猟を目的にする行幸が目立つが、陵墓の造営地を選定するための行幸伝承があるのも特色の一つであると言え、さらに後世の造作と潤色が多く神話的な性格を帯びる神功皇后の新羅征討伝承も、女王の行幸という観点からぜひとも再検討を要する素材と考えられるのである。これらが史実をどの程度に反映しているのかを検証してみることも重要な課題であろう。

さて、昇明二(四七八)年に倭王武＝雄略天皇は宋皇帝に提出した上表文において、次のように述べている。

昔より祖禰躬ら甲冑を擐き、山川を跋渉し、寧処に遑あらず。東は毛人を征すること五十五国、西は衆夷を服すること六十六国、渡りて海北を平ぐること九十五国。

(『宋書』夷蛮伝・倭条)

祖禰は祖先を意味する語で、雄略天皇の先祖の王らは精力的に国内征討を行い、東国・西国の数多くの国々を服属させ、また海を渡って半島の国々をも平定したと言っている。王者自ら武器を携え山野を駆けめぐって諸国を平定したような口ぶりであるが、それはもとより中国皇帝に対して倭国の統合状況と半島への進出とを事実として見せかけるための誇張と潤色の加わった理念的な作文であり、志水正司氏が指摘しているように上表文には『春秋左氏伝』や『毛詩』『荘子』『周礼』など中国文献に由来する修飾が施されており、とうてい史実とは認められないであろう。王自らが遠征軍を率いて国内各地に赴き平定したというようなことはもとより事実ではなく、『古事記』『日本書紀』に記されている素朴な個別の行幸伝承が案外真相を伝えているのではないかとも思われてくるのであるが、問題はその内実を歴史的な面からどのように把握し具体化するかであろう。

2　淡路島への行幸

淡路島への行幸伝承は次に示すように応神・仁徳・履中・允恭各天皇の場合に見られ、反正天皇には治世に関わる記事そのものがほとんどないが、その生誕の地が淡路宮と伝えられていることは、反正も淡路島に深い所縁のある天皇であったということを示唆するものである。『古事記』には記述が欠けているが、

『日本書紀』の即位前紀には、次のような記述がある。

天皇、初め淡路宮に生れませり。生れましながら歯、一骨の如し。容姿美麗し。是に、井有り。瑞井と曰ふ。則ち汲みて太子を洗しまつる。時に多遅の花、井の中に有り。因りて太子の名とす。多遅の花は、今の虎杖の花なり。故、多遅比瑞歯別天皇と称え謂す。

淡路宮の瑞井の水を産湯として用い、ちょうど井水に多遅の花が入っていたので多遅比天皇との通称が成立したと述べている。しかし、これは付会の説明で、天皇の宮が河内の丹比に所在したから、あるいは伝承の加担者が河内の丹比を本拠地とした丹比連であったからタヂヒと呼ばれるようになったと言うべきであり、淡路宮に天皇が誕生したとすることには疑いをかける必要がある。同じような伝承は『新撰姓氏録』右京神別・下・丹比宿祢の条にもみることができる。

火明命三世孫天忍男命之後也。男武額赤命七世孫御殿宿祢男色鳴、大鷦鷯天皇御世、皇子瑞歯別尊、誕生淡路宮之時、淡路瑞井水奉灌御湯。于時虎杖花飛入御湯瓫中。色鳴宿祢称天神寿詞、奉号曰多治比瑞歯別命。乃定丹治部於諸国、為皇子湯沐邑、即以色鳴為宰、令領丹比部戸、因号丹比連遂為氏姓。其後庚午年依作新家、加新家二字、為丹比新家連也。

この場合には丹比部を管掌する伴造氏族丹比連の奉仕縁起という形で天皇の淡路宮誕生の由来が記されており、書紀の記事はむしろ丹比連の家記によって書かれた可能性が強く、丹比と虎杖花との語呂合わせを基軸に伝承が成立している事情が明確である。したがって天皇の淡路誕生のことはかなりの確率で疑問であるが、淡路島にさして縁のなさそうな丹比連がそのような特異な伝承を保持しているのは、やはり反正天皇が淡路に生誕した事実を反映している可能性があるかも知れない。もし筆者の復原王系譜が事実であるとするならば、ミズハワケ王の生母は女王サホヒメと考えられるから、女王が淡路島において御子を生んだとすることにはそれなりの理由があったと想定しなければならず、それは一考を要する問題であると思われる。

ところで、淡路島には「淡道の御井宮」（『古事記』安寧段）と呼ばれた清らかな泉水の出る聖地の伝承が別にあり、また『古事記』仁徳段には次のような記述がある。

此の御世に、兎寸河の西に一つの高樹有りき。其の樹の影、旦日に当れば、淡道島に逮び、夕日に当れば、高安山を越えき。故、是の樹を切りて船を作りしに、甚捷く行く船なりき。時に其の船を号けて枯野と謂ひき。故、是の船を以ちて旦夕淡道島の寒泉を酌みて、大御水献りき。茲の船、破れ壊れて塩を焼き、其の焼け遺りし木を取りて琴に作りしに、其の音七里に響みき。爾に歌曰ひけらく、

枯野を　塩に焼き　其が余り　琴に作り　かき弾くや　由良の門の　門中の海石に　触れ立つ　浸漬の木の　さやさや

とうたひき。此は志都歌の歌返しなり。

高樹を用いて作った高速艇枯野号で「旦夕淡道島の寒泉を酌みて、大御水献りき」とする伝えがあり、都まで運ばれた泉水を皇子誕生の産湯に使用したとするならば、誕生伝承のすべてを否定する理由もなくなるであろう。兎寸河とは式内等乃伎神社の南側を高師浜方面に流れる芦田川のことであり、この地域には淡路島と日常的に交流する海人集団が居住していた可能性が高い。このように淡路島の泉水が五世紀の

王宮に運搬される慣例が成立していたとすると、和泉国や淡路の海人がこれと密接に関わっていたことや、泉水の献上そのものが淡路の王権への服属の行為とみられ、淡路島への王者の行幸がしばしば行われたのは事実とすべきではないだろうか。

淡路島は畿内に近い大島の一つで、島の北端は明石海峡によって播磨国明石郡と対峙し、南東部には紀淡海峡が控え紀伊国名草・海部両郡と境を接し、南西部は鳴門海峡をはさんで阿波国板野郡に面する。淡路島南東部の由良湊は紀伊国の賀太駅と連絡する南海道の要衝であり、島南西部の福良湊は阿波国石隈駅とを結ぶ良港で、『古事記』の表記に「淡道島」とあるように古くは「淡道」と表記されたらしく、四国の阿波国への中継地という意味が国名の基を成しているようである。島の中央北部には津名丘陵が、紀伊水道に面する南部には標高六百メートル余の最高峰諭鶴羽山を中心とする山地があるが、中央部は低丘陵と幾ばくかの平野に恵まれ、また島の周囲は波穏やかな瀬戸内海に面し、明石・鳴門・紀淡の海峡部は速い潮流が渦巻いている関係で豊富な海産物に恵まれており、天皇の食饌に新鮮な贄を奉仕する「御食ツ国」として重要視された国の一つであった。万葉の歌人山部赤人は、

天地の　遠きが如　日月の　長きが如　押し照る　難波の宮に　わご大君　国知らすらし　御食つ国
日の御調と　淡路の　野島の海人の　海の底　奥つ海石に　鰒珠　さはに潜き出　船並めて　仕へま
つるし　貴し見れば
（『万葉集』巻六　九三三）

と歌い、天皇の食饌に捧げる日の御調のために、野島の海人が船を並べて明石海峡付近の海域で労働する

場面を描いている。律令制の下で淡路国は新鮮な海産物をもたらす「御食ツ国」として把握されるようになるが、古くはもっと異質で重要な政治的問題と関連する島国であった可能性が高い。そのことをまずは海人の島という視点から明らかにしていこう。

3　海人と水軍の島

淡路国は二郡から成る下国である。島の北部から東南部にかけての地域を津名郡が占め、西南部は三原郡であり、律令制の国府は三原郡榎列郷に所在した。

淡路島の海岸部には数多くの良港があり、津名郡には石屋・松帆・蟇浦・室津・都志・来馬(久留麻)・志筑・物部(洲本)・由良(由良湊)などが、三原郡には笥飯・三原湊(湊口)・阿那賀・福良・阿万などの湊・浜・浦が点在し、津名・三原両郡に対応するように野島海人・御原海人と称される海人の大集団が島内各地に居住していた。

『日本書紀』仁徳即位前紀には、倭の屯田の由来を知る人である倭直吾子籠が韓国にいるため、事情を聴取すべく天皇は「淡路の海人八十を差して水手」となし、淤宇宿祢を急遽半島へ派遣し吾子籠を帰朝させたという伝承を載せている。これによると淡路島の海人集団は海外渡航のための船団とその乗組員を王権に提供できる水軍の体制を整備していたことが推測される。この時に指定された海人がいずれの集団であったのかは不明であるが、王権は四世紀後半の倭・百済軍事同盟の結成を契機として半島への大規模な軍団渡航の体制を整備する必要に迫られ、西日本各地の海人集団を組織化することが課題になり、とりわけ王都にも近く四面を海に囲まれた淡路島の海人がとりわけ重要視されるに至ったのである。淡路島は王権直属の海人集団を提供する島として登場してくるのである。『日本書紀』応神二十二年三月条には次のような記述がある。

天皇、難波に幸して、大隅宮に居します。高台に登りまして遠に望す。時に、妃兄媛侍り。西を望りて大きに歎く。兄媛は、吉備臣の祖御友別の妹なり。是に、天皇、兄媛に問ひて曰はく、「何か爾歎くこと甚しき」とのたまふ。対へて曰さく、「近日、妾、父母を恋ふ情有り。便ち西望るに因りて、自づからに歎かれぬ。冀はくは暫く還りて、親省ふこと得てしか」とまうす。爰に天皇、兄媛が温清《(清)》之情篤きことを愛でて、則ち謂りて曰はく、「爾二親を視ずして、既に多に年を経たり。還りて定省はむと欲ふこと、理灼然なり」とのたまふ。則ち聴したまふ。仍りて淡路の御原の海人八十人を喚して水手として、吉備に送す。

吉備兄妃の帰郷の願いを聞き入れた天皇は「淡路の御原の海人八十人」を使って送致したとする。海人八十人という数は類型的なもので信用のおけない数字と言えるが、天皇の命令に即応できる組織があったらしい。兄媛は四月に帰郷したという。

兄媛、大津より発船して往りぬ。天皇、高台に居しまして、兄媛が船を望して、歌して曰はく、

淡路嶋　いや二並び　小豆嶋　いや二並び　寄ろしき嶋嶋　誰かた去れ放ちし　吉備なる妹を
相見つるもの

歌謡の主旨は妃の帰郷にかこつけた天皇の楼閣からの島見(国見)である。瀬戸内海の島々を望見するこ

とで天皇の国土統治が確認されているのである。もう一つは、難波―淡路島―小豆島―吉備を結ぶ航路の存在が浮かび上がる。この航路の先は筑紫から朝鮮半島が連なっていることは言うまでもない。そして、九月になると今度は天皇自らが乗船し淡路島に向けて動座する。

天皇淡路嶋に狩したまふ。是の嶋は海に横りて、難波の西に在り。峯巌紛ひ錯りて、陵谷相続けり。芳草薈く蔚くして、長瀾潺き湲る。亦麋鹿・鳧・鴈、多に其の嶋に在り。故、乗輿、屢遊びたまふ。天皇、便ち淡路より転りて、吉備に幸して、小豆嶋に遊びたまふ。亦葉田葦守宮に移り居します。時に、御友別参赴り。則ち其の兄弟子孫を以て膳夫として饗奉る。

淡路島は王者の狩猟の舞台とされていたようである。『延喜式』主計上には淡路国の調として「宍一千斤」の特殊規定があるが、これは鹿・猪・鴈などの獣肉を貢上するもので、「乗輿、屢遊びたまふ」とあるように五世紀の王は頻繁に淡路島へ狩猟のための行幸をくり返したと推測され、贄を天皇に献上するという伝統が奈良時代以後にも残存したのであろう。右の話ではさらに天皇は吉備まで赴き当地の首長らの饗応を受けたとするが、それは吉備勢力の側に伝えられた奉仕伝承であり、天皇が吉備の中枢部に乗り込んだとするのはすこぶる怪しい。

応神天皇をめぐっては次のような異色の伝承もある。

一に云はく、日向の諸縣君牛、朝庭に仕へて、年既に耆耉いて仕へること能はず。仍りて致仕りて本土に退る。則ち己が女髪長媛を貢上る。始めて播磨に至る。時に天皇、淡路嶋に幸でまして、遊猟したまふ。是に、天皇、西を望すに、数十の麋鹿、海に浮きて来れり。便ち播磨の鹿子水門に入りぬ。

郵便はがき

料金受取人払郵便

麹町支店承認

6258

差出有効期限
平成23年9月
25日まで

102-8790

104

東京都千代田区飯田橋4-4-8
東京中央ビル406

株式会社 **同成社**

読者カード係 行

ご購読ありがとうございます。このハガキをお送りくださった方には今後小社の出版案内を差し上げます。また、出版案内の送付を希望されない場合は右記□欄にチェックを入れてご返送ください。 □

ふりがな
お名前　　　　歳　　　　男・女

〒　　　　TEL

ご住所

ご職業

お読みになっている新聞・雑誌名

〔新聞名〕　　　　〔雑誌名〕

お買上げ書店名

〔市町村〕　　　　〔書店名〕

愛読者カード

お買上の
タイトル

本書の出版を何でお知りになりましたか？

イ．書店で　　ロ．新聞・雑誌の広告で（誌名　　　　）

ハ．人に勧められて　　ニ．書評・紹介記事をみて（誌名　　　　）

ホ．その他（　　　　）

この本についてのご感想・ご意見をお書き下さい。

注文書

年　月　日

書　名	税込価格	冊　数

★お支払いは代金引き替えの着払いでお願いいたします。また、注文書籍の合計金額（税込価格）が10,000円未満のときは荷造送料として380円をご負担いただき、10,000円を越える場合は無料です。

天皇、左右に謂りて曰はく、「其、何なる麋鹿ぞ。巨海に泛びて多に来る」とのたまふ。爰に左右共に視て奇びて、則ち使を遣して察しむ。使者至りて見るに、皆人なり。唯角著ける鹿の皮を以て、衣服とせらくのみ。問ひて曰はく、「誰人ぞ」といふ。対へて曰さく、「諸縣君牛、是年耆いて、致仕ると雖も、朝を忘るること得ず。故に、己が女髪長媛を以て貢上る」とまうす。天皇、悦びて、即ち喚して御船に従へまつらしむ。是を以て、時人、其の岸に著きし處を号けて、鹿子水門と曰ふ。凡そ水手を鹿子と曰ふこと、蓋し始めて是の時に起れりといふ。

（『日本書紀』応神十三年九月条）

話の主旨は鹿子水門（加古川河口部）の地名起源を語ろうとする単純な内容のものであるが、日向国の首長諸縣君牛（牛諸井）が故国と宮廷との間を往来するのに利用した停泊地が鹿子水門であったことを示している。狩猟の目的で淡路島に出向いた天皇が「西を望すに」とあるのは、西方に広がる瀬戸内海を望見することで広大な海洋と島々の支配権を確認する行為であり、その時鹿の皮を身に着けて現われた牛の率いる集団は、まさしく天皇の狩猟という場面にふさわしい服装をして海を漕ぎ渡ってきたのであり、その上に自分の娘を天皇に貢上し、それを天皇が受け容れて御船に髪長媛を乗船させているのは、淡路島での王者の狩猟がこのような地方勢力の服属儀礼の舞台となっていたことを典型的な形で示すものであり、王権への服属と隷従の証というべき行為なのである。

そもそも天皇の行幸には親衛軍や近侍の臣・畿内外の有力首長らが多数随行し、淡路の海人集団（海人駆使丁）もつき従っていたであろう。その意味では行幸は一時的な遷都であり王者の行軍でもあったのであり、これに参加することが首長層の天皇への服属の証ともなったのである。右の説話の場合には遠く筑紫の果ての首長がはるばる瀬戸内海を航行して宮都へ赴く際の出来事を記しているのであるが、おそらく日向だけでなく西日本各地の首長らが淡路島へ出向き同様の儀礼を行っていた可能性が高いと考えられるのである。

本話に登場する髪長媛は仁徳天皇の妃となった女性と伝えており、大草香皇子（波多毘能大郎子・大日下王）・幡梭皇女（波多毘能若郎女・若日下部王）を生んだとしていることから、諸縣君はA系譜の王統の外戚となった一族で、宮崎県の西都原古墳群中に含まれる女狭穂塚古墳（全長一七七メートル）・男狭穂塚古墳（全長一五三メートル）は、その造営年代と墳丘の築造企画が百舌鳥ミサンザイ古墳や誉田御廟山古墳と相似形であるとの指摘があることから、諸縣君に関わる古墳である可能性が高く、瀬戸内海と淡路島を舞台にくり広げられた服属儀礼は史実に基づく伝承であった可能性が高い。

次は仁徳天皇の行幸伝承をみてみよう。

爾に天皇、吉備の海部直の女、名は黒日売、其の容姿端正しと聞し看して、喚上げて使ひたまひき。然るに其の大后の嫉みを畏みて、本つ国に逃げ下りき。天皇、高台に坐して、其の黒日売の船出でて海に浮かべるを望み瞻て歌曰ひたまひしく、

沖方には　小船連らく　くろざやの　まさづ子吾妹　国へ下らす

とうたひたまひき。故、大后是の御歌を聞きて、大く忿りまして、人を大浦に遣はして、追ひ下して、歩より追ひ去りたまひき。是に天皇、其の黒日売を恋ひたまひて、大后を欺きて曰りたまひしく、「淡

道島を見むと欲ふ」とのりたまひて、幸行でまし時、淡道島に坐して、遥に望けて歌曰ひたまひしく、

おしてるや　難波の崎よ　出で立ちて　我が国見れば　淡島　自凝島檳榔の　島も見ゆ

放つ島見ゆ

とうたひたまひき。乃ち其の島より伝ひて、吉備国に幸行でましき。爾に黒日売、其の国の山方の地

に大坐しまさしめて、大御飯を献りき。（下略）

書紀の応神天皇の説話では吉備兄媛の帰郷物語であったものが、ここでは吉備の海部直の娘黒日売を中心とする物語に変わっている。吉備の海部直は備前国邑久郡に蟠踞した海人集団であり、兄媛の眷属とされる御友別らとはまったく別個の勢力であり、おそらくこの話は吉備の海人集団が淡路島に行幸をくり返した王者の下に丸ごと服属し、その首長の娘が貢上された事実を下敷きにして語られた話なのであろう。天皇が黒日売を追って淡路島に行幸したというのは類型的な筋書きで机上の述作の疑いが強いが、五世紀代の天皇が頻繁に淡路島への行幸を敢行したのにはそれなりの政治的理由があり、この島が王権の国土統治に関わる重要な儀礼と地方勢力の服属儀礼の舞台となっていたことが、このような説話を生み出した要因であろう。

「おしてるや　難波」の歌は天皇が淡路島で歌い上げたものではなく、難波の崎から淡路島の方角を望見しての歌謡である。主人公は難波の崎と呼ばれた高所から大阪湾の方を眺め、そこに「淡島・自凝島・檳榔の島・放つ島」などの群在する島々を見たのであるが、これらの島は大川の河口部に生成したいわゆる「難波の八十島」であって淡路島とその付近の島々を直接指すものではない。難波からは淡路島以外に

多数の島嶼を目の当たりにすることはできないのである。この歌は六世紀になって難波の堀江が上町台地の北端に開削された後にできたもので、天皇の国土統治にふさわしい歌として五世紀代から伝えられていた古伝承に挿入された歌謡であると評することができるだろう。

主人公はそれらの眼前に展開する島々を見る行為を「我が国」を見ると表現している。この「我が国」は主人公が今まさにその土地に立って現実に支配している「難波(浪速)国」でもあり、拡張した政治的な領域概念である「日本国＝大八洲」でもあるが、このような発達した国土統治の観念は七世紀中葉の大化年間を中心とした時期にはじめて成立したと考えられる。ちょうどその頃孝徳天皇が難波宮に遷都し、天皇の詔勅に「現為明神御八嶋国天皇」の語が出現する。「八嶋国」とはイザナギ・イザナミ両神による国生み神話を背景とする国土のことで、淡路島は両神が最初に生んだ島という位置づけを与えられている。おそらく、難波の地が宮都となったことが淡路島への遠い過去の王者たちの歴史的な関わりを回想させる契機になり、古い伝承を基に応神や仁徳らの聖帝の淡路島への行幸の話が造作されたものと推測されるのである。

4　水軍の編成と組織化

筆者がホムツワケ王と密接な関係にあるとみなしている履中天皇の淡路島関連の伝承を次に調べてみよう。まず、『古事記』神代巻にはイザナキ・イザナミ両神が最初に生んだ島として「淡道之穂之狭別嶋」と記す。この島名はホムツワケ王及び履中天皇の「去来穂別」の御名に共通し、きわめて類似するものとして注意されるのである。「穂」は稲穂を、「狭」は早(サ)の意に、「別」は称号のワケを指す。そして履中天皇の名号が実在の始祖帝王ホムツワケの名から案出された虚構であるとすると、淡路島の神話的な島名である「穂之狭別嶋」は淡路島に最も所縁が強かったと推定されるホムツワケ王、あるいはその生母である女王サホヒメ（狭穂姫）に因んで名づけられた蓋然性が高いと思う。

しかし、淡路の海人の組織化にはさまざまな困難があったようである。『日本書紀』応神三年十一月条にそのことを窺わせる記事がみえる。

處處の海人、訕哤きて命に従はず。則ち阿曇連の祖大濱宿祢を遣して、其の訕哤を平ぐ。因りて海人の宰とす。故、俗人の諺に曰はく、「佐麼阿摩」といふは、其れ是の縁なり。

海人は生業の関係から頻繁に浦浜・島嶼の移動をくり返し、交通不便な海辺に比較的に小さな集団・村落を形成することが普通であり、上からの統制や組織化が困難な面があった。「處處の海人」という表現形式はそうした海人の散居的な居住状態を示すものであり、また彼らの言語や習俗には荒々しい生活環境に起因する特殊な語彙や作法があり、農業民のようにその住む土地で永続的にまとめて支配することが難しかった。そのことが王権の側からみて海人の「訕哤（サバメク）」という不遜で横柄な態度に映ったことは当然であった。

しかし、海人の間にも古くから統制的な組織が成立しており、とりわけ北部九州の海辺には弥生時代から半島や大陸へ頻繁に往来するための機構が整備されており、博多湾岸を中心に海民集団を広域的に統率する阿曇の一族や宗像の海人が蟠踞していた。王権はそれらの一族を登用して「海人の宰」に任じ、彼らを王都近辺の地域にも誘引することで海人集団への強力な支配を推し進めようとしたのであろう。

履中天皇はその即位に際して弟の住吉仲皇子(墨江中王)の謀反を受けたと伝えている。その即位前紀によると、仲皇子の反乱により難波宮から大和へ逃げた履中は、途中の龍田山で自分を追跡してくる数十人の兵を見つけ、それが誰なのかを調べようとした。

因りて山中に隠れて待ちたまふ。近きぬるときに、則ち一人を遣して、問はしめて曰はく、「曷人ぞ。且何處にか往く」とのたまふ。対へて曰さく、「淡路の野嶋の海人なり。阿曇連濱子、一に云はく、阿曇連黒友といふ。仲皇子の為に、太子を追はしむ」とまうす。是に、伏兵を出して囲む。悉に捕ふること得つ。

謀反人に加担したのは阿曇連濱子が率いる野島の海人たちであった。海人はこのように結束した集団を成し、陸上でも統制のとれた兵士として戦闘に携わることができた。船の櫂を武器に持ち替えれば直ちに屈強な組織化された軍団を形成することができたのである。海人を統率していた阿曇連濱子は北部九州の志賀島や筑前国糟屋郡阿曇郷と難波浦の安曇江に本拠地を置いた海人出身の豪族で、仲皇子が住吉仲皇子あるいは墨江中王と呼ばれたように、住吉大津を舞台として両者の間に日ごろから密接な統属関係ができていたのであろう。謀反を退けた天皇は、次のように振舞った。

阿曇連濱子を召して、詔して曰はく、「汝、仲皇子と共に逆ふることを謀りて、国家を傾けむとす。罪、死に当れり。然るに大きなる恩を垂れたまひて、死を免して墨に科す」とのたまひて、即日に黥む。此に因りて、時人、阿曇目と曰ふ。亦濱子に従へる野嶋の海人等が罪を免して、倭の蒋代屯倉に役ふ。(『日本書紀』履中元年四月条)

阿曇連のような海民の習俗に黥面や文身などのあることはよく知られている通りである。海洋を舞台とした厳しい生活においてさまざまな災害から身を守るための呪術で、謀反に加担したための贖罪として目尻を黥むというのはまったくの空言であり、このような事件そのものが作り事であることはこの文章からも明らかである。また海人の罪を免じて屯倉の労働に奉仕させたというのは、山辺郡の蒋代屯倉の経営に阿曇氏や淡路島の海民が関係していたことから発想されたもので、事件とは無関係と考えてよい。淡路本島にも屯倉が設置されており(『古事記』仲哀段・『日本書紀』仲哀二年三月条)、海人が直ちに非農耕民であるとは言えないだろう。

この話から想定されるのは、列島の各地には海人が古くから存在し、船を利用して海上の遠距離の航路を往来し、海人どうしの独自の結合組織が作られ、それをさらに上から統制し軍事的に編成しようとする勢力が形成されていたということである。海人の場合は一つ一つの動作が生命そのものに直結するだけに農業民よりも上からの支配力や統制力が強く作用するので、団結力や服従意志がきわめて強固で、天皇に忠実な子飼いの軍事力として有効な組織となり得るものであった。

とりわけ対外交渉のための頻繁な渡航という重要な課題を解決していく上では、淡路島のように王都に近く存在する海人集団は王権にとってきわめて魅力的であり、海人集団の統制と組織化において模範型を作り出すのに格好の環境を有していた。野島・御原という島内を二分する形の海人集団が形成されたのは王権の政策による政治的分断策とみなすことができ、賞功を互いに競わせる狙いがあったのではなかろうか。

このことに関連して興味深い伝承が允恭天皇の淡路島行幸に窺われる。

天皇、淡路嶋に猟したまふ。時に麋鹿・猨・猪、莫莫紛紛に、山谷に盈てり。炎のごと起ち蝿のごと散ぐ。然れども終日に、一の獣をだに獲たまはず。是に、猟止めて更に卜ふ。嶋の神、祟りて曰はく、「獣を得ざるは、是我が心なり。赤石の海の底に、真珠有り。其の珠を我に祠らば、悉に獣を得しめむ」とのたまふ。爰に更に處處の白水郎を集へて、赤石の海の底を探かしむ。海深くして底に至ること能はず。唯し一の海人有り。男狭磯と曰ふ。是、阿波国の長邑の人なり。諸の白水郎に勝れたり。是、腰に縄を繋けて海の底に入る。差須臾ありて出でて曰さく、「海の底に大蝮有り。其の處光れり」とまうす。諸人、皆曰はく、「嶋の神の請はする珠、殆に是の蝮の腹に有るか」といふ。亦入りて探く。爰に男狭磯、大蝮を抱きて泛び出でたり。乃ち息絶えて、浪の上に死りぬ。既にして縄を下して海の深さを測るに、六十尋なり。則ち蝮を割く。実に真珠、腹の中に有り。其の大きさ、桃子の如し。乃ち嶋の神を祠りて猟したまふ。多に獣を獲たまひつ。唯男狭磯が海に入りて死りしことをのみ悲びて、則ち墓を作りて厚く葬りぬ。其の墓、猶今まで存。

（『日本書紀』允恭十四年九月条）

いかにも牧歌的な王者の狩猟を描いている。しかし、獲物がまったく得られないのは「嶋の神」の祟りということで、神の言葉に従い赤石の海底にある真珠を採取するために「處處の白水郎」が集結させられ、阿波国の男狭磯という名の海人が命を賭して大蝮の腹にあった真珠を得たとする。神の祟りということを利用して天皇は各地の海人を淡路島に会集させ、見事に天皇の要請に応えた海人を英雄扱いにし手厚く葬ったと言うのである。

ところで、このように五世紀代の王者らに重要視された淡路島ではあったが、この島には大型の古墳が存在しないことから、王権がとくに淡路の直轄的支配を推進したために首長層の成長が阻まれたと考えられ、王権の意向を体現する島外の勢力が淡路の海人集団を直接統制したと想定できる。そのような勢力の候補の一つは大阪府岸和田市摩湯町に所在する摩湯山古墳の被葬者で、本墳は四世紀後半の全長二百メートルを計測する大型の前方後円墳であり、前方部の両側面に周濠をもつ和泉地方最大の前期古墳である。付近は後に和泉国府の置かれた府中に近く、松尾川の下流は和泉大津となっていた。また興味深いことに式内淡路神社が墳丘のすぐ傍らに鎮座しており、祭神は現在では菅原道真ということになっているが、神名から推測するに淡路島の土地神すなわちイザナキ命を分祀していた可能性が強い。

当地域は和泉郡軽部郷に包摂された地域と言えるが、軽部は允恭天皇の太子木梨之軽王の養育に関わる湯坐が置かれた地と考えられ、允恭は後に述べるように茅渟宮を府中の地に経営したので、付近はヤマト王権の直轄領という性格を帯びた土地と言えるように思われ、当該地域が茅渟県と呼ばれたのはそれを象徴する。そして茅渟県主こそが当地域の最有力首長であったことから、摩湯山古墳の被葬者は系譜上県主の先祖に属する人物で、淡路島の支配と管理をヤマト王権から命じられていた有勢者であったと推定できる。

もう一つの事例は神戸市垂水区に所在する五色塚古墳である。本墳も全長二百メートルを計測する四世紀後半の前方後円墳で、明石海峡を望む海辺の台地上に前方部を淡路島に向けて築造されている。『日本書紀』神功皇后元年二月条には、「乃ち詐りて天皇の為に陵を作るまねにして、播磨に詣りて山陵を赤石に興つ。仍りて船を編みて淡路嶋に絋して、其の嶋の石を運びて造る」という伝承があり、五色塚古墳の造営にまつわる伝承を基にしていると考えられる。これによると、本墳は山陵の造営と見まがうほどの巨大古墳の造営とみなされていたことと、墳丘に葺く石が淡路島から運ばれたことからして、淡路の海人集団を支配下に置く有力首長を被葬者とした可能性がある。所伝通り五色塚の上段・中段には淡路の石が使用されているらしく、野島海人らが運搬に動員されたのではなかろうか。

本墳の被葬者について考える手がかりは、当地域の明石国造が「大倭直と同じき祖、八代足尼の児都彌自足尼を国造に定め賜う」とし、『続日本紀』神護景雲三年六月七日条に摂津国菟原郡の倉人水守ら十八人が大和連の姓を賜り、播磨国明石郡の海直溝長ら十九人が大和赤石連の姓を賜った記事があることから、西摂から明石付近の海岸地帯には大倭国造大倭直と同族を称する海人集団が広く居住していたことがヒントになるだろう。明石郡には式内社の海神社(垂水区宮本町)が鎮座しており、当地域の海民らの守護神であったと考えられる。

大倭国造の祖先は、『古事記』神武段に天皇の東征船団が速吸門(明石海峡)を通過する時に航路の先導をした槁根津日子と伝え、書紀では豊予海峡通過時に「臣は是国神なり。名をば珍彦と曰す。曲浦に釣漁す。天神の子来でますと聞りて、故に即ち迎へ奉る」と述べて船団の導きをしたという。珍彦はまたの名を椎根津彦とも称し「倭直部等の始祖」であるという。国造が設置されるのは六世紀以後のことであるが、大倭直一族の遠い先祖は明石海峡に面した海岸地帯に居住する海人集団を直接指揮・統率した経緯のあったことが想定される。

倭直一族は元来奈良盆地東南部のヤマトを本拠とした勢力で、崇神・垂仁天皇の時には「倭直祖市磯長尾市」が倭大国魂神の祭祀を命じられ、天日槍が渡来して播磨国宍粟邑に至った時その事情を聴取すべく派遣され、日槍には宍粟邑と淡路の出浅邑を与えて居住するように詔が下ったとする。さらに先ほど指摘したように仁徳朝に倭直吾子籠が韓国に派遣されていたこと、また大井河を流下してきた大樹で船を作り、南海から難波津に曳航して御船に充てたとも伝えている。これらの伝説は倭直一族の先祖に明石海峡を中心とした大阪湾岸北部から播磨辺りの航路・港津の管理や海人集団を統制下に置く有勢な人物がいたことを示唆しており、その人物が生前の功績によって五色塚古墳に埋葬されたと考えることができるだろう。

ところで、ここで四世紀後半から末頃に造営された二百メートル級の規模をもつ大型前方後円墳の存在に注目してみたい。当該規模を誇る古墳は当時の女王陵より一段格下の古墳で、王権に仕えた有力首長の墓とみなしてよいものである。該当するものには奈良盆地の巣山古墳・島の山古墳、河内の松岳山古墳、摂津の弁天山一号墳、和泉の西陵古墳、丹後の網野銚子山古墳・竹野神明山古墳などがあり、いずれもヤマト王権の対外政策に貢献した有力首長で半島派遣将軍の墓とみられる。

それらの中で右にみた摩湯山古墳・五色塚古墳・弁天山一号墳・西陵古墳の被葬者らは古墳の立地からみて淡路島及び東部瀬戸内地域の各地に分布する海人集団を直接統制下に置いた有勢な首長であろうと推測され、一方丹後の網野銚子山古墳・竹野神明山古墳の被葬者らは丹後・若狭の海人集団を組織してヤマト王権の対外政策に参画した勢力と考えられる。しかもこれらの首長の領域には摩湯山古墳で検証したようにイザナギ信仰に関わる神社が鎮座しているのに留意すべきであろう。

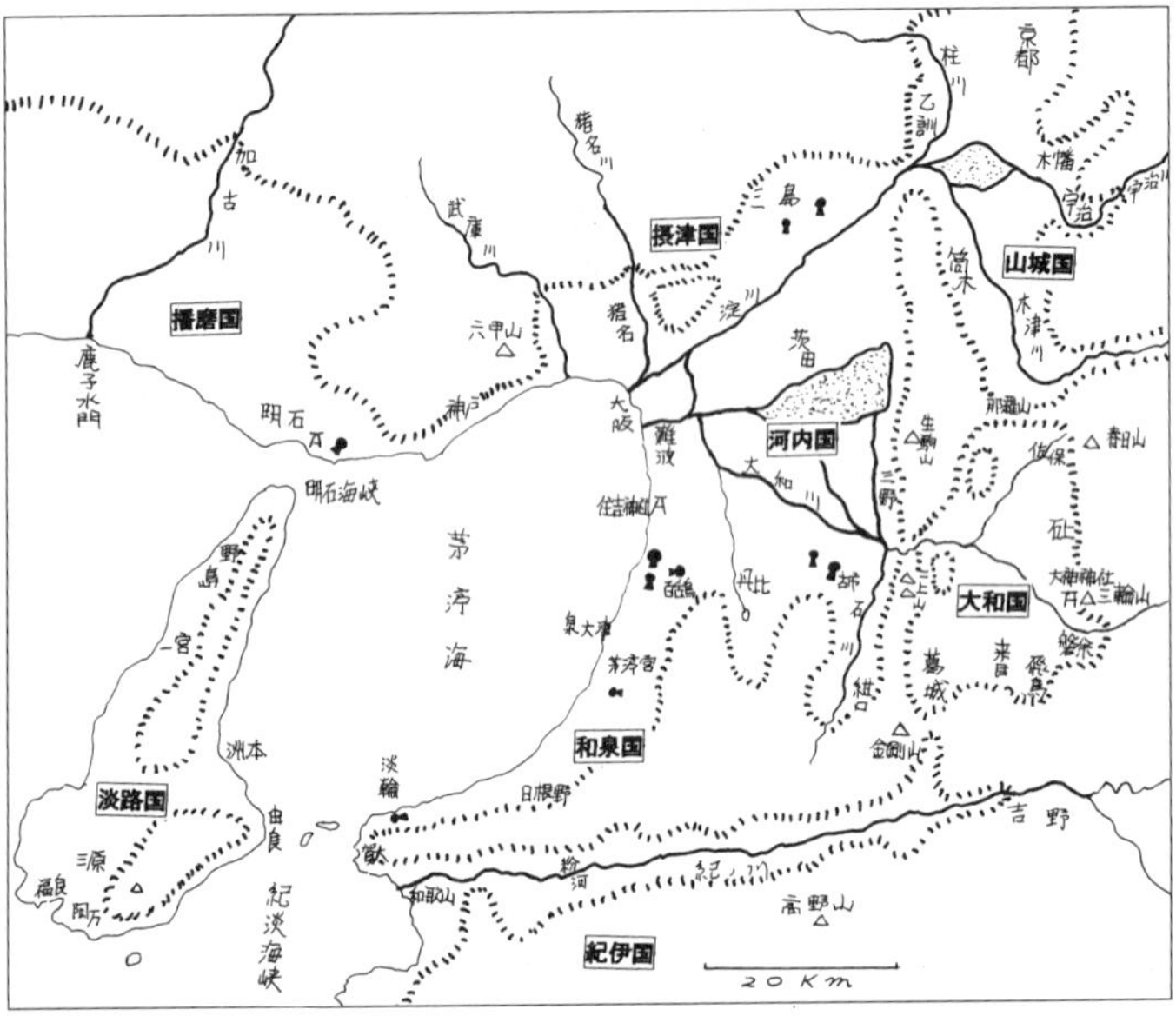

図6　古代の王畿

よく知られているように淡路国津名郡には淡路伊佐奈伎神社が鎮座している。同国十三座のうち名神大社の扱いを受けているのは当社だけであり、また貞観元年正月には「淡路国无品勲八等伊佐奈岐命」に一品が授けられ、地方神としては破格の叙位に預った。イザナギ命は皇祖天照大神の親神であり、イザナミ命とともに国土を創成した神とされる。岡田精司氏が指摘しているように、この神の本来の鎮座地は淡路島であり、淡路の海人らに信仰され崇められていた「嶋の神」「嶋造りの神」そのものであった。しかもその「嶋の神」が島外の大阪湾岸周辺から大和、伊勢、若狭などに分布していること、その鎮座地が右に指摘した古墳に近接する地域であるということにはなはだ興味を覚えるのである。岡田氏の論考から引用すると次のような分布の様態を示す。

①淡路国津名郡　淡路伊佐奈伎神社　名神大。
②大和国添下郡　伊射奈岐神社　大。月次、新嘗。
③大和国葛下郡　伊射奈岐神社
④大和国城上郡　伊射奈岐神社
⑤摂津国島下郡　伊射奈岐神社二座　並大。月次、新嘗。
⑥伊勢国度会郡　伊佐奈岐宮二座　伊佐奈弥命一座。並大。月次、新嘗。
⑦若狭国大飯郡　伊射奈岐神社
⑧阿波国美馬郡　伊射奈美神社
⑨和泉国和泉郡　淡路神社
⑩播磨国揖保郡　阿波遅神社

それぞれの神社の立地・由緒・鎮座縁起などの問題については個々に詳しく検討してから結論を下す必要があるが、王権の中枢地帯である大和に②③④の三社が集中し、とくに③は馬見古墳群と関係する巣山古墳・島の山古墳・松岳山古墳に近接し、葛城・平群など武内宿祢の後裔を主張する首長勢力の領域に入る。⑤は弁天山一号墳の所在地である三島県に関係があり、⑦はイザナギ命が天の梯立を造ったとされる伝説を有する丹後の二基の大型古墳の被葬者との関係が推定でき、彼らは丹後・若狭の海域に所縁のある海民を統率してヤマト王権の対外政策に関与していたと推測できる。⑨はすでに述べたように摩湯山古墳の被葬者と、⑩は五色塚古墳の被葬者の活動領域と密接な関係にあることが想定できる。これらの現象はイザナギ・イザナミ両神への信仰と国土創成の神話が、四世紀後半の時期の対外交渉に参画した畿内・近国の有力首長層の間に強く意識されていたことを示すものではなかろうか。

さて、次には『日本書紀』履中五年九月条を引用してみよう。

天皇、淡路嶋に狩したまふ。是の日に、河内飼部等、従駕へまつりて轡に執けり。是より先に、飼部の黥、皆差えず。時に嶋に居します伊奘諾神、祝に託りて曰はく、「血の臭きに堪へず」とのたまふ。因りて、卜ふ。兆に云はく、「飼部等の黥の気を悪む」といふ。故、是より以後、頓に絶えて飼部を黥せずして止む。

先ほどみたように淡路島の守護神として「嶋の神」・「嶋に居します伊奘諾神」が鎮座していた。この神が天皇の狩猟に随従していた馬飼部らの黥面の穢れを忌避したとするのである。しかしこの場合黥面云々の問題よりも、天皇が象徴的な騎馬の姿で狩猟に臨んでいることが想定される点で重要であろう。

応神天皇の時に百済肖古王が阿知吉師の渡来を契機として馬の飼育を倭国の王廷に伝えたとすることが想起される。それを契機として騎乗のことが王者のステータスとなり、やがて王族や近臣の間にも徐々に浸透していったと考えられる。履中天皇にまつわる伝承では墨江中王の反乱事件の際に「倭の漢直の祖、阿知直」が酔える履中を「御馬に乗せて倭に幸でまさしめき」と伝え、天皇の淡路島への行幸に騎馬のことが現われるのはこれが初発のことであった。およそ天皇にして騎馬の姿で登場した最初の事例が履中であり、実際には始祖帝王であるホムツワケ王こそがその本当の当事者であったのではないかと考えられる。

そして、淡路島での狩猟は単に王者の騎馬による狩猟という遊興的な性格のものだけではなく、将軍・

戦士として半島に赴く臣下らの騎馬による軍事訓練の場にもなっていたのではないかと憶測されてくるのである。それは単に騎馬戦の訓練にとって都合のよい閉鎖的な空間であるということのみならず、本土から船により渡海して異国の地に向かうという外征のための訓練にも必要な場となったであろう。王が宮都を発して淡路島に向かうとなれば、各地の首長らもそれぞれの土地から出発して瀬戸内や大阪湾岸の港津地帯に集結し、そこからさらに海路をとって淡路島へ渡ったに違いない。いわば淡路島は本物の戦闘が行われるはずの韓半島を仮想した異国の戦場であり、狩猟に名を借りた軍事演習の場となっていたのではあるまいか。

少し後のことではあるが、物部大連守屋が穴穂部皇子を即位させる手だてを弄した事件のことが思い起こされる。守屋は穴穂部皇子を誘引するために「願はくは皇子と、将に淡路に馳猟せむ」との謀略を思いついたらしい。計画は実行されなかったが狩猟はそのまま軍事行動に結びつきやすく、また王都に近い淡路島での狩猟は隠密に兵員を整え集結させるのに都合のよい場所とされたのであろう。このように淡路島は五世紀のヤマトの王者に直属する水軍の島としての機能を有した世界であった。

5　百済王と倭の水軍

さて、ここで筆者は目先を変えて百済王の狩猟にまつわる史料を紹介したいと思う。周知のように、百済王家は「朱蒙、北扶余より難を逃れ、卒本扶余に至る」と伝えているごとく、遊牧に長じた扶余族の流れを汲む民族であり、百済は「其の世系高句麗と同じくして扶余に出づ」とも、また五世紀後半の蓋鹵王が「臣と高句麗とは、源扶余に出づ」と言明しているように、騎馬を日常生活の常套手段とした民族であった。したがって狩猟は彼らの最も得意とする分野であり、「俗は騎射を重んず」(『周書』百済伝)と中国に伝えられていたのも自然である。そこでもっぱら『三国史記』の記述によってみていくと、まず始祖温祚王に関し次のような狩猟の伝承が記されている。

五年冬十一月、北辺を巡撫し、猟して神鹿を獲る。

十年秋九月、王出て猟し、神鹿を獲、以て馬韓に送る。

二十六年冬十月、王、師を出し、田猟と陽り言い、潜かに馬韓を襲い、遂に其の国邑を併す。

四十三年秋八月、王、牙山の原に田すること五日。

始祖王の狩猟はもとより伝説の類であるが、狩猟にかこつけて国内の要所を視察したり、狩猟にことよせてひそかに軍隊を派遣し他国を襲撃・占領するというような行為が日常的に行われていたことを示唆する。次にこれも伝説上の王たちの狩猟を調べてみると、

・多婁王四年九月、王、横岳の下に猟す。雙つの鹿を連ね中つ。衆人これを歎美す。
・己婁王二十七年、王、漢山に猟し、神鹿を獲る。
・蓋婁王四年夏四月、王、漢山に猟す。
・仇首王十六年冬十月、王、寒泉に田す。
・古尓王三年冬十月、王、西海の大島に猟す。王、手づから四十の鹿を射る。
　五年二月、釜山に田す。五旬にして乃ち返る。

・比流王二十二年十一月、王、狗原の北に猟し、手づから鹿を射る。

などとあって、百済領内各地に王の猟場が設定されており、王自らの狩猟の技芸的な側面が讃美され、またかなり長期間にわたる狩猟が行われたようである。百済建国史上の画期と目される肖古王・貴須王代には狩猟の記録がみえないが、辰斯王(在位三八五～三九二)には次のような諸事例が記載されている。

・六年(三九〇)冬十月、狗原に猟す。七日にして返る。

・七年(三九一)春正月、重ねて宮室を修る。池を穿ち山を造り、以て奇禽・異卉を養う。
　秋七月、国の西の大島に猟す。王親ら鹿を射る。
　八月、又横岳の西に猟す。

・八年(三九二)冬十月、王狗原に田す。旬を経るも返らず。
　十一月、狗原の行宮に薨ず。

辰斯王の事績について注目すべき問題は二つある。その一つは王の治世七年正月の条に記されている「重ねて宮室を修る。池を穿ち山を造り、以て奇禽・異卉を養う」という記事であり、もう一つは同年七月条にみえる「国の西の大島に猟す。王親ら鹿を射る」とある記事である。まず前者の記事を簡単に検討してみることにしよう。

辰斯王も前代の王たちと同じく高句麗との戦いに明け暮れたが、治世の終わり頃に大規模な宮室の修営を行い、建物を壮麗に飾りたてるだけではなく庭園の造作にもかなり手のこんだ工作を施し、王威を内外に誇示しようと考えたらしい。そして完成した新王宮は倭国から派遣されてきた使節らの目をも驚かせたことは言うまでもなく、現地での見聞を基に倭王の宮室でもその模倣が行われたのではなかろうか。

前著『古代女王制と天皇の起源』で論証したように、始祖帝王ホムツワケの宮室は磐余稚桜宮と推定できるのであるが、当宮には付属の苑池として人工的に造営された磐余池（磐余市磯池）があり、池堤には宮号の由来となった桜が植樹されていたらしく、さらに池には鵠をはじめとした水鳥が放たれ、池面では両枝船を浮かべての遊宴が行われたようである。文献史料の面では垂仁天皇の皇子ホムツワケにまつわる伝承と、ホムツワケ王像と二重写しになっている履中天皇の磐余稚桜宮に関係する伝承がここで想起されるだろう。

故、其の御子を率て遊びし状は、尾張の相津に在る二俣椙を二俣小舟に作りて、持ち上り来て、倭の市師池、軽池に浮かべて、其の御子を率て遊びき。然るに是の御子、八拳鬚心の前に至るまで真事登波受。故、今高往く鵠の音を聞きて、始めて阿芸登比為たまひき。

（『古事記』垂仁段）

元年二月、皇太子、磐余稚桜宮に即位す。
二年十月、磐余に都つくる。
十一月、磐余池を作る。
三年十一月、天皇、両枝船を磐余市磯池に泛べたまふ。皇妃と各分ち乗りて遊宴びたまふ。膳臣余磯、酒献る。時に桜の花、御盞に落れり。天皇、異びたまひて、則ち物部長真膽連を召して、詔して曰はく、「是の花、非時にして来れり。其れ何処の花ならむ。汝、自ら求むべし」とのたまふ。是に、長真膽連、独花を尋ねて、掖上室山に獲て、献る。天皇、其の希有しきことを歓びて、即ち宮の名としたまふ。故、磐余稚桜宮と謂す。其れ此の縁なり。是の日に、長真膽連の本姓を改めて、稚桜部造と曰ふ。又、膳臣余磯を号けて、稚桜部臣と曰ふ。

（『日本書紀』履中天皇元年、二年、三年条）

ホムツワケ王の伝承と履中天皇にまつわる伝承には類似点があり、履中天皇にかけて語られている磐余稚桜宮と磐余市磯池の造営とは実質的にはホムツワケ王の即位に関わる事業であったと推定され、始祖帝王の宮都磐余宮の造営には百済王宮の壮麗な結構が模範とされた可能性が高い。

古代の苑池の事例としては「嶋大臣」蘇我馬子の邸宅と桃原の墓に隣接して構築されていた「嶋（林泉）」が最も著名で、発掘調査の結果庭園の遺構とおぼしき池が見つかっている。また推古朝には小墾田宮の南庭に「須弥山の形及び呉橋を構け」た百済人の路子工（芝耆摩呂）が渡来しているが、このような庭園・苑池の構作は、おそらく右に示したように百済王宮に関する情報が入るようになった四世紀後半からはじまった可能性が強く、辰斯王宮の修営に伴う大規模な苑池の造作が始祖帝王の宮室の造作に一定の影響を与えたことが想定できる。

もう一つの問題は、右に掲記した古尓王三年十月条の「王、西海の大島に猟す」とある記事と、辰斯王七年七月条にみえる「国の西の大島に猟す」と記す文についてである。百済の当時の王都は漢城（尉礼城・広州）にあったので、その西方の大島とは首都の北郊を流れる漢江の河口に所在する江華島のことであろう。江華島はソウルの西およそ五〇キロメートルに位置し、淡路島の約半分ほどの面積を持ち、漢城を守

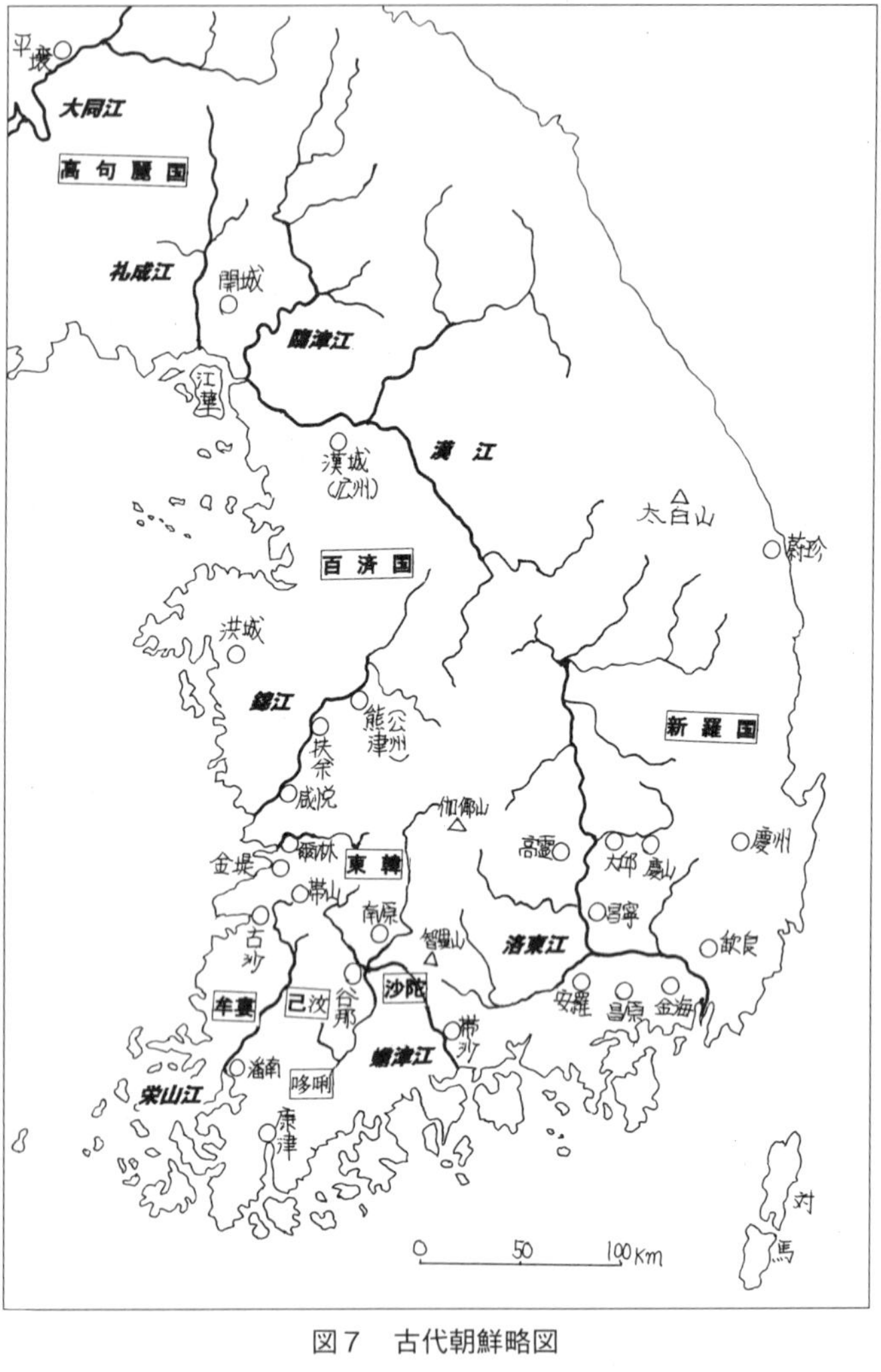
平壌
大同江
高句麗国
礼成江
開城
臨津江
江華
漢城（広州）
漢江
太白山
蔚珍
百済国
洪城
錦江
熊津（公州）
扶余
咸悦
伽倻山
高霊
大邱
慶山
慶州
金堤
彌林
東韓
帯山
古沙
南原
智異山
洛東江
昌寧
歃良
安羅
昌原
金海
牟婁
己汶
谷那
沙陀
帯沙
蟾津江
潘南
哆唎
栄山江
康津
対馬
0
50
100Km

図７　古代朝鮮略図

衛する軍事的要衝の島であった。百済王がこの島に赴いて狩猟を行ったというのは、本章でこれまで論じてきた倭王が頻繁に淡路島に赴いて狩猟を行ったとする伝承ときわめて類似している。

淡路島は大和・河内からみてまさしく「西海の大島」「国の西の大島」と呼ぶべき位置を占めるのであって、偶然の現象とはいえ淡路島が王者の狩猟と水軍の根拠地となっていたことから推測すると、百済王の大島への狩猟は単なる狩猟だけにとどまらず、水軍の根拠地の視察を意味するものではなかっただろうか。しかもその水軍基地には倭国の軍船も出入することがあったものと推測できるだろう。

ヤマト王権が百済へ派遣した使節・軍団は、金官伽耶(狗邪韓国)を拠点として、伽耶西南部を流れる蟾津江口の帯沙から遡上して満項江口付近に出て、再び海路を用いる経路と、半島の沿岸部多島海沿いに海上を百済に直航するルートとの二つが想定できるが、対馬・朝鮮海峡の荒波に耐えて渡航する能力を持つ倭の水軍は海路を百済に至る後者の経路を古くから確保していた可能性が強い。かつて邪馬台国の使者が帯方郡を往来した際にも同じ航路が利用されていたことを考えるならば、江華島の存在は四世紀の倭人にもよく知悉されていただろう。

ところで、推測するに辰斯王は倭国との関係には比較的に冷淡であったようで、『日本書紀』応神三年是歳条には、

是歳、百済の辰斯王立ちてより、貴国の天皇のみために失礼し。故、紀角宿祢・羽田矢代宿祢・石川宿祢・木菟宿祢を遣して、其の礼无き状を譲はしむ。是に由りて、百済国、辰斯王を殺して謝ひにき。紀角宿祢等、便ち阿花を立てて王として帰れり

との伝えがあり、出典を記さないが「百済記」をベースに潤色を施した文章とみることができる。辰斯王は治世八(三九二)年十月に狗原への狩猟を契機にして不可解な死を遂げ阿花(莘)王が擁立されるに至った。その原因について『三国史記』辰斯王八年七月条には、

高句麗王談徳、兵四万を帥い、来りて北鄙を攻む。石峴等の十余城を陥す。王、談徳の能く兵を用いるを聞きて、出て拒ぎ得ず。漢水の北の諸部落多く没せらる。

とあり、また十月には、「高句麗、関弥城を攻めて抜く」とあって、百済北辺の守りとして最も枢要な城が陥落したといい、対高句麗戦で惨敗を喫した王の失政を契機としてその廃位が取り沙汰されるに至ったものと考えられる。百済に起きたこの政治的危機は同時に同盟国であった倭国の危機でもあり、狗原の狩猟に誘い出して辰斯王を殺害したのは百済の親倭派の勢力であったのではなかろうか。

三六九年の盟約以来、ヤマト王権は百済との交流関係を重視しており、辰斯王の治世七(三九一)年には先ほど指摘したように「国の西の大島」に到着した倭の使節があったようである。それこそが紀角宿祢を代表とする使節団であったと考えてよい。書紀が記すように「紀角宿祢等、便ち阿花を立てて王として帰れり」というような直接的な内政干渉の想定は論外であるが、彼らが倭勢力の干渉を嫌う辰斯王の殺害と新王の即位に何らかの関与をしたことは事実ではないだろうか。

辰斯王の次に王位に就いた阿莘王(三九二～四〇五)は倭国との関係を重視した王で、三九七年には、『三国史記』が「王と倭国と好みを結び、太子腆支を以て質と為す」と記し、十一(四〇二)年には「使を倭国に遣して大珠を求む」とあり、さらにこれに応えるように十二(四〇三)年には「倭国の使者至る。王、迎

え労すること特に厚し」とあって、倭国との交渉が強化されたことがわかる。

そのために、倭国を重視する王の政治方針に反対する者が現われ、四〇五年に阿莘王が没すると、末弟の碟礼が反乱を起し自立して王となったが、この政変の際には、当時倭国に入質していた王子腆支を「倭王、兵士百人を以て衛送せしめた」が、「腆支は倭人を留めて自衛し、海島に依りて以て待つ」と記すように、国内の混乱を回避するためいずれかの「海島」に留まり時機を待つという方策がとられた。これは倭の水軍に百済領域内の島嶼まで容易に進出できる体制が整備されていたことを示しているとともに、この「海島」とはすでに述べてきた江華島のことか、あるいは後述する百済領南西国境付近の島を指していることは間違いあるまい。

また、『高句麗広開土王碑文』には、倭が水軍を用いた戦いがあったことを示唆する文章がみえる。

【碑石第三面】

十四年の甲辰、而ち倭は不軌にして、帯方の界に侵入し、□□□□□石城□連船□□□せり。王、躬ら率いて□□し、平穣より□□□鋒、王幢に相遇ひ、要截して盪刺す。倭寇は潰敗し、斬殺せらるるもの無数なり。

右の文章には碑石の状態から読みとり難い部分があり全体像を明らかにすることは容易ではないが、永楽十四年甲辰は西暦四〇四年に当たり、碑文の年次は『三国史記』の王代と一年のずれがあるので、腆支王子の帰国に当たり衛送した倭の水軍と何らかの関係があったかも知れない。

相当な規模を持つ倭の水軍が、旧帯方郡界に侵入して、高句麗の支配下にあった諸城を攻撃したものと推測できる。「石城」とあるのは倭軍の攻撃にさらされた城名の一部であろう。その下に「連船」とあるのがくせもので、これは倭軍本体の構成が水軍であったこと、河川を敵地深くまで船で侵入しその後上陸して敵の城を直撃する作戦がとられたことを示唆している。このような突発的な攻撃に対し高句麗は王が自ら軍を率い平壌を発って戦闘した結果、倭軍は大敗を喫し斬殺された者が多数に上ったとその戦果を誇示しているのである。推測するにこの戦役は倭が単独で起こしたもので、筆者は碑文に百済の動向をまったく記していないことをとくに重視しており、後章でもういちど詳しく取り上げたいと思う。

これからいよいよ本格的に問題にしたいのは、右に指摘してきた辰斯王から阿莘王代にかけての時期の倭国の王が一体誰なのかということであり、『古事記』『日本書紀』では応神天皇の治世に当てはめているが、筆者の復原王系譜によればホムツワケ王の治世の可能性とともに、女王サホヒメの治下に相当した蓋然性を考慮する必要があり、さらには女王サホヒメと裏腹の関係にある神功皇后の伝承がにわかに想起されずにはすまないものと思われるのである。神功皇后は聖帝応神を筑紫で出生したとする伝承の持主であるが、神功皇后伝承は女王サホヒメの筑紫行幸という意外な史実に基づいて形成された説話であるとは考えられないであろうか。

第三章　女王サホヒメの筑紫行幸

1　女帝・女王の行幸

斉明天皇の七(六六一)年正月、老女帝は難波津を発って筑紫に向かった。八日には備前の大伯海に至り、十四日に伊予の熟田津の行宮に停泊、三月二十五日には娜大津に至り、磐瀬(長津)行宮に入った。四月頃になると天皇は筑前国内陸の朝倉に移動し、橘広庭宮に遷居したという。この時、宮を造営するために朝倉社の木を切ったため神が祟りを起こし、宮中の大勢の者が病死しただけでなく、女帝自身も七月二十四日に崩御したという。八月には早くも皇太子が女帝の遺骸を磐瀬宮に移し、十月二十三日には難波津に還り、十一月七日より飛鳥川原において殯宮の儀礼を開始した。

これは百済救援軍の派遣に当たり、女帝自身が遠征軍を率いて筑紫にまで長征を敢行したきわめて稀有の事例である。王または天皇が畿内はおろか筑紫にまで行幸をした確実な事例はこれ以前にも以後にも無く、きわめて特殊な事件であったと言えるだろう。しかも女帝は老体に鞭打って進軍したために無理が祟り、異郷の地において病没するという悲劇に見舞われた。また前後に相次いで渡海した救援軍も六六三年八月の白村江の戦いで大敗し、同盟国百済が滅亡しただけではなく新羅・唐連合軍が大挙して攻め込んでくるのではないかという未曾有の国難にさらされることになる。

斉明女帝が長らく同盟関係にあった百済国の滅亡に際会するという七世紀後半の国際的な大事件を顧みて、筆者は反対に百済国とはじめて同盟関係を結んだ時の倭王が、奇しくも女王であったのではないかというひそかな考えを懐くようになって久しい。この発想は戦後に唱えられてセンセーションを巻き起こした江上波夫氏の騎馬民族征服王朝説や、水野祐氏の仁徳王朝(狗奴国)東遷説・井上光貞氏の応神天皇東遷説などへの疑問から生まれたもので、これらの説に共通する発想法、すなわち西方から畿内へやって来た何らかの勢力がそれ以前に大和にあった政権を打倒して皇室統治の基盤が整えられたとする歴史構想が、神武東征伝承・神功皇后の新羅征討伝承などを背景に語られている点に問題があると考えているからである。

本章では神功皇后伝承を取り上げ、この伝承の本来の主人公であると推定される女王サホヒメの筑紫行幸という新たな視点から分析を試みようと思う。初代女王卑弥呼の邪馬台国からはじまったヤマト王権の歴史は、四世紀後半の最後の女王サホヒメと始祖帝王ホムツワケの時代にひとつの転換期を迎え、「女王制(女王の国)」の歴史の終章を飾る事件のひとつとして女王サホヒメの筑紫行幸という出来事があったとする仮説を論じてみたいのである。

すなわち、神功皇后伝承はヤマト王権とは異質な西方の勢力が畿内へ東征したことの反映ではなく、まして や皇后の新羅遠征を史実に立脚した事件とは考えることはできず、百済国との同盟関係の締結を契機として「女王制」から男王制への転換を画策したヤマト王権が、百済への軍事使節団と水軍とを派遣するのに際し、女王自らが筑紫に赴き船団を激励し見送ったという一回限りの象徴的な史実を核として形成された伝承ではないかと考える。つまり初期ヤマト王権には旧説のような政治勢力の断絶や王統・政権の交替などという事件はなく、「女王制（女王の国）」から倭の五王の時代への移行の様相の一断面を、神功皇后伝承の検討を通じて明らかにできると考えるのである。

2　倭・済軍事同盟の締結

ヤマト王権が「女王制」を廃止し男王制への移行を断行しようとした直接の契機は、四世紀後半に朝鮮半島の百済国が軍事同盟の締結を倭国に持ちかけてきたことにあると考えられる。『日本書紀』の神功皇后摂政四十六年三月紀にみえる次の記事が倭国に対する百済王権の外交攻勢の発端を記している。ちなみに神功摂政四十六年は西暦三六六年に当たる。

斯摩宿祢を卓淳国に遣す。斯摩宿祢は、何の姓の人といふことを知らず。是に、卓淳の王末錦旱岐、斯摩宿祢に告げて曰はく、「甲子の年の七月の中に、百済人久氐・弥州流・莫古の三人、我が土に到りて曰はく、『百済の王、東の方に日本の貴国有るを聞きて、臣等を遣して、其の貴国に朝でしむ。故、道路を求めて、斯の土に至りぬ。若し能く臣等に教へて、道路を通はしめば、我が王必ず深く君王を徳せむ』といふ。時に久氐等に謂りて曰はく、『本より東に貴国有ることを聞けり。然れども、未だ通ふこと有らざれば、其の道を知らず。唯海遠く浪嶮し。則ち大船に乗りて、僅に通ふこと得べし。若し路津有りと雖も、何を以てか達ること得む』といふ。是に、久氐等が曰はく、『然らば即ち当今は通ふこと得まじ。若かじ、更に還りて船舶を備ひて、後に通はむには』といふ。仍りて曰ひしく、『若し貴国の使人、来ること有らば、必ず吾が国に告げたまへ』といひき。如此いひて乃ち還りぬ」といふ。

記事の内容をかいつまんでまとめると、「甲子の年（三六四）の七月」に百済王の使者三人（久氐・弥州流・莫古）が卓淳国にやって来て、その王末錦旱岐に対し百済王が日本国の王と通交したいという意向を告げたが、卓淳王はその国は東方の海の彼方にあり大船がないと到ることが困難であると言ったので、使者はもし次回に日本の使人が来たならば必ず通告するように要請し本国に帰還した、というものである。

この話には倭国を「日本」とか「貴国」と書いているように自国本意の見方が徹底しており、また話の核心が百済王の「貴国」への朝貢に向けられている点で、書紀編者の潤色の手が濃厚に加わっているので細部を信用するわけにはいかない。卓淳国は朝鮮半島南部の伽耶地域に所在した小国（慶尚南道昌原）で、百済王は伽耶諸国との何らかの外交交渉の必要から使者を卓淳国に派遣したのであろうが、その時同時に倭国との接触を模索した可能性が強い。というのも、すでにヤマト王権はかなり早くから伽耶とりわけ洛東江下流域の諸国と頻繁な接触を持っていたと推定でき、百済は倭国王の使人がいずれこの地にやって来ることを予測し得たからである。

『魏志』倭人伝には邪馬台国の使者が「狗邪韓国」（慶尚南道金海）を経由して半島北西部の帯方郡に赴いていたことを記しており、さらに遡ると、『魏志』弁辰伝に「国鉄を出し、韓・穢・倭皆従いて之を取る」とあり、倭人が紀元前後の時期から伽耶地域との交易によって鉄を入手していた様子を示していて、倭人と伽耶とのつながりは古くからあった。百済王が望んでいたのは言うまでもなくヤマト王権との正式な国交であるから、倭国王の公式の使者との接触の契機を探っていた事情が右の記事から窺えるのである。そして、ついに三六六年に百済王の希望がはじめてかなえられた。書紀は引き続き次のような記述を載せている。

爰に斯摩宿祢、即ち傔人爾波移と卓淳の人過古と二人を以て、百済国に遣して、其の王を慰労へしむ。時に百済の肖古王、深く歓喜びて、厚く遇ひたまふ。仍りて五色の綵絹各一匹、及び角弓箭、并せて鉄鋌四十枚を以て、爾波移に幣ふ。便に復宝の蔵を開きて、諸の珍異しきものを示しめて曰さく、「吾が国に多に是の珍宝有り。貴国に貢らむと欲ふとも、道路を知らず。志有りて従ふこと無し。然れども猶今使者に付けて、尋ぎて貢献らくのみ」とまうす。是に、爾波移、事を奉けて還りて、志摩宿祢に告ぐ。便ち卓淳より還れり。

倭国王の使者斯摩宿祢の従者であった爾波移と卓淳人の過古とが百済へ派遣された。爾波移は「傔人」とはあるものの斯摩宿祢の片腕で有力な首長であり、過古は卓淳王の部下で百済への道程を知悉し通訳を兼ねた人物であろう。百済王は喜んで二人を迎え、爾波移には「五色の綵絹・角弓箭・鉄鋌」などの珍宝を与え、宮廷の蔵の中の「諸の珍異」をみせて、これらを「貴国に貢らむと欲ふ」と述べたとする。

百済王の「貢献」云々の言葉は書紀編者らの潤色で、百済王は何らかの明確な政治的意図に基づいて倭王の使者との接触を実現させ、交渉が成功したあかつきには珍宝を倭王に贈与するという意思表示をしたのだと解されるのであって、百済王から積極的に仕掛けられたこの事件こそがヤマト王権と百済王権との本格的な外交交渉の発端となったと考えてよい。当時の百済王は文章の中に名が記されているように肖古王であった。

『三国史記』によると肖古王（在位三四六〜三七五）は百済王系譜では第十三代の王に当たり、当王の時代に国勢は大いに伸張した。三六九年には高句麗王斯由が歩騎二万の大軍を雉壌に送り込んできたが、肖古王は太子をして攻撃を加えさせ敵軍を撃破し五千人以上を虜獲することに成功した。翌々三七一年には再び高句麗軍が来攻してきたが、王は涙河のほとりに伏兵を置き敵軍を攻めて敗退させるに至った。その年の冬には王と太子は三万の軍勢を率いて平壌城にまで攻め込み、高句麗王は流れ矢に当たって戦死したという。この戦果の余勢をかって百済は都を漢山に遷したとする。三七二年に肖古王ははじめて東晋に朝貢して「鎮東将軍・領楽浪太守・百済王」の称号を得るが、これには中国王朝との冊封関係を結び高句麗との軋轢を優位に進めようという意図があった。

三七五年秋には高句麗がまた百済北鄙の水谷城を攻めて陥落させたので、王は軍勢を送って報復したが事を果たせないまま当年十一月に死没した。肖古王の時に百済は東方で強勢化しはじめた新羅国との交渉も開始したらしく、三六八年には良馬二匹を新羅王に贈っており、三六四年の卓淳国への使者派遣も伽耶諸国との交渉だけではなく新羅の動静を把握する意図があったのだろう。

『三国史記』によると、「百済は開国以来、未だ文字を以て事を記すこと有らず。是に至りて博士高興を得、始めて書記有り」とあって、楽浪・帯方郡辺りに居住していた中国系知識人の手で王の治績を記すことがはじまったらしく、肖古王代より百済の国内体制は大いに整備されたと考えられる。

ところで、三六六年の接触以後、倭・済間の交渉は進展したらしく、『日本書紀』神功皇后摂政四十九

(三六九)年条には、倭国の使者千熊長彦と百済王の両者が次のような盟誓を行ったとする。ただし、当年の記事は以前から多くの研究者に指摘されているように前段と後段とで込み入った異質な内容の文章が巧みに接合されており、前段の文章は四世紀の事件とは無関係のものなので引用は省略しておく。

　唯し千熊長彦と百済の王とのみ、百済国に至りて、辟支山に登りて盟ふ。復古沙山に登りて、共に磐石の上に居り。時に百済の王盟ひて曰さく、「若し草を敷きて坐とせば、恐るらくは火に焼かれむことを。且木を取りて坐とせば、恐るらくは水の為に流されむことを。故、磐石に居て盟ふことは、長遠にして朽つまじといふことを示す。是を以て、今より以後、千秋万歳に、絶ゆること無く窮ること無けむ。常に西蕃と称ひつつ、春秋に朝貢らむ」とまうす。則ち千熊長彦を将て、都下に至りて厚く礼遇を加ふ。亦久氐等を副へて送る。

　この年には、先ほど指摘しておいたように高句麗軍が雉壌に攻め込んで百済軍と戦い敗北を喫した。百済王が千熊長彦と会見し盟誓を行ったのはそのような著しい戦果をあげた時である。右の記事では両者は百済王の提案に従い辟支山と古沙山という二ヶ所の山で磐石の上に登り立って盟誓が行われたとする。ただ、千熊長彦側の言辞が何も記されておらず、また百済王が一方的に「常に西蕃と称ひつつ、春秋に朝貢らむ」と宣べたというのも不審でおかしな光景であり、実際には両王権が「今より以後、千秋万歳に、絶ゆること無く窮ること無」く対等の同盟を結ぶことを儀礼を通じて誓ったのが真相であろう。

　会盟の場所となった辟支山(全羅北道金堤)と古沙山(全羅北道古阜)は吉田晶氏の指摘にもあるように、当時にあっては百済国の西南辺境に当たる地域で、百済王に服属していない馬韓諸小国との接壌地帯となっていた。したがって百済・倭両王権間の対等な形の誓盟が行われた舞台としてふさわしい地であると考えられ、また倭はこれ以後対百済交渉や倭の五王の対宋外交の重要拠点として当地域に進出し、百済王の承認を得ながら何らかの政治的権益を扶植したようであるが、そのことの詳細はまた後ほど述べることにする。

実際に百済はこれ以後滅亡する(六六〇～六六三年)まで基本的に倭国との友好・同盟関係を維持するのであり、両国・両王権間の関係は「結好」「通好」(『三国史記』)、「和通」(『高句麗広開土王碑文』)などという言葉で表現されるような対等な同盟の性格をもつものであった。『日本書紀』欽明二年四月条に聖明王が任那の旱岐らに述べた言葉として、「昔我が先祖速古王・貴首王の世に、安羅・加羅・卓淳の旱岐等、初めて使を遣して相通して、厚く親好を結べり。以て子弟と為りて、恒に隆ゆべきことを冀ふ」とあり、さらに欽明二年七月条には百済王の使者らの弁として、「昔我が先祖速古王・貴首王と、故旱岐等と、始めて和親を約びて、式て兄弟と為る」ともあるように、百済と伽耶諸国間の関係でも「子弟・兄弟」の関係に準えながら「親好」「和親」と称しているように、倭・済双方の同盟関係は一貫して対等であったとしなければならない。

そして、百済の肖古王が倭国との交渉で求めたものは当時の政情から推測して軍事的な支援、倭国からの派兵であったと考えてよい。これまでヤマト王権は朝鮮半島のどの国からも出兵の要請を公式に受けたことはなかった。これ以前に倭人らが対馬・朝鮮海峡を渡る時には武器を携えて行ったことは勿論であろうが、それは多分に海賊などから自分たちの身を守るための行為であり、奴国や邪馬台国の使者が携行した武器もそのような事態に備えるための性質のものであった。

しかるに、今回の交渉で問題となったのは、倭国の王権が百済王権の公式の政治的要請を受けて将兵を派遣することであり、この軍事力は百済が高句麗との戦争に際して行使されるべき性格のものなのであった。このことはヤマト王権に次のような課題を提起することになったと考えられる。

第一には、国内首長層が女王制をどのようにとらえようとしていたのかという問題である。詳しい経緯は明確ではないが、列島外からの政治的・軍事的軋轢がまったく想定できない情勢のなかで、女王制の下、三世紀から四世紀代にかけて国内の政治的統合は安定的に進展していた。おそらく西日本主要部のヤマト王権への服属と統合はほぼ完了しており、半島への軍事動員体制の創出と出兵が課題になると、最高軍事指揮権の発動と渡海遠征という戦意の点において男王が待望されたことは想像に難くない。

第二には、百済王との交渉の場で倭国の体制が女王制であることが対外的に認知される契機が一挙に前面に出てきたはずだから、これをどのように解決するかが問われたであろう。当時の東アジア世界で女王制を採用している国は倭国以外には存在していない。史料上の明確な痕跡を見出すことができないので、百済王はヤマト王権の女王制の情報を掴んでいた蓋然性はほとんど考えられず、どのような場合にも女王自らが渡海することはないにしても、対外交渉の場で女王を倭国の代表者として臨むことは回避されなければならないという機運が王権中枢でも生じたと推測できる。

では男王を得るというこの重たい課題はいかにして遂行されたのか。推測するに、三六四年から三六九年頃の倭国王は女王であった。初代女王卑弥呼から数えて第六代目の女王が当時君臨していたと想像されるが、ヤマト王権はここに男王制への移行を決断し、そのために次期女王にはそれまでの慣例を破って大和国(邪馬台国)内でヒメの候補を探索した結果、盆地北部の有力首長一族出身の女性サホヒメを女王に立てて男王の誕生を待つ政策を遂行する方針に切り替えたと考えられる。最後の女王サホヒメは倭・済軍事同盟が提起した新たな対外政策に賛意と熱意を懐いて臨んだ女王と考えてよく、半島への派兵と男児の出生に強い意欲を燃やした女性であったと思う。

女王サホヒメと婚儀を結ぶ人物の人選も進められたであろうが、第一章で指摘しておいたように親衛軍の司令官でヤマト王権の高官を兼務していたクメノイサチがその候補に選ばれたと思う。その際同時に、サホヒメの兄で女王の輔政者であったサホヒコにはじめて王号が授けられ、サホヒコ王も別の女性と結婚することになり、朝鮮派遣将軍・葛城ソツヒコの妹イワノヒメとの婚姻が成立したと推測されるのである。すなわち、ここにいずれ二つの王家(王系)が成立する要因とその可能性が兆すのである。

3　石上神宮所蔵七支刀の銘文

大和国の石上神宮には国宝の「七支刀」が所蔵されてきた。七つの刀身を持った奇妙な形体の刀は百済王から倭王に贈与されたものと考えられている。この刀の伝来については『古事記』『日本書紀』に次のような記載があって古くから著名である。

百済の国主照古王、牡馬壹疋、牝馬壹疋を阿知吉師に付けて貢上りき。亦横刀及大鏡を貢上りき。

(『古事記』応神段)

久氏等、千熊長彦に従ひて詣り。則ち七枝刀一口・七子鏡一面、及び種種の重宝を献る。

（『日本書紀』神功皇后摂政五十二年）

『古事記』は「横刀」と記し、応神天皇の時に百済照(肖)古王が貢上したといい、書紀は三七二年に百済使節久氏らが来朝して神功皇后に献上したと伝えている。両方の所伝において一致している情報は、七支刀が百済の肖古王から倭国の王に贈与されたことで、「貢上」「献る」という言葉はこの際には「贈与」とするのが正しい。不一致なのは当時の倭王が応神天皇か神功皇后かが明確ではないことなのだが、筆者はいずれの伝承も造作であり、真実のところは女王であったと考えている。七支刀には金象嵌の銘文が存在しているが、その銘文中に倭王の名が記されていると考える研究者がいる。そこで参考のために銘文を次に引用してみることにする。釈読は吉田晶氏の研究に依拠している。

【表】　泰和四年十一月十六日丙午正陽、百練の鉄の七支刀を造る。出みては百兵を辟け、供供たる侯王に宜し。□□□□作なり。

【裏】　先世以来、未だ此の刀有らず。百済王の世子、奇しくも聖音に生く。故に倭王の為に旨造し、後世に伝示す。

冒頭の泰和四年は東晋の太和四(三六九)年とみるのが妥当である。この年、百済王は太子に命じて雉壌に駐屯していた高句麗軍を敗退させ、五千人余の虜を獲る戦果をあげている。さらに、先ほどみたように千熊長彦と百済王との盟誓の儀礼が行われたのもこの年であった。銘文は十一月に七支刀が造られたとし、百済王の世子が倭王のために作成したとしている。百済が対高句麗戦で有利な形勢にあり、また記念すべき倭国との軍事同盟を結んだ年に儀刀としてこの刀が急遽作られたことは事実であろう。盟誓の儀の終わった後に作刀があり、実際に刀が倭国にもたらされたのは数年後の三七二年のことであるが、百済王の使節久氏は三七二年にはじめて来朝したのであり、その時の最も重要な贈物が七支刀であったと思う。

銘文裏面の「故に倭王の為に旨造し」とある部分を、「故に倭王旨の為に造る」と解釈する論者がいる。この読みだと「倭王旨」は王名とみてもよい。ただし、この王を応神天皇(ホムタワケ・イザサワケ)または神功皇后(オキナガタラシヒメ)のこととみなすことは困難であるし、そのように読むこともほとんど不可能であって、そもそも「旨」を倭王の名とみる見解は誤りである可能性が高い。相手国側の君主の名を記す慣例がなかったとすればますますそのように考えられるのであり、しかも応神天皇も神功皇后も実在の人物ではなく、すでに前章までに述べておいたように「女王制(女王の国)」を隠蔽するための措置として捏造された人物なのである。

とりわけ神功皇后は『日本書紀』編者が『魏志』倭人伝に登場する「倭の女王」に擬定しようと試みた女性で、他方では四世紀後半に百済王権と活発な交渉を展開した時の女皇としても描かれている。皇后の伝承がなぜ三世紀と四世紀の二つの時期の出来事にまたがって描かれているのかと言うと、書紀の編纂に携わった貴族らの間に当該時期は「女王の時代」であったとする事実認識が根強く残っており、神功皇后という独自の偉大な女傑を創造することで、「女王制」あるいは「女王の時代」を彼女ひとりの歴史像の中に包み隠してしまおうという意図があったのではあるまいか。皇后が応神天皇という聖帝を生んだとする言説も、最後の本物の女王であったサホヒメの事績を隠蔽するための措置として形成されたものと考えてよいだろう。神功ではなくサホヒメこそが始祖帝王を身ごもり生んだ真実の女王であったと思う。そして、この御子こそが中国史料の倭の五王の最初を飾る倭王讃であったと推定されるのである。

4　神功皇后伝承の本旨

『古事記』仲哀段・『日本書紀』神功皇后摂政紀に記された神功皇后(息長帯日売)伝承は、そのすべてが机上の述作であったとは考えられない。何らかの史実を核として形成された説話で、どのような形であるにせよ述作の基になる素材があったと考えられる。問題はその素材の内実と性格とであるが、以下に詳しく私見を披瀝してみたい。そこで今『古事記』に記されている伝承の筋書きをまとめると次のようになる。


【第一段落】熊襲の反逆を鎮圧すべく、帯中日子天皇と大后息長帯日売が筑紫に向かう。

【第二段落】香椎宮の祭祀において神が託宣を下し、熊襲討伐よりも財宝の国新羅を帰服させると教示する。しかし託宣を信じない天皇は神の怒りに触れて急死してしまう。

【第三段落】御子を身ごもっていた大后は神の教えに従い新羅に攻めこみ、その国王の服従の誓約をとりつける。

【第四段落】筑紫に帰還した大后は御子を産み、人心の疑わしきことを懸念して御子は死んだと言いふらし、海路を進んで畿内まで還る。

【第五段落】異母兄の忍熊王・香坂王の反乱に遭うも鎮圧して都に帰還する。

【第六段落】 御子は角鹿の気比大神に参拝し、神と名を交換して成人となる。都に還り母后から祝いの酒を受ける。

ここでは伝承に登場する主な人物を調査する。それは話がいつ頃何を背景として成立したものであるのか、あるいは王権中枢の構造がいつ頃のものでいかなる性格のものであったのかを推測するための手がかりになるからである。『古事記』によって図化すると次のようになる。

帯中日子天皇
　├─品陀和気命（大鞆和気命）
息長帯日売大后
　（輔政者・審神者）建内宿祢大臣

天皇と大后は御名に「帯（タラシ）」号を共通に負っている。「帯・足」号は『隋書』倭国伝にみえる七世紀以前の天皇の通称「阿毎多利思比孤」に由来し、舒明・皇極両天皇の諡号とも共通する。また大后の御名の「息長」は継体天皇以来王家と深い関係にあった近江の息長一族の氏族名に所縁があり、舒明天皇の殯宮で息長山田公が「日嗣を誄び奉」っており、日嗣の基本となる帝紀つまり天皇系譜上に伝承の主役である帯中日子天皇（仲哀天皇）と息長帯日売（神功皇后）のペアが架上される主要な契機となったと考えてよい。さらに遠征に随行していた建内宿祢大臣も大臣蘇我馬子・蝦夷や中臣鎌足らが直接のモデルとなっているとみてよい。すなわち、天皇・大后・太子・大臣というような律令制に適合する整備された登場人物が揃っていることから、既存の神功皇后伝承は主として七世紀にまとめられ、さらに天皇・皇后号の成立する天武朝には完成したと判断してよい。

しかるに、御子品陀和気命については欽明朝頃すでに造像されていた可能性がありそうである。と言うのは、欽明の殯宮が「河内の古市に殯す」とあるように誉田御廟山古墳の所在地に近い古市で営まれたからである。誉田御廟山古墳の被葬者についての筆者の考えは後章で述べるが、『古事記』には応神天皇陵として記定されているという事実がある。欽明天皇は仁賢天皇の娘手白香皇女に入り婿となったとされる継体天皇の嫡子で、自己の祖先系譜を五世紀の王統の始祖応神の系譜につなぎ即位の正統性を強化する必要があった。

五世紀の真実の王系譜は図1によってホムツワケ王からはじまると考えてよく、第一章で指摘したように継体天皇はホムツワケ王からはじまる王統譜上のれっきとした王族であったが、欽明は「女王制（女王の国）」の歴史を認めない立場から、始祖帝王ホムツワケの存在を王系譜上から疎外し、これに代わるホムタワケ王を造像して新たな始祖王像の形成と王系譜（帝紀）の作成を策したと考えられ、誉田御廟山古墳の被葬者をホムタワケ王すなわち応神天皇に治定したのではなかろうか。ホムツワケの御名をわざわざホムチワケに変換して品遅（治）部を諸国に設置するという策を実行したのも、その現われと言えるだろう。

そうすると、欽明朝後期頃には右の話の骨格はすでにひと通りでき上がっていた可能性が強い。唐突にも気比大神を品陀和気命の成年式の舞台に選んだのは、近江・越前で青・壮年期を過ごした継体天皇所縁の産土神であったことと無関係ではないし、新羅征討という物語の主題が前面に押し出されているのも、六世紀に強勢化し欽明朝に伽耶の併呑を最終的に完成させた対新羅問題と密接な関わりがあるからであろう。

欽明天皇が息長一族らと協議して造作した神功皇后の伝承は、彼らの周辺にあった住吉大神の霊験譚とも言うべき大帯日古・大帯日売にまつわる神話が基になっているものと思う。住吉大社には大帯日売にまつわる神話の類はいっさい遺存していないのであるが、それは息長帯日売が神功皇后の公式の御名とされたからで、『播磨国風土記』には息長帯日売命の伝承も多いが、それらに混じって大帯日売命の話が遺存している(揖保郡宇頭川条・言挙阜条)。また筑紫の宇佐八幡宮や香椎宮・筥崎宮などには聖母大帯日売にまつわる神話や伝説が脈々と伝えられており、息長帯日売よりも大帯日売が重視された証拠に弘仁十四年宇佐八幡宮に大帯姫廟神社の神殿が加えられたことが想起される。

遺憾ながら大帯日古・大帯日売神話の具体的な内容は不明であるとするほかはないが、住吉大神の加護を得た大帯日古・大帯日売の夫婦が共に筑紫に赴き、軍船の渡海を見送る経過の中で聖なる始祖帝王を出生したとする神話が口頭伝承の形で伝えられていたのであろう。継体天皇は即位後その神話に依拠して王統譜上の始祖をホムツワケ王とする祖先系譜を定めたが、欽明天皇はそれを利用して息長帯日売の新羅征討伝承に書き換え、始祖王を継体五世孫のホムタワケ王(応神天皇)に認定し、帝紀・旧辞にはじめて記載したと考えられるのである。

大帯日古
　　├──ホムツワケ王（始祖帝王）
大帯日売

右の系図は欽明朝以前から宮廷や住吉神社の周辺で語られていた大帯日売神話の主役である。このような関係を示す大帯日売神話の筋書きと本旨とを次に究明してみることにする。ただし、神話の筋書きそのものがまったく伝えられていないので、既存の息長帯日売伝承の内実を批判的に検討しながら論議を展開し原神話の実体を探索してみたいと思う。

まず【第一段落】については、熊襲の反逆が帯中日子天皇・息長帯日売の筑紫遠征の発端・原因とされているが、これは天武朝頃からの対隼人政策の活発化や支配の強化に反抗した隼人の相次ぐ抵抗と反乱事件の反映であり、大帯日売神話の本質とは無関係なストーリーとみなしてよいので、このような話は本来なかったものと考えてよい。帯中日子天皇が隼人との戦いで死ぬというような興味本位の異説が書紀にあるのも神話からの大幅な逸脱である。

次に【第二段落】に移る。帯中日子天皇・息長帯日売が穴門宮を経て香椎宮に滞在したというのは、そこが対外交渉の基地とするのにふさわしい土地であったからである。博多湾に面する良港があり、また有勢な海人集団（志賀海人・宗像海人）の根拠地であったからでもある。香椎宮での滞在中に祭儀が行われる。

天皇が琴を弾き、大后が神を帰せ、建内大臣が審神者の役を演じているのは後世の書き換えであり、原話の神婚祭儀では大帯日古が琴を弾き審神者（サニハ）の役割を演じ、神が大帯日売に憑依するというものであったと考えられる。次に神の託宣の内容を『古事記』から引用してみよう。

A　西の方に国有り。金銀を本と為て、目の炎耀く種種の珍しき宝、多に其の国に在り。吾今其の国を帰せ賜はむ。

B　凡そ茲の天の下は、汝の知らすべき国に非ず。汝は一道に向ひたまへ。

C　凡そ此の国は、汝命の御腹に坐す御子の知らさむ国なり。

D　男子ぞ。

E　是は天照大神の御心ぞ。亦底筒男、中筒男、上筒男の三柱の大神ぞ。今寔に其の国を求めむと思ほさば、天神地祇、亦山神及河海の諸の神に、悉に幣帛を奉り、我が御魂を船の上に坐せて、真木の灰を瓢に納れ、亦箸及比羅伝を多に作りて、皆皆大海に散らし浮かべて度りますべし。

Aは西方にある新羅が財宝の満ち溢れた国であること、神がその国の帰服を保障しようと述べている。筑紫から見て西方というのは方角の間違いであり、託宣の本来の舞台は住吉でなければならない。大帯日売神話の真の発祥地は住吉とすべきだからである。それゆえにA～Eに関わる祭儀と神の託宣は香椎宮ではなく住吉での出来事であったと解することができる。香椎宮は筑紫行幸における宿泊滞在の地であって、当宮が廟宮という特殊な形態の宗教施設になったのは奈良時代はじめのことである。

一般にこの財宝の国はこれまで新羅とみなされ疑われてこなかったが、国名を百済に変換しても間違いではなく、むしろ歴史的な情況からみて百済のことを指していると考えた方が合理的である。なぜなら、不思議なことに託宣の中には新羅を討てという具体的な神の司令の言がなく、また、すでに述べておいたようにヤマト王権は百済との友好・同盟関係を結成し、金銀珍宝を合法的かつ恒常的に確保できる保証が得られていたからである。本神話のテーマを新羅征討の物語とみるのをひとまず棚上げすべきである。

Bは帯中日子天皇を話の本筋から排除するための、換言するならば出生してくる御子に国を授けるための前提作りとしての作文と言うべきである。原話の大帯日古は大帯日売の共同の統治者としての性質を有する存在であり、日売の祭儀の介添え役・審神者として必要なパートナーであった。さらに重要なのは日古は日売の夫であり御子の父親になるべき存在であった。後世に御子の父親が誰なのかをめぐって珍奇な臆説が唱えられたが、これも興味本位の神話解釈の事例で無意味な妄想である。

CとDとに大帯日売神話の本旨が記されていたと言うべきである。大帯日売に憑依した神は彼女が身ごもっている御子が「此の国」を統治することになると予言し、さらに御子は「男子」であると厳かに宣べたのだと想定することができる。

筆者はこの託宣をヤマト王権の「女王制（女王の国）」の廃止・解体策の核心を成す言説であるとみなしている。倭国の女王制には世襲の原則・規定が存在していなかった。歴代の女王は神の妻として子どもを身ごもることを禁止されていたため、男王を儲けるためには女王が世俗の営みとしての婚儀を行う必要があった。大帯日古・大帯日売はその御子を儲けるために夫婦となったのであり、神の祭儀は神婚を演出するための装置であったとも言えるだろう。神はこれに応え、将来の「此の国」の統治者であるべき「男子」

の誕生を約束し予言しているのである。

おそらく、御子以前の長い天皇統治の歴史や男王制の存在を是認し思い浮かべる研究者には、この託宣の重みや歴史的意義がまったく理解できないだろうと思う。「男子」の誕生以前を「女王制（女王の国）」とみなしてはじめて真実の歴史が明確になってくるのである。神によって祝福されてこの世に出生する「男子」こそが、始祖帝王すなわち天皇系譜上の初代であったのだと言うべきである。

Eにはその託宣を下した神の素姓が明かされている。冒頭の「是は天照大神の御心ぞ」とある部分は『古事記』の編纂を命じた天武天皇の意向が直接反映した挿入文で、天武はこの託宣にきわめて重要な歴史的意義が潜んでいると考えたためにこのような潤色を施したのだと思う。伊勢の天照大神は四世紀の事件とはまったく無関係としなければならず、伊勢大神の「御心ぞ（ご意向なるぞ）」という言説をさしはさむことが精一杯だったのであり、「亦」以下の神言こそが本来の神話にあった言辞である。

住吉の三柱の大神が本神話の唯一の託宣神である。この神がすでに四世紀に三柱の神となっていたのかははなはだ疑問であるが、いずれにせよこの神話が住吉神話であったことの本質がここで明確になる。ヤマト王権の「女王制」から男王制への転換に当たって枢要な役割を果たした神は、外交と外征の守護神として名高い住吉大神であったとされねばならない。すでに第一章で述べたように、「女王制（女王の国）」を加護した神は大和国の三輪山の神オホアナムチであった。しかるに、ヤマト王権は対百済外交を進展させるために大阪湾岸の良港墨江大津を開設しその地に住吉大神を鎮座させた。そして、この神に対百済外交の成功と聖なる「男子」の誕生を祈願したと推測されるのであり、前著で住吉の「埴使」の神事を考察したのもこのことと関連する。

Ｅの託宣文の最後に住吉大神はまず山野河海すべての神祇の総祭を指示している。「神祇」という新しい概念は神話にはなかったものと思われるので、山野河海の総祭とともにこの部分は後世の余計な付加であろう。大神自らの御魂を船に安置せよとの命令と、渡海のための祭祀の仕方は神話に本来あった言辞とみられる。そうすれば「其の国」は手に入るだろうと言うのである。「其の国」とは新羅のことと解すべきであろうか。

先ほど指摘したように、住吉大神の託宣文には新羅侵略を司令するような言辞がまったく含まれていない。神言の「帰せる」「求む」などの語は異国をこちらに帰服させる、異国を領有する・手に入れるという意味があるが、その対象が新羅であり新羅を攻撃せよとの言葉はついに見えないだけではなく、神言には安全な渡海の方法が述べられているだけなのである。筆者は軍船が渡航しようと目指していた異国を百済と考えざるを得ない。ここには百済に対するヤマト王権の大国意識と支配の意欲が兆していると思うのである。

次は【第三段落】に進もう。新羅国への侵攻と国王の服属の様子が語られる。新羅国は「御馬甘」と定め、百済国を「渡の屯家」とし、墨江大神の荒御魂が新羅国主の門に鎮祭されて遠征は終わる。新羅侵略の話に唐突にも百済国の服属のことが記されているのはおかしいのだが、これこそは原話の名残で本当の相手国の名前が残存したのであろう。

新羅への軍事侵略は空疎かつ誇大な文章で書き表されている。新羅側の抵抗や現地での戦闘の様子がまったく記述されていない。これは新羅侵略が机上の述作であった何よりの証拠である。海路より直接新羅王都に攻め入ったとするのも津田左右吉が早くに指摘しているように虚偽で、このような軍事作戦も新羅国主の服従もすべて絵空事である。六世紀以後に形成された新羅に対する憎悪がこのような海外遠征の話を捏造させた要因になっていると考えられ、【第三段落】は大帯日売神話には記述されていなかった可能性が高い。

【第四段落】に進もう。筑紫に帰還した大后は御子を出産し、やがて船を仕立てて倭の都に帰還しようとする。御子は産み月を超過した異常出生の子として描かれ、またその誕生は「阿礼坐しつ」と表現されているように、神の御子の誕生として描かれている。また御子は海路を喪船（モブネ）に乗せられて帰還することになり、別のところではその船は空船（ウツボブネ）とも記されている。それは御子の地位を狙おうとする輩がいることを懸念しての母后の配慮とされているが、むしろ御子の尊貴な身位を神話的に表現したものである。喪船・空船とはこの世とあの世を往来する霊魂を運ぶ容器であり、その神聖な容器に閉じ籠もって海路を進む御子は、住吉大神が託宣によって保証した偉大で尊貴な御子・男子のこの世への出現を意味している。「御子は既に崩りましぬ」という言辞は反逆者に対するプロパガンダというような俗っぽい性質のものではないであろう。

【第五段落】は王位をめぐる反乱とその鎮圧の様子を描く。御子の異母兄忍熊王と香坂王は井上光貞氏が指摘したように忍坂の地名と熊・鹿から造作された架空の王族である。戦いの舞台は摂津西部から山城・近江に及び、忍熊王が味方の将軍とともに淡海（琵琶湖）に入水して戦闘が終る。この話は事実ではなく、即位前後の継体天皇所縁の地域を戦闘の舞台に選んで次の段落に結びつけようと策した作文であろう。

【第六段落】は御子の成年式を描いている。気比大神が成年式の舞台に選ばれた理由はすでに述べたが、継体天皇の産土神をクローズアップすることで、継体・欽明両天皇がホムタワケ王（応神天皇）の子孫であるという系譜関係を実体化し聖化しようとする意図が込められているのである。しかるに、神話の全体を規定している神は住吉大神なのであるから、御子の成年式は住吉への参拝があるべき姿と言え、大帯日売神話の改変がこの点にも及んでいることがわかる。また注意する必要があるのは、『古事記』は伝承の全編にわたり「御子の御名」を記しておらず、「御子」「太子」と書き記すだけであるということである。御子はホムツワケであっても構わないのである。

以上の検討により、息長帯日売伝承の原話と推定できる大帯日売神話のストーリーを復原してみると次のようになるだろう。

・大帯日古・大帯日売の夫婦は住吉津で祭儀・神婚を執行し、住吉大神の託宣を得る。その内容は、西方にある金銀珍宝の国の帰服を保証すること、そのための無事で平穏な渡海の方法を教えること、日売が身ごもった御子は男子で将来この国の統治者になること、などであった。
・大帯日古・大帯日売は神言に従い穴門の豊浦宮を経て筑紫の香椎宮に行幸した。
・やがて軍士を乗せた船団は平安に渡海して異国に向かった。
・香椎宮滞在中に身重となっていた大帯日売はその地で無事に御子を出産し、海路を倭に帰還する。

・御子の成年式が住吉で行われ神の祝福を受け、次いで母日売から祝いの酒が振舞われた。

結論を急ごう。右に推定した内容の大帯日売神話は四世紀後半の史実に基づいて語られるようになったと考えられる。史実の基礎を成した人物とは誰なのかを次に図化してみよう。

クメノイサチ
　　├──ホムツワケ王(始祖帝王)
女王サホヒメ

神話の大帯日古に擬定できるのはクメノイサチであろう。四世紀後半に親衛軍の司令官とヤマト王権の高官を兼任していた人物が女王の夫に選ばれたと考えてよい。大帯日売の原像は女王サホヒメである。女王の最初の子がホムツワケであり、住吉大神の託宣に「男子ぞ」と宣言された聖なる御子こそが始祖帝王ホムツワケであった。

そのホムツワケは筑紫で誕生したらしい。住吉での神婚祭儀が筑紫での女王の出産につながったのではないかと考えられるだろう。待望の始祖帝王の誕生が異郷の筑紫において成就するという、換言するならば住吉大神の託宣通りに御子が誕生するという前代未聞の珍事が起きたために、伝えられるような不思議な話が成立する起因となったのではなかろうか。王都から遠くかけ離れた筑紫の地が男王出産の舞台となったのは、三輪山の神の祟りを避けるという宗教的な意図があったのかも知れない。こうした仮説が正しいとすると、ミズハワケ王（反正天皇）の淡路宮における誕生伝承がにわかに想起されてくる。「女王制（女王の国）」の廃止・解体策のために即位した女王サホヒメは、次子をも淡路島において出誕した可能性が大いにあると考えられるのである。

右の神話から推定できるのは、住吉大神の託宣により女王サホヒメが夫クメノイサチとともに船団を率い住吉大津を発って西航したらしいことである。彼らはまず穴門の豊浦に到り、次に香椎に長期滞在した模様である。この行幸は百済国に対する外交交渉と軍事支援に関わる使節団・水軍の渡航を見送るためのもので、住吉大神の託宣に象徴されているように、国家イデオロギーの面では当時すでに同盟国百済に対する大国意識や支配意識が芽生えていた可能性が大いにあったとみてよい。

5　始祖帝王の誕生

残念ながらホムツワケ王がいつ誕生したのかを推定できる情報は『古事記』からは掘り起こすことができない。この問題を今度は『日本書紀』の伝承や『三国史記』『高句麗広開土王碑文』などを検討することによって究明してみることにしよう。女王の筑紫行幸を促した動因は何らかの画期的な半島への渡航策が背景にあると推定できるので、その問題に関わりがありそうな顕著な事件をここで取り上げ検討を加えてみたいと思う。その事件とは百済辰斯王（在位三八五～三九二年）の末年に起きた宮廷の変事である。そこで、事件をめぐる歴史的動向を少し詳しく説明してみよう。

辰斯王は仇首王（在位三七五～三八四年）の第二子で、兄の枕流王が即位後一年以内に没した後を受けて王位に就いた。その原因について『三国史記』は何も記さないが、書紀の神功摂政六十五年条には「王子阿花少し。叔父辰斯、奪ひて立ちて王と為る」とあり、弟王の画策による政変であったことがわかる。

祖父の肖古王と父仇首王の共同作戦による三七一年の高句麗王斯由の戦死以来、報復を目論む高句麗との戦闘は慢性的な泥沼の情況にあったが、三九一年に広開土王が即位したのを契機に情勢は激変し、翌三九二年七月、広開土王は兵四万の大軍を率いて百済北辺の十余城を陥落させ、漢水より以北の村々が高句麗軍の支配下に入り、さらに十月には「我が北鄙の襟要なり。今は高句麗の有つ所、此れ寡人の痛惜する所なり」と後継者の阿莘王に言わしめた関弥城を攻陥されてしまう。ところが、戦争のさ中に辰斯王は狗原に赴いて狩猟に熱中し、旬を経て返らないまま、十一月に行宮において変死したのである。この事件は宮室の重修など辰斯王の奢侈を厭わない政治や対高句麗戦での大敗などの政治的責任を問う宮廷内のクーデターとみなしてよく、枕流王の子阿莘王が急遽次期の王に立てられた。

事件については『日本書紀』応神三年是歳条にも次のような記事があり、一考を要するものと思う。前章でもすでに取り上げた記事であるが、今いちど引用しておくことにしたい。

是歳、百済の辰斯王立ちてより、貴国の天皇のみために失礼し。故、紀角宿祢・羽田矢代宿祢・石川宿祢・木菟宿祢を遣して、其の礼无き状を嘖譲はしむ。是に由りて、百済国、辰斯王を殺して謝ひにき。紀角宿祢等、便に阿花を立てて王として帰れり。

「是歳」とは阿花王即位の元年で三九二年である。本文通りに解釈すると辰斯王の死と阿花（莘）王の即位はまさしく天皇の意向に沿う出来事となるが、このような露骨な内政干渉は「百済記」の記載内容に対する大幅な改変と潤色とによって生み出された書紀編者らの妄想であり、政変は百済宮廷内で起きた百済貴族らの内紛を主因とすると考えられる。しかし、百済宮廷で起きた政変に倭王が派遣していた使節らが何らかの関与をした蓋然性はあろう。辰斯王は祖父王・父王の親倭政策に反対の態度をとっていた可能性が強く、百済宮廷の親倭派貴族らが王を暗殺し阿莘王の擁立に踏み切ったのではなかろうか。そうしなければ差し迫った高句麗の軍事的圧迫を乗り切ることは困難だと判断されたと思う。

右の文章に二度も名の出ている紀角宿祢は派遣将軍の中心人物像と推定され、仁徳紀四十一年三月条にも「紀角宿祢を百済に遣して、始めて国郡の疆場を分ちて、具に郷土所出を録す」と記す。内容的にまったく信用のおけない記事であるが、角宿祢は四世紀末から五世紀はじめの対百済外交で名を知られた首長であったようである。角は雄略紀九年五月条にみえる紀小鹿火宿祢が居住した「角国」のことで、周防国都濃（都怒）郡を指し、ヤマト王権が瀬戸内海航路上の要港に配置した紀一族の有力首長の拠点とみられる。

次の記事に出ている派遣将軍らはすべて『古事記』孝元段に登場する建内宿祢の後裔氏族の始祖とされた伝承上の人物ばかりであるので、応神三年是歳条に出る人名は書紀編者の潤色・架上の疑いが残るが、神功皇后伝承に登場する臣下の代表が「建内宿祢」であったことを想起するならば、当時の対外交渉には畿内中枢部の有力首長らが多く起用されていたことを鋭く反映する文章であるとも言えるだろう。大将軍紀角宿祢は王命を受け三九一年に船団を率いて渡海し翌年にかけて百済に滞在していた可能性が強いだろう。

建内宿祢
- 波多八代宿祢（波多臣・林臣・波美臣・星川臣・淡海臣・長谷部君）
- 許勢小柄宿祢（許勢臣・雀部臣・軽部臣）
- 蘇賀石河宿祢（蘇我臣・川辺臣・田中臣・高向臣・小治田臣・桜井臣・岸田臣）
- 平群都久宿祢（平群臣・佐和良臣・御織連）
- 木角宿祢（木臣・都奴臣・坂本臣）
- 久米能摩伊刀比売
- 怒能伊呂比売
- 葛城長江曽都毘古（玉手臣・的臣・生江臣・阿芸那臣）
- 若子宿祢（江野財臣）

ここで前章で紹介した記事の一部を再度掲記してみると、

秋七月、国の西の大島に猟す。王親ら鹿を射る。

（『三国史記』辰斯王七年条）

「国の西の大島」に王が狩猟したというのは見せかけで、倭の船団が三九一年七月大島（江華島）に到着し、王が自らこれを出迎え検閲したのだと考えられる。そうすると、倭王の派遣した船団は三九一年春に住吉大津を進発し、夏頃に筑紫から渡海して百済領内に到達したと推定でき、これが女王サホヒメの筑紫行幸と関連するのではなかろうか。三七二年に百済使の久弖らが倭国へ来朝して以来、彼我の交渉を史料的に窺わせるものがこれ以外にはまったくないことも留意すべき問題であろう。

さて、『高句麗広開土王碑文』によると、三九六年(丙申)に広開土王は大軍を率いて百済を攻撃し、五十八城・七百村を掠領し王弟・大臣十人を虜獲して引き上げたという。また百済王は自ら「今より以後永く奴客と為らん」と跪礼し服従の誓いを立てたと記す。高句麗は周到な準備と計画のもとに百済攻撃を行い広開土王の治世における最大の戦果をあげたのである。ところが、『三国史記』阿莘王六年条には翌三九七年に「王と倭国と好みを結ぶ。太子腆支を以て質と為す」とあり、王子腆支を倭に入質させ、軍事的な支援を強く要請することにより、高句麗が作り出した秩序からの離脱の動きを進めようとした。『日本書紀』応神八(三九七)年三月条に引用してある「百済記」には次のような記述がみえる。

百済記に云へらく、阿花王、立ちて貴国に礼无し。故に、我が枕弥多礼、及び硯南・支侵・谷那、東韓の地を奪はれぬ。是を以て、王子直支を天朝に遣して、先王の好みを脩むといへり。

阿花王は親倭派であったので「立ちて貴国に礼无し」という表現は解せない点がある。しかし、阿花王は高句麗によって国土の北辺を侵奪され、また「奴客」の跪礼を強制されたこともあって政治的にも大混乱を引きおこし、その弱みにつけこんだ倭が百済国境西南辺の錦江・萬項江流域の幾つかの城・邑(村)への倭臣・倭人の居住と将兵の恒常的な駐在を認めさせるという事態が起きたのではなかろうか。

「硯南・支侵・谷那」などの地は後に引用する応神紀十六年是歳条にでる「東韓」の「甘羅城(全羅北道咸悦)・爾林城(全羅北道金堤)・高難城(全羅南道谷那)」にそれぞれ対応するようで、支侵は忠清南道洪城とみる説もあって不明な点も多いが、高難城は蟾津江中流域の要衝に位置し、枕弥多礼は済州島への渡海の拠点とされる港津(全羅南道康津)と考えられ、それら以外の「東韓」とは三六九年に百済王と倭王の使者とが盟約を交わした辟支山(全羅北道金堤)・古沙山(全羅北道古阜)の周辺地域に当たり、馬韓(慕韓)諸国との接壌地帯という性格を帯びた土地であった。このような倭の動勢を察知した高句麗は、『広開土王碑文』に永楽九年己亥(三九九)のこととして「百残誓ひに違き、倭と和通す。王、平穣に巡下す」とあり、軍事的圧力を百済に加えようとしたことがわかる。

他方、腆支を倭国に送り込んだ阿莘王は引き続き外交攻勢をかけて積極的に倭の誘引を図っている。『三国史記』阿莘王十一年五月条には「使を倭国に遣して大珠を求む」とあり、さらに十二年二月条に「倭国の使者至る。王、之を迎労すること厚し」とある。しかるに十四(四〇五)年秋に阿莘王が死没しその後には次弟が摂政して腆支の帰国を待つという方針を示したが、末弟の碟礼が訓解を殺害し位に即いたという。

腆支、倭に在りて訃を聞き、哭泣いて帰らむと請う。倭王、兵士百人を以て衛送し、既に国界に至るに、漢城の人解忠来り告げて曰く、「大王世を棄てたるに、王弟碟礼兄を殺して自立す。願わくは太子軽入すること無かれ」と。腆支、倭人を留めて自衛し、海島に依りて以て之を待つ。国人碟礼を殺し、腆支を迎え即位せしむ。

(『三国史記』腆支王即位前紀)

百済王族・貴族らの間に反倭勢力が形成されていたことが理解でき、倭王は入質していた腆支をすぐさま帰国させた。この件については『日本書紀』応神十六(四〇五)年是歳条に関連記述があり、是歳、百済の阿花王薨りぬ。天皇、直支王を召して謂りて曰はく、「汝、国に返りて位に嗣げ」とのたまふ。仍りて且東韓の地を賜ひて遣す。東韓は、甘羅城・高難城・爾林城、是なり。

両書の年次が合致しており、四〇五年に腆支が倭王の派遣した兵士に護衛されながら帰国し、その後宮廷の政変により即位したことがわかる。倭の軍船が繋留したとする「国界」の「海島」というのは、右の分註に記す「東韓」付近のある島と推測され、この「海島」付近に所在した幾つかの城・邑が倭の軍事拠点となっていたことは確実である。

『日本書紀』顕宗三年是歳条によると、紀生磐宿祢という名の将軍が「三韓に王たらむとして」「自ら神聖と称」り、反百済勢力の左魯・那奇他甲背らと計って爾林の地で百済将軍適莫爾解を殺害し、帯山城（全羅北道泰仁）を築いて百済軍の粮を運ぶ津路を妨害したため、百済王は大いに怒り領軍の古爾解・内頭莫古解を派遣して生磐宿祢を攻めた。しばらくして生磐は本国に逃亡し、佐魯と那奇他甲背ら三百余人は討たれて死んだという事件を書き留めている。当時は百済が南進政策を強力に推し進めていた時期で、熊津遷都後十年ほど経た四八七年の出来事であるらしいが、爾林や帯山が紀生磐宿祢の反乱の舞台となった由来は、この地域が半島西南部方面における倭の軍事拠点・倭の五王の対宋外交の根拠地だったことによるのではあるまいか。

右の応神紀の文章によると、天皇がすでに支配領有している「東韓の地」を直支に授け帰国させたような書きぶりになっているが、それでは前後の意味がまるでわからず、分註に記されているように、その実体は三城に駐留している倭兵を直支王の直隷部隊として百済本国に送還するのを護衛するということであったと憶測する。したがって直支王は倭本国から衛送してきた兵士百人と人数不明の現地倭兵集団とに護衛されながら漢城に帰還したと想定してよいであろう。

三九一年から四〇五年までの倭・済交渉の経緯を検討してみたが、女王サホヒメの筑紫行幸に関係するとみられる大規模な倭水軍の派遣については、対百済外交に関わる三九一年の軍事使節団の派遣が最も蓋然性の高い事例であることがわかった。記録に留められた最初の派遣ということを最も重視し、また辰斯王の対倭政策を確認しその実績を問うという積極的な派遣目的、さらには派遣将軍の実体・性格などの諸点を加味して考えると、やはり三九一年の場合が該当するのではなかろうか。

次章で改めて検討する予定の『高句麗広開土王碑文』によると、倭は「辛卯の年」すなわち三九一年を画期として半島への積極的な進出を開始したと特筆している。この著名な記述を踏まえると、女王サホヒメが御子を出生したのは翌三九二年と想定できることになる。始祖帝王ホムツワケの誕生はまさにこの年ではなかっただろうか。

第四章　倭王讃の時代

1　ホムツワケ王の時代

女王サホヒメの初生子であるホムツワケ王は三九二年に誕生したと推定されることを前章で述べた。かなり迂遠な論法を用いて検討したため文献上での確証を得られたとは言い難い点があるが、ホムツワケ王が応神でも仁徳でも履中でもないまったく別の人格をもった実在の王者であることを強調しておきたい。そして、一応この三九二年を定点としてホムツワケ王＝倭王讃の時代を考えていくこととしたい。

ホムツワケ王の生地は神功皇后伝承にいう筑紫で、『古事記』仲哀段には「其の御子の生れまし し地を号けて宇美と謂ふ」とあり、『日本書紀』神功摂政前紀にも「誉田天皇を筑紫に生れたまふ。故、時人、其の産處を号けて宇瀰と曰ふ」とし、筑前国糟屋郡宇美町がその地に推定されている。ところが、応神即位前紀には「筑紫の蚊田に生れませり」との別伝が記載されており、糸島郡前原町長野を産所とみる説もある。後者はおそらく開胎を抑える目的で腰に巻いた石が伊覩県(伊斗村)で得られたとする伝説に由来するらしく、他方、女王が滞在した香椎宮に近い宇美を出生地と解してもよいが、右の所伝は語呂合わせに基づく伝説なので簡単に信ずるわけにもいかない。しかし、いずれにせよ筑紫で誕生したということは単なる伝承ではなく事実とみてよいであろう。

待望の御子を得た女王は「倭」の宮都に帰還したが、女王サホヒメの宮室がどこにあったのか明らかではない。書紀の神功皇后伝承では摂政三年正月に誉田皇子を皇太子に立て磐余を都としたとする（若桜宮）が、この宮は前著でも論じたように始祖帝王ホムツワケの正宮とみなすべきであり、ホムツワケ王に関わる伝承を神功皇后にも及ぼしたものでまったく信用できない。

むしろ、女王サホヒメと夫クメノイサチとの密接な結びつきからいえば、垂仁天皇の「来目高宮」（垂仁紀五年十月条）が女王サホヒメの正宮であった蓋然性が高い。歴代女王の宮室は原則として三輪山麓に設置されたと推定できるが、サホヒメは女王制の廃止策のために選ばれた最後の女王であったため、その宮はむしろ三輪山から一定の距離を置いた地に経営されたと考えられる。来目は畝傍山麓の地域に所在した「来目邑」「久米御県」の所在地であってクメノイサチの本拠の地であったと考えてよく、当地においてホムツワケ王は幼年時代を過ごしたと想定されるのである。なお、おそらく数年後に淡路島で誕生したという伝承を有するミズハワケ王の宮も後章で指摘するように大和に所在したようで、応神天皇の正宮の伝承のある「軽嶋之明宮」が王の真実の宮室なのではなかろうか。

ホムツワケ王は正史の本筋から排除された王であるため、治世に関わる伝承はまったく遺されなかった。弟のミズハワケ王に関しても同じことが指摘できそうであり、ミズハワケ王すなわち反正天皇の所伝も周知のようにきわめて貧弱な内容になっており、『古事記』『日本書紀』の編者は反正の治績をまともに書き記そうとしていない。おそらくそれは「帝紀・旧辞」の編纂に深く関係するもので、欽明天皇の意思が両王の治世・治績を可能な限り消去・秘匿する方向に作用した結果であると考えられるのであり、右に指摘した宮室伝承のように、両王と裏腹の関係にある神功・応神・仁徳・履中などの虚構の天皇や皇后の造像のために伝承がばらばらに解体され利用されたのである。

したがって、ホムツワケ王＝倭王讃の時代を解明していくためには、これらの天皇の伝承の中から関係するものを可能な限り拾い集め、それを分析の俎上に載せて検討の歩を進め復原を反覆していくしかない。多くは今後の課題となるが、本書ではそれぞれの章で関連する事項をできるだけ多く扱っているのでご諒解を得たいと思う。

2 『高句麗広開土王碑文』の「倭」

中国吉林省集安県の通溝に所在する「高句麗広開土王碑」に刻まれたおよそ一七七五文字に集約された文章は、四世紀後半から五世紀初頭にかけての朝鮮半島と東北アジア地域の歴史を研究する上できわめて重要な史料である。本書では前章までにすでに関連する記事を幾つか引用する場合があったが、それらは断片的な引用に過ぎないために十分な説明ができていない。碑文に関わる時期は倭国の歴史ではまさしく「女王制(女王の国)」から始祖帝王誕生に至る時代にかかっているため、ここで少し詳しく碑文の内容を検討しておく必要があると考える。ただ、碑文に関する研究史については紙幅の関係で本書では触れないことにする。

さて、碑文は高さ六メートル余りの不正直方体の巨石の表面に刻まれている。碑石第一面の前半には高句麗の始祖鄒牟王の出自からはじまって広開土王の死亡と山陵への埋葬までのこと、及び王の勲績を讃え立碑した事情を記している。また、碑石第三面の後半から第四面にかけては王の守墓人烟戸の制定とその詳細な内訳を記すもので、本書ではこれらの記述には言及しないことにする。第一面の永楽五年歳在乙未の記事から第三面の廿年庚戌までの記事が王の治世全体にわたる領土拡張の功業を記しているが、それらはすべて広開土王の自己判断に基づく戦争政策によって得られた著大な戦果を中心としている。

碑文中には「倭」(六回)・「倭人」(一回)・「倭賊」(一回)・「倭寇」(一回)の文字群が計九回にわたって登場し、倭王や倭国・倭兵という文字は一つも記されていない。新羅についてはすべて「新羅」とあり、百済には「百残」「残国」「残主」「残」「奴客」という表現がくり返し使用されている。高句麗は隣接する周辺の国々を自分に服属すべき「属民」ととらえ対等の国としてはいっさい扱わない方針をとっていたようで、それは裏を返して言えば碑文に対中国外交をまったく記さないことと無関係ではなく、高句麗は自らを中華の大国に擬定し周辺諸国を付庸国とみなしていたための措置なのである。

碑文にみえる「王」「太王」はすべて広開土王本人か、または高句麗の祖先の王を表し、とくに百済王のことは「残主」と表記してことさらに憎悪を露にしている。これは倭に対しても同じで、「倭賊(無道・不法行為を働く略奪者)」「倭寇(徒党を組む外敵)」という表現は高句麗に敵対し半島の秩序を攪乱する国際的な悪者という意味であり、半島に進出している倭人・倭勢力の殲滅と半島からの一掃こそが王の主要な政治的課題であったことをこれらの語が示している。

左には、広開土王が行ったとする征討戦を年次を追って整理してある。①～③を付してあるのは何らかの形で倭・倭人が絡んでいる戦争である。

永楽元年辛卯（三九一）――――即位　※『三国史記』は三九二年即位とする
五年乙未（三九五）――――対稗麗戦
①六年丙申（三九六）――――対百残戦
八年戊戌（三九八）――――対粛慎戦
②十年庚子（四〇〇）――――新羅救援戦
③十四年甲辰（四〇四）――――対倭戦
十七年丁未（四〇七）――――対百残戦
二十年庚戌（四一〇）――――対東扶余戦
二十二年壬子（四一二）――死没　※『三国史記』は四一三年十月薨とする

碑文には①永楽六年の対百済戦の直前に濱田耕策・武田幸男氏らが指摘した「前置き文」・「大前置き文」と性格づけられている著名な文章が配置されている。また碑文の歴史的性格や意義にとどまらず、釈読については武田幸男氏の一連の研究を主に参照していることをここでお断りしておく。

百残・新羅は旧より是れ属民にして、由来朝貢せり。而るに倭、以て辛卯の年よりこのかた、□を渡りて百残を破り、新羅を□□して、以て臣民と為せり。

最初の□には意味の上から「海」が入り、連続する□□には「更抜」とか「攻破」というような文字が入ると推測される。文意は、「百済・新羅は昔から高句麗に隷属し朝貢してきたのに、辛卯年以来倭が渡海してきて百済を破り新羅を□□して臣民としてしまった」となり、本来の秩序を取り戻すことが必要なのだというように自身の戦争政策の正当性を宣言している。倭が渡海してきたとされる辛卯の年は広開土王の即位年に当たり、自己の治世の初年から倭が半島の秩序の破壊者として眼前に立ち現われたことを強調しているのである。偶然の現象かも知れないのだが、前章でも論じておいたように実のところ三九一年に女王の派遣した大規模な使節団と水軍が百済へ到着しており、碑文はこのことを直接示唆している蓋然性があり、その意味でも倭の件の派遣が画期的な歴史的位置を占めるとも言えるのではなかろうか。

しかし、碑文が言うように、三九一年はおろか広開土王の死没に至るまで倭が百済や新羅を隷属させたというような歴史的事実は存在せず、また倭が百済と友好・同盟関係を結び交流がはじまったのは辛卯年よりも前からであることはすでに述べた通りである。碑文は高句麗を基軸とし広開土王の治世を中心とする立場から旧来の国際秩序の攪乱を非難したものであって、しかも王の子長寿王(在位四一三～四九一年)が碑文を選定し検閲しているのであるから、すでに過去のものとなった広開土王一代の偉大なる勲績を顕彰し総括する意図があるので、ことさらに半島への倭の介入を誇張し主要な敵国であるように印象づけようとする狙いがあったとしなければならない。ただ、高句麗の倭国敵視政策には現実にそのような背景が存在したことも事実であり、倭の半島における動向を綿密かつ具体的に検証することが碑文の歴史的な意義を見究めていく上で重要な課題となるものと思う。

さて、①の対百済戦（三九六年）に関しては広開土王の事績の中では最大の戦果をあげたものといえ、かつて平壌城を蹂躙され故国原王の戦死に至った三七一年の戦役に対する報復戦とされたようであり、降伏した百済阿莘王に奴客としての跪礼と誓約を強い、王弟と大臣十人を捕縛して連行し、占領した城五十八・村七百に及び、男女の生口一千人と細布千匹を献上させている。この戦いでは倭または倭人に関する記述は何もなく、碑文はただひたすら百済の大敗と屈服を描き出しているだけである。

すでに前章でも指摘しておいたようにこの戦役の前提となるのが三九二年の戦闘である。『三国史記』百済本紀・辰斯王八年七月条には、「高句麗王談徳、四万の兵を帥い、来りて北鄙を攻め、石峴等の十余城を陥す。王、談徳の兵を能く用いるを聞き、出で拒ぐことを得ず。漢水の北の諸部落多く没す」とあり、十月条には「高句麗、関弥城を攻め抜く」とあって百済はかなりの痛手を負ったものと思われる。そしてこの戦役の失政の責任を問われた形で辰斯王は不可解な死を遂げるが、王の死に何らかの倭の政治的関与があったことは確実であろう。

ただし、前章でもすでに指摘しておいたように百済王廷の紛争そのものに倭が直接介入したことは想定できず、むしろ当時倭がめざしていたのは蟾津江流域の帯沙（全羅南道河東）・谷那（全羅南道谷城）などの地域と、百済領と馬韓（慕韓）諸国との接壌地帯であった「東韓」における軍事拠点の確保で、三九六年にはこれらの地域で幾つかの「城・邑（村）」への倭臣・倭人の居住や将兵の駐在権が確保されたらしく、対高句麗戦で大敗を喫した百済も公式に倭の権利を認めざるを得なかったと考えられる。そして、高句麗もまた倭に関するこの件の情報をつかんでいた可能性が高い。

次に②の新羅救援戦(四〇〇年)であるが、これについては、広開土王自らの出師の経緯は次のように九(三九九)年己亥条の前置き文で語られている。

九年の己亥、百残誓ひに違き、倭と和通す。王、平穣に巡下す。而ち新羅、使を遣して王に白して云く、「倭人其の国境に満ち、城池を潰破し、奴客を以て民と為せり。王に帰して命を請う」と。太王、恩慈もて其の忠誠を称ふ。□に使を遣し、還りて告げしむるに□計を以てす。

百済が早くも誓約を破り倭と和通したことが王の平壌への動座の理由とされ、さらに新羅使の通報により、倭人が新羅国境に充満し乱暴を働き百済を動かしていることが王の翌年の出兵の原因とされている。前者は三九六年の「東韓」における新たな倭の動向や三九七年の腆支の倭への入質の事実を指し、後者は倭人が新羅国境や伽耶地域の城・邑に出入し百済と密接な関係を保持している事実をあげつらうことで、新羅の広開土王への忠誠(帰王)が証拠立てられている。倭が「奴客を以て民と為せり」とあるのは、倭が伽耶方面の奴客すなわち百済人を支配しているというような意味にとるのではなく、奴客＝百済人をむしろ主体とする倭との共同作戦と読む必要があるのではなかろうか。

「東韓」の城・邑における倭人集団の居住・倭兵の駐在という事態や倭への百済王子の入質は確かに百済の誓約違反であり、倭に対して百済が軍事的な支援を求める心意の発露であることは間違いない。しかし、倭軍の進出と駐留は当然のことながら倭の百済支配へと直ちに結びつく行為ではなく、むしろ百済が倭を誘引し利用して高句麗や新羅との戦いを有利に導こうと画策しているのであって、碑文に特有の誇張の文言であるとみなさなければなるまい。

また、新羅の平壌王廷への訴えは「倭人其の国境に満ち」とあり、倭の新羅・伽耶地域への大規模な倭軍の駐屯を意味するものと受け取られかねない文章になっていて、大方の見方では新羅の首都（新羅城）への倭軍の侵入を想定する向きも根強く存在する。一時的には倭軍が国境付近を越えて首都に乱入した可能性もあるが、倭人の「城池を潰破し」という行為や百済人を「民」として動かしているという記述には、現実に新羅国境の城・邑（村）を占拠・支配しようと目論む百済人・倭人が実在していたことを物語るもので、この時点で倭は百済と共同して洛東江流域の幾つかの城・邑を軍事的に圧迫し支配しようとしていたのではあるまいか。碑文にはそのような城として男居城・新羅城・従抜城などの名を挙げているが、前二者の所在地はなお不明であり、従抜城は文意からみて任那加羅（南加羅）に所在した城を指しているであろう。

翌十（四〇〇）年庚子に起こされた戦役は、高句麗軍の圧倒的な兵力の前に伽耶地域から百済・倭勢力が一掃されるような形勢を現出した。安羅人の戍兵が高句麗軍の味方をしたこともあり、百済と倭の提携による軍事拠点作りの計画は大きく頓挫した。しかし、一方で高句麗の本当の狙いはまさに新羅を軍事的に抑え支配することにあった。闕字が多く理解しにくい点があるが、碑文には戦闘の後に次のような文章があって、高句麗の戦役の本当の企図が奈辺にあったのかを鮮明に示している。

昔、新羅の寐錦、未だ身ら来りて論事せしこと有らざりき。□国岡上広開土境好太王□□□□寐錦□□□勾□□□□朝貢す。

新羅の寐錦とは新羅王のことである。新羅王は高句麗に服属していたにもかかわらず、過去に自身で王廷に来て「論事」したことがない。しかし広開土王のこのたびの戦役を契機に「朝貢」することになった、と記している。ここには新羅王の高句麗王への「論事」と「朝貢」、すなわち理想的な支配・服属関係が描かれているのであり、倭人・倭賊への攻撃や退潰などのことは高句麗軍の当地への派遣の口実とされているに過ぎないのである。

新羅はこの戦役の直後、四〇一年に奈勿尼師今が死没し、高句麗に入質していた実聖が急遽帰国させられて即位し、さらに翌四〇二年には奈勿王子未斯欣が倭に入質したほか、四一二年には未斯欣の兄卜好が高句麗に入質させられている。これらの相次ぐ入質政策はもとより新羅独自の計画によるものではなく、おそらく高句麗の指示と圧力を受けてのもので、倭国へ入質した未斯欣は倭の新羅侵略を牽制させるためだけではなく、同時に高句麗への軍事対決の矛先を鈍らせる狙いがあったのではないかと考えられ、未斯欣は十七年の長期間にわたり倭に滞在し、最後は本国に逃げ還ったというように伝えられており、新羅王権独自の政策ではなかったことを暗示している。

すでに多くの論者が指摘しているように、当時の新羅は高句麗駐屯軍による支配を受けており、四一七年の実聖尼師今の薨逝と訥祇麻立干の即位に関し『三国遺事』巻一(紀異)実聖王条には、徳望のある訥祇を高句麗兵の手で殺害しようと企てた実聖王が、逆に高麗兵に殺されたとする伝えを載せており、『三国史記』訥祇麻立干即位前紀にも、かつて自分が高句麗に質となったことを怨みに思っていた実聖は、奈勿王の子である訥祇を旧知の高句麗人に頼んで殺害しようとしたが、そのことを当の高句麗人から聞き知った訥祇は反対に王を怨んで弑殺し即位するに至ったという記述がある。これらの話から高句麗が深く新羅王権に関与を加えていた事情を窺うことができ、長寿王は四二七年には平壌遷都を行い百済・新羅への軍事的圧力を一層強める動きを顕示したのである。

最後の③永楽十四(四〇四)年甲辰の対倭戦については、すでに前章でも少し触れたところである。この戦役では百済の動静を碑文が明記していない事実を重視すべきであり、「而ち倭は不軌にして、帯方の界に侵入し」とあって倭の突発的な単独行動という可能性を考える必要がある。倭は旧帯方郡の正当なる支配者たる高句麗の領土を理由もなく侵犯した寇賊という雰囲気に記されている。

残念ながら倭軍の実勢力はよくわからない点があるが、「東韓」地域からの倭軍の出撃を想定できるとすれば、これ以前からそれなりの兵力が蓄積されていた可能性が高く、広開土王自らが出師している点にも戦役の規模と性格を想察すべきであろう。そうだとすると、この戦役は半島における高句麗軍と倭軍とのはじめての本格的な対戦・衝突ということになり、倭にとっても歴史上画期的な戦いとなったことが想定される。ただし、戦役について『日本書紀』が黙して語らないことは大敗を喫したことに起因するもので、倭王済・武の時に高句麗征討計画を執拗に練る要因となった戦いであると考えてもよいだろう。

碑文が例にない口調で「倭寇潰敗、斬殺無数」という言辞を特筆大書している事実は、倭勢力との本格的な初戦で大勝利を収めたことを記念する意味とともに、異域からやって来て半島の国際秩序を攪乱する倭人を主要な敵とみなして敗残させることにより、高句麗王があるべき国際秩序の再建者であること、つまり「大前置き文」に盛り込まれている高句麗に隷属する百済・新羅という本来の国際関係を取り戻すことが広開土王の使命であったことを特筆しようとしたものである。

碑文の内容を以上のように解釈できるとすると、四世紀末から五世紀初頭にかけての倭と朝鮮半島との関係の歴史について、ヤマト王権の当面の主要な課題としては、やはり百済との軍事同盟を強化し利用しながら半島南部の各地に軍事拠点を構築し、それらの拠点を中心に独自の権益を確保しつつ対高句麗戦に備え、他方では百済王廷への政治的関与を強め王権を左右しようとする大国主義的な動向が明確に認められる。当時における倭の主要な対外政策の対象はやはり百済であったことが明らかで、神功皇后伝承については、対新羅侵略に関わるある事件の反映であるというような従来の解釈に拘泥していては最早歴史の真相は決してみえてこないであろうと思う。

四二一年二月、倭王讃の中国王朝への遣使と朝貢が記録されているが、二六六年の女王台与の西晋王朝への遣使から数えておよそ一世紀半ぶりの対中国外交の再開である。このような倭の新たな動きは半島における四〇四年戦役以後の倭勢力の展開を踏まえたものと推測され、それをさらに中国王朝の権威を背景とし利用して推進しようとする姿勢の現われと考えてよい。

3　中国史料の「倭王讃」

五世紀の王統譜の最初を飾るホムツワケ王は中国の文献にみえる倭の五王のうち最初の倭王讃であると考えられる。始祖帝王すなわち王統譜上の初代天皇ホムツワケは中華の一字名からも倭王讃のことであるとみなしてよい。『古事記』に品牟都和気命、『日本書紀』に誉津別命と記される王は、「讃美」「祝福」の名義を帯びる王として中国では「讃」の意味に把握されたとみてよい。応神・仁徳・履中の実在性を信じる論者はそれぞれの天皇の名号をもって強引に倭王讃に比定しようと無駄な努力をくり返してきたが、素直にホムツワケ王を倭王讃の実体とみなせばすべての疑問は氷解するのである。弟の倭王珍も名号ミズハワケすなわち瑞歯別命の「瑞（珍異・奇験）」の名義により「珍」と名づけられたと推定できる。さてそこで、ここからは倭の五王の外交について検討するなかでホムツワケ王の実像を究明しようと思う。

倭の五王のことを書き記した中国史料には『宋書』〔梁の永明年間、沈約（四四一～五一三）撰〕・『晋書』〔唐の貞観年間、房玄齢（五七八～六四八）撰〕・『南斉書』〔梁の蕭子顕（四八九～五三七）撰〕・『梁書』〔唐の貞観年間、姚思廉（?～六三七）撰〕・『南史』〔唐の貞観年間、李延寿（?～?）撰〕などがある。これらのうち同時代史料として最も価値の高い『宋書』の本紀と倭国伝に数多くの関係記事が記載されており、その他の書物にも分量はきわめて少ないながら遣使・朝貢の記録がみえている。そこで本書ではまず『宋書』に掲載されている記事を引用する。（A）～（I）の記号は『宋書』夷蛮伝・倭条の記事、（a）～（h）は『宋書』本紀に出ている記事を示し、また中国年号にはいちいち西暦年次を付記してある。これらは読者の便宜を考慮してのものであることをお断りしておく。

（A）倭国は高驪の東南大海の中に在り、世、貢職を修む。

（B）高祖の永初二（四二一）年、詔して曰く、「倭讃、萬里貢を修む。遠誠宜しく甄すべく、除授を賜う可し」と。太祖の元嘉二（四二五）年、讃、又司馬曹達を遣わして表を奉り方物を献ず。

（C）讃死して弟珍立つ。

（D）使を遣わして貢献し、自ら使持節都督倭・百済・新羅・任那・秦韓・慕韓六国諸軍事・安東大将軍・

倭国王と称し、表して除正せられんことを求む。詔して安東将軍・倭国王に除す。珍、又倭隋等十三人を平西・征虜・冠軍・輔国将軍の号に除正せんことを求む。詔して並びに聴す。

(E)二十(四四三)年、倭国王済、使を遣わして奉献す。復た以って安東将軍・倭国王と為す。二十八(四五一)年、使持節都督倭・新羅・任那・加羅・秦韓・慕韓六国諸軍事を加え、安東将軍は故の如く、并びに上る所の二十三人を軍郡に除す。

(F)済死す。

(G)世子興、使を遣わして貢献す。世祖の大明六(四六二)年、詔して曰く、「倭王世子興、奕世載ち忠、藩を外海に作し、化を稟け境を寧んじ、恭しく貢職を修め、新たに邊業を嗣ぐ。宜しく爵号を授くべく、安東将軍・倭国王とす可し」と。

(H)興死して弟武立ち、自ら使持節都督倭・百済・新羅・任那・加羅・秦韓・慕韓七国諸軍事・安東大将軍・倭国王と称す。

(I)順帝の昇明二(四七八)年、使を遣わして表を上る。曰く、「封国は偏遠にして、藩を外に作す。昔より祖彌躬ら甲冑を擐き、山川を跋渉し、寧處に遑あらず。東は毛人を征すること五十五国、西は衆夷を服すること六十六国、渡りて海北を平ぐること九十五国。王道融泰にして、土を廓き畿を遐にす。累葉朝宗して歳に愆らず。臣、下愚なりと雖も、忝なくも先緒を胤ぎ、統ぶる所を駆率し、天極に帰崇し、道百済を遥て、船舫を装治す。而るに句驪無道にして、図りて見呑を欲し、邊隷を掠抄し、虔劉して已まず。毎に稽滞を致し、以って良風を失い、路に進むと曰うと雖も、或は通じ或は不らず。臣が亡考済、実に寇讐の天路を壅塞するを忿り、控弦百萬、義声に感激し、方に大挙せんと欲せしも、奄かに父兄を喪い、垂成の功をして一簣を獲ざらしむ。居りて諒闇に在り、兵甲を動かさず。是を以って、偃息して未だ捷たざりき。今に至りて、甲を練り兵を治め、父兄の志を申べんと欲す。義士虎賁文武功を効し、白刃前に交わるとも亦顧みざる所なり。若し帝徳の覆載を以って、此の彊敵を摧き克く方難を靖んぜば、前功を替えること無けん。窃かに自ら開府儀同三司を假し、其の余は咸假授して、以って忠節を勧む」と。詔して武を使持節都督倭・新羅・任那・加羅・秦韓・慕韓六国諸軍事・安東大将軍・倭王に除す。

(a)元嘉七(四三〇)年春正月、是の月、倭国王、使を遣はして方物を献ず。〔『宋書』文帝紀〕

(b)元嘉十五(四三八)年夏四月、倭国王珍を以て安東将軍と為す。是の歳、武都王・河南国・高麗国・倭国・扶南国・林邑国並びに使を遣はして方物を献ず。〔『宋書』文帝紀〕

(c)元嘉二十(四四三)年、是歳、河西国・高麗国・百済国・倭国並びに使を遣はして方物を献ず。〔『宋書』文帝紀〕

(d)元嘉二十八(四五一)年秋七月甲辰、安東将軍倭王倭済、号を安東大将軍に進む。〔『宋書』文帝紀〕

(e)大明四(四六〇)年十二月乙未、倭国、使を遣はして方物を献ず。〔『宋書』孝武帝紀〕

(f)大明六(四六二)年三月壬寅、倭国王世子興を以て安東将軍と為す。〔『宋書』孝武帝紀〕

(g)昇明元(四七七)年冬十一月己酉、倭国、使を遣はして方物を献ず。〔『宋書』順帝紀〕

(h)昇明二(四七八)年五月戊午、倭国王武、使を遣はして方物を献ず。武を以て安東大将軍と為す。〔『宋書』順帝紀〕

「倭の五王」とは右の文章中に名前の出ている五人の倭国王のことであり、即位順に「讃」・「珍」・「済」・「興」・「武」となる。倭王の相次ぐ中国王朝への朝貢外交の目的は、国内的には中国皇帝から倭国王の地位を公式に除正されることで倭国の政治・社会秩序の代表者として君臨することであり、対外的には将軍号を得ることで朝鮮半島の該当地域に対する軍事支配権を確保し、国際的な政治秩序の主導権を握り現地で実力を行使することであった。当時の中国は北部に遊牧騎馬民族の国家が興亡をくり返し、これと対立する形で江南には漢民族の東晋・宋・南斉・梁などの王朝が交替した。なかでも倭の五王が頻繁に遣使した王朝は劉氏の宋(四二〇〜四七九)であった。

倭王讃は(B)に四二一年と四二五年に遣使朝貢した王で、(a)四三〇年にも三回目の使節を送ったようである。最初の遣使は宋の建国に合わせてのもので、讃王の即位がいつであったのかは深い謎に包まれており、その即位年次については次の三つの仮説から帰納すべき問題であろうと思う。

一　母女王サホヒメの没年。しかしこれを特定できる史料がない。
二　「吾が年始めて兵を用ゐるべき年」「成人」（斉明紀四年十一月条）の資格を得た四一二年。
三　四一三年から四二〇年までの期間のある年。

現状では三の案をとるのが穏当であるが、女王サホヒメの没年が判明しないので断案を出すことができない。ただし、讃王は女王制から男王制への歴史的転換点に位置づけられる異例の始祖帝王なので、女王の死亡や年齢の条件はあまり強く考慮に入れる必要がないかも知れず、むしろ対外的な情勢の変化に要因を求めようとするならば、高句麗広開土王の死没（四一二年）と四一三年における長寿王の東晋王朝からの封冊（使持節都督営州諸軍事征東将軍高句麗王楽浪公）のこと、さらに四一六年の百済王余映（腆支）の東晋への遣使と封冊（使持節都督百済諸軍事鎮東将軍百済王）が、より直接的な動機になったのではなかろうか。とりわけ腆支王の除爵はきわめて強い刺激を与えただろう。これに対抗する倭国王の出現が待望されたと想定することができるならば、讃王の即位は四一七年頃とみることが可能なのではなかろうか。

ところで、『三国史記』百済腆支王十四（四一八）年条には、「夏、使を倭国に遣し、白綿十匹を送る」という異例の記事がみえている。百済王から倭王への贈物に関わる記事の掲載は『三国史記』ではきわめて珍しい現象で、三九七年から四〇五年まで質として倭国に滞在した経験をもつ腆支王は、この年に何らかの特別な政治的理由と配慮に基づき「白綿」（上質の絹織物）を倭王に贈与したと推定することができる。断定は差し控えるべきであるが、この遣使は弔喪使または賀騰極使のいずれかの可能性があり、さすればいずれの使者であるにせよホムツワケ王の即位は四一八年を前後する時期と考えてよいのではなかろうか。

一方、『日本書紀』応神十四年二月条には「百済の王、縫衣工女を貢る。真毛津と曰ふ。是、今の来目衣縫の始祖なり」という記事があり、両者が奇しくも同じ出来事の別の側面を伝えたものであるとすると、百済は高級織物とともに衣縫の工女（才伎）をも派遣してきたといえ、しかも渡来工女は女王サホヒメの宮があったと推測できる来目に安置・定着したと伝えているのもすこぶる示唆的であり、さすれば、まことに断片的で零細な史料からではあるが、ホムツワケ王＝倭王讃の即位は四一八年とみることができるのではなかろうか。

実は倭王讃の名はすでに『梁書』諸夷伝・倭条の次の記述の中に登場していた。

晋の安帝の時、倭王賛有り。賛死して弟彌立つ。（下略）

東晋（三一八〜四二〇）の安帝の在位は三九七年から四一八年であり、この頃に倭国王として晋と関係をもったのが「賛」だということがわかる。また「賛」には「彌」と称する弟がおり、「賛」の死後「彌」が即位したという。『梁書』は『宋書』倭国伝の記載事項を参照して編纂されたもので、讃を賛に、珍を彌と記述しているなど粗略な面があり、その史料的な価値について筆者としてはあまり重視することができない。「倭王賛」の東晋への入貢の年次については『晋書』安帝紀に次の記述がある。

義熙九年。是の歳、高句麗・倭国及び西南夷の銅頭大師並びに方物を献ず。

義熙九年は四一三年に当たるので、『梁書』の「倭王賛」の入貢は安帝の末期であったとすることができる。もし仮にこの記事が倭王讃の外交の事実を証明するものならば讃はこの年次以前に即位していたことになり、先ほどの筆者の想定はたちまちのうちに瓦解することになる。ただ、この記事に関しては坂元義種氏の指摘にもあるように、高句麗がかつて倭国との戦闘で確保していた倭人捕虜を倭国使に見立てて朝貢したもので、倭の外交とはまったく無関係の出来事とみなすことができるという。そうするとやはり倭王讃の最初の遣使は四二一年のことであったとみることができる。

『宋書』によって倭王讃の外交内容を整理すると次のようになる。

X　永初二(四二一)年――万里貢職を修む。遠誠を嘉して除授を賜る。
Y　元嘉二(四二五)年――司馬曹達を派遣し、表を奉り方物を献ず。
Z　元嘉七(四三〇)年――倭国王、使を遣して方物を献ず。

Xは四二〇年六月に建国した宋王朝への慶賀の意味を込めた遣使であり、絶好のタイミングとみて官爵号の除正を求めたのであろう。倭王の中国外交については百済の主導的誘引を想定する論者がいるが、倭王独自の政治的判断に立ち独自の根拠地と経路で使者を派遣したことが想定できるので、このような理解は間違いとすべきである。武帝が讃に与えたのは「安東将軍・倭国王」の称号と推定されており、すでに前年に加号されていた高句麗王高璉の「征東大将軍」・百済王余映の「鎮東大将軍」と比較すると宋の倭への評価が著しく低かったことがわかる。ただ、この除正により倭王讃は「倭国」全般の内政と軍事に関する専権をはじめて獲得したことになる。

次のYの遣使は、司馬曹達という使者の人名が記されている点と、「表」を提出していることに注意すべきである。「司馬」は安東将軍の府官である「司馬」の意味であり、曹達が使者の名に当たる。残念ながら曹達がどのような素姓の人物なのかはよくわからず、王権の要請で楽浪・帯方郡辺りから百済を経由して渡来してきた亡命中国系人とも推定されるが、漢文を書きこなし話す能力を持っていた可能性が強い。皇帝への「表」はこういう人物でなければ書くことができなかったであろうし、中国の政治制度についても一定の見識を備えていたはずである。

倭王讃が宋皇帝に提出した「表」には、おそらく自称称号除正の要請が記されていたであろう。その爵号は次のように、百済王余映のものを強く意識したものと思われる。

使持節・都督倭百済新羅任那秦韓慕韓六国諸軍事・安東大将軍・倭国王

この自称称号は(D)にみえる倭王珍のものと同じ内容であるとすべきだからであり、珍王は讃王の前例を踏まえ除正要求を行ったと推測されるからである。とりわけ「都督倭百済新羅任那秦韓慕韓六国諸軍事」号は、「倭」はもとより「百済」「新羅」「任那」「秦韓」「慕韓」五国に対する軍事支配権の要求を含んでおり、菅政友や坂元義種氏の指摘によれば「百済」「新羅」を除く「任那」「秦韓」「慕韓」は現実に半島南部に存在した小国群のまとまりを指し、「任那」は『魏志』韓伝に「弁辰亦十二国」と記し『高句麗広開土王碑文』にもみえる「任那加羅」（南加羅）のこと、「秦韓」は新羅領に未編入のかつての辰韓の国々（大加羅）、「慕韓」は百済領に南接する馬韓諸国のことと推定でき、いわばこれらの地域は「百済」「新羅」「倭」三国の接壌地帯とも言うべき性格の領域であり、倭王讃・珍らはそれらの領域の軍事支配権を包括的に一手に握ろうとしたのである。

倭王讃の要請の背景には四二一年の「安東将軍・倭国王」号では朝鮮半島での軍事支配権を行使する名分がなく、現有の権益さえ維持することができないという焦りがあったと考えられる。しかるに、宋はこの要請に応えず讃を「安東将軍・倭国王」のままに据え置いた。なぜなら第一に倭は宋の国際戦略上重視すべき国とは認められていなかったからであり、第二に都督諸軍事号に「百済」を含める倭の要求にはまったく現実性と正当性が無いと判断されたためと思われる。四〇〇年と四〇四年の両度の戦役で大きな痛手を被っていたため、おそらく「表」には主要な敵国である高句麗との軍事対決を訴える文章も記されていたと推測できるが、それが宋皇帝をして微塵も心を動かすほどの内容ではなかったようである。そのため、倭王讃は自称爵号に見合う獲物をより多く半島で確保する必要性を痛感したに相違ない。

四二七年に長寿王は突如平壌に遷都した。この遷都は倭王讃の対宋外交を意識し、それを牽制しようとする底意を含んでのものか否かは不明であるが、高句麗の首都が集安から平壌に移動したことは朝鮮半島における新たな激動のはじまりを意味した。百済ではこの年に久尓辛王が亡くなり毗有王が立った。毗有王の続柄について『三国史記』には久尓辛王の長子とする本文の記事と、腆支王の庶子とする分註の伝えとがあり、後者の方が事実だとすると毗有王は父王が倭国滞在中に儲けた子どもであったことも想定され、王の交替について倭の干渉による何らかの政変が起きた蓋然性があるだろう。このような高句麗と百済の動向は翌年ないし翌々年の倭による半島への政治的攻勢の引き金となったようである。

『三国史記』毗有王二年二月条によると、「倭国の使至る。従者五十人」とあり、四二八年に倭国の使者が百済の都を訪れたらしい。その目的については、『日本書紀』雄略二年七月条に引く「百済新撰」に、「己巳年に蓋鹵王立つ。天皇、阿礼奴跪を遣して、来りて女郎を索はしむ。百済、慕尼夫人の女を荘飾らしめて、適稽女郎と曰ふ。天皇に貢進るといふ」とあり、己巳年を四二九年とみなすと蓋鹵王の治世ではなく毗有王治世三年の出来事となるが、おそらく年次は後者の方が正しく、これらは同じ事件を記述したもので倭王が百済に対して身分の高い女性の貢上を求めたことがわかる。これは倭王が百済王家との政略結婚を推進しようとしたというより、むしろ毗有王の倭王に対する服従の意思を確かめようとしたもので、百済王を倭国王の政治的従属下に収めようとする讃王の政治戦略の現われとみなすべき事件であろう。

同年には半島東南部の伽耶方面でも何らかの動きが開始されたらしく、『日本書紀』神功皇后四十九年三月条に次のような記事が掲載されている。この文章は同紀の前段部分に該当するもので、一面では複雑怪奇な構成になっていて真意を読み取るのがきわめて困難である。

荒田別・鹿我別を以て将軍とす。則ち久弖等と、共に兵を勒へて度りて、卓淳国に至りて、将に新羅を襲はむとす。時に或の曰さく、「兵衆少くは、新羅を破るべからず。更復、沙白蓋盧を奉り上げて、軍士を増さむと請へ」とまうす。即ち木羅斤資・沙沙奴跪是の二人は、其の姓を知らざる人なり。但し木羅斤資のみは、百済の将なり。に命せて、精兵を領ゐて、沙白蓋盧と共に遣しつ。倶に卓淳に集ひて、新羅を撃ちて破りつ。因りて、比自㶱・南加羅・喙国・安羅・多羅・卓淳・加羅、七の国を平定く。

神功紀は新羅遠征を主要なテーマとしているために、この話も全体の筋書きが新羅を攻撃した形になっているのであるが、その実平定したとする七国はすべて伽耶の有力な小国ばかりで、新羅を攻めたとする話柄とはまったく矛盾しており机上の述作とみてよい。卓淳国を拠点として出撃しておりながらこの国を平定したというのは矛盾の最たるものであろう。したがって、事件の年次も山尾幸久氏の考証通り三六九年にさらに干支一巡を加え四二九年の出来事と解してよいので、一行目に登場する荒田別・鹿我別らの倭将軍は記述を本当らしく見せかけるために捏造された人間であろう。

しかも七国を「平定」したというのは個々の国々を軍事的に征圧し服属させたというような意味に解釈すべきではなく、百済と倭が武力を背景とした外交交渉により何らかの権益をこれらの小国から引き出したというのが実相であろう。「平定」という語にこだわることは書紀編者の史観に乗ぜられることになるであろう。従来、この記事は末松保和や池内宏らの研究者により倭の「任那」支配の起源とみなされたものであるが、そもそも文章にみえない「任那」という地域名で事件をひとくくりにするのは学問上の過誤であり、またこれらの国々が百済または倭の領域支配の対象となったとはとても考えられない。

現地を比定してみると比自㶱（慶尚南道昌寧）・南加羅（慶尚南道金海）・喙国（慶尚北道慶山）・安羅（慶尚南道咸安）・多羅（慶尚南道陜川）・卓淳（慶尚南道昌原）・加羅（慶尚北道高霊）となって、洛東江流域の各地に散在する小国群であった。南加羅や卓淳などはかなり以前から倭人との交流が盛んな国であったので、それをまるごと軍事的に支配するなどという事態を想定することは現実性に欠けるであろう。池内宏は列記してある諸小国の名は書紀編者が任那服属の起源を説明しようとして挿入した造作であると断じているが、このうちの幾つかの国は倭・百済との関係を生じたものとみてよいだろう。

興味深いのは三人の将軍の出自であり、沙沙奴跪は倭の将軍とみられ、木羅斤資は「百済の将」であり、沙白蓋盧は実力を買われて起用された伽耶の有力者で国々との交渉と説得に当たった人物であろう（沙白と蓋盧という二人の人物と想定することもできる）。

事態を終始先導しているのは木羅斤資のようであるが、倭と百済の提携による伽耶地域での動静は『高句麗広開土王碑文』永楽九年己亥（三九九年）条の前置き文の「奴客を以て民と為せり」にすでにみえており、翌庚子（四〇〇）年の戦役で倭・百済の勢力は一時伽耶から一掃されたため、百済王の司令を受けて復旧活動に乗り出したのが木羅斤資であり、これに倭が一枚絡んでいたとみるのが右の事件の真相であろう。これにより、倭は伽耶の幾つかの国々に倭王が派遣した使節や軍士を駐在させる権利を得たと考えられ、それが翌年（四三〇）に倭国王の宋への遣使朝貢につながったと解釈できるだろう。

ところが、宋王朝はまたしても倭国王讃に新たな除爵を加えた形跡がなく、讃の目論見は成功しなかった。むしろ、この後百済と新羅とは相互に講和をめざす動きを強め（四三三・四三四年）、倭王讃の死没とその弟珍の即位により新たな局面に移行する。倭王讃＝ホムツワケ王の没年は（C）「讃死して弟珍立つ」の記事からは不明である。珍王は（b）元嘉十五（四三八）年四月に官爵号を除授されており、前年に即位した可能性が高いので、前王の死没は四三六年ないし四三七年と推測するのが妥当であろう。

ここでひとまず、小結の形でホムツワケ王の治世について確実な史料に基づいて推定できることを箇条書きで記しておくことにしたい。

一　ホムツワケ王は三九二年に筑紫の地で誕生した。父はクメノイサチ、母は女王サホヒメである。王は「来目高宮」で成長した。

二　ホムツワケ王は『宋書』倭国伝に記述のみえる倭王讃である。

三　ホムツワケ王は四一八年に即位した。「女王制（女王の国）」の終焉を告げる始祖帝王の出現はこの年とみてよい。正宮は磐余稚桜宮である。

四　倭王讃は四二一年、四二五年、四三〇年に宋へ遣使朝貢し、最初の遣使で「安東将軍・倭国王」に除爵されたが、その後の加号はなかった。

五　四二五年の遣使では「使持節・都督倭百済新羅任那秦韓慕韓六国諸軍事・安東大将軍・倭国王」を自称し除正を求めたが、宋はこの要請を取り上げなかった。

六　ホムツワケ王は四三六年または四三七年に死没した。在位は十九年または二十年で、享年は四十代半ばと推定できる。

七　四一八年以前は女王サホヒメの治世であり、『高句麗広開土王碑文』に記されている倭の半島での活動はすべて女王治世下の出来事であった。

4　倭王珍の対宋外交

『宋書』倭国伝に倭王珍は讃の弟と記されている。既存の天皇系譜と対比すれば倭王珍＝反正天皇となる。反正天皇の名号はミズハワケ王であり、兄ホムツワケ王と同類の名号・称号を名乗っている。ミズハワケ王は淡路島に生誕したとする伝承をもつが、これも筑紫誕生の伝承をもつホムツワケ王と類似する。その誕生は三九二年の数年後とみられる。四三六年ないし四三七年に兄の後継者として即位し、倭王済の最初の遣使(E)を考慮に入れると四四二年頃に没した模様である。在位期間は六年ないし七年であり、没年はおよそ四十代後半と推定できる。

ミズハワケ王の事績はホムツワケ王以上に謎の部分が多い。在位期間がかなり短いこともあり、『古事記』『日本書紀』でも反正天皇に関わる記述はごく僅かで、政治的な治績は何も書き遺されていないと言ってよい。欽明朝の「帝紀・旧辞」の編纂の際にはミズハワケ王の対宋外交の成果は無視され、ホムツワケ王の治績を正史の枠組みから完全に排除する目的の下に、虚構の兄である履中天皇の即位を助けた忠実な弟の物語が編み出され、日嗣の御子を儲けられなかったか弱い天皇というイメージが創作された。しかし、倭王珍の治世には次のような注目すべき出来事が起きている。

まず、前朝に引き続く対宋外交への取り組みである。『宋書』本紀の文帝紀(b)に元嘉十五(四三八)年夏四月、倭国王珍を安東将軍に除正した記事を載せ、倭国伝(D)に「詔して安東将軍・倭国王に除す」と記す。坂元義種氏の指摘によると諸国王の除爵には一定の原則があったようで、前王が除授された最後の官爵号を後継者にまず授与するということであり、倭王珍の任官は讃の「安東将軍・倭国王」を引き継いでいる。

しかし、珍は遣使に当たり兄王の自称爵号を要請することを忘れておらず、上表して「使持節・都督倭百済新羅任那秦韓慕韓六国諸軍事・安東大将軍・倭国王」の除正を要求した。おそらく諸国王の側からの自称号の要請も一種の慣例で、現実に該当地域において実力で何らかの権益を保持しているような場合には要請を行うのが当然の行為であった。しかるに宋は珍の要請を拒否し「安東将軍・倭国王」に任じただけであり、安東将軍の軍事権は半島には及ばないものであった。推測するに珍は宋の対応について予めそのような予測を立てていた可能性が強く、自称号とは別に次のような除爵の要請も行っている。それは有力な臣下の除爵であり、
珍、又倭隋等十三人を平西・征虜・冠軍・輔国将軍の号に除正せんことを求む。詔して並びに聴す。

とあって、倭隋ら十三人の臣下に将軍号の除正を求め、これは認められている。残念ながら倭王珍に直属する倭隋以下十三人の臣下の名はわからないが、その多くは有力首長であったとみられる。なぜかと言うと、A系譜・B系譜ともに当時の王家にはまだ成人に達している王子がほとんどおらず、王族将軍を養成するよりも有力首長の統制の方が優先されたと考えられるからである。

武田幸男氏は筆頭に挙げられている「倭隋」は王族で平西将軍を除授されたと推定しているが、言うまでもなく「平西将軍」は倭国領内の西方を担任する将軍であり、半島での軍事活動を公式に支える名分は何もなかった。ただ、臣下の将軍号除爵は倭国の場合が最も早く、この後済(E)と武(I)の時にもそれぞ

れ要請通りの除正が行われており、直属の臣下を統制し王権を強化するためにも除爵は必要な措置であった。すでに指摘されているように、第三品下に格付けされている安東将軍と平西将軍の差はわずかに一階だけであり、倭王珍と倭隋との身分上の格差はほとんどなかった。倭隋は坂元義種氏の指摘するように有力な王族ともみなし得るが、A・B両王家の外戚の一族で族長の地位にあった葛城襲津彦(以下にはソツヒコと記す)のことかも知れない。中華名の「隋」は怠惰・だらしないなどの語義を含み、ある意味ではソツヒコの事績を象徴し暗示するような名字と言えるからである。

ソツヒコの王廷内での評判を固めた事績にはまず『日本書紀』神功摂政五年三月条にみえる新羅の質「微叱許智伐旱」の帰国をめぐる騒動が挙げられる。前にも指摘しておいたように、新羅が奈勿王子の未斯欣を入質したのは実聖尼師今元(四〇二)年のことで、その後訥祇麻立干二(四一八)年に未斯欣が倭国から本国へ逃帰したと伝えている(『三国史記』訥祇麻立干二年秋条)。書紀も新羅使者らの策謀により微叱旱岐が本国に逃げ帰ったとする。ソツヒコは帰国する未斯欣の護衛を命じられていたが、対馬で未斯欣を見失うという失態を演じ、詐謀を企てた新羅使者らを捕らえ焼き殺したという。そこで、ソツヒコは「乃ち新羅に詣りて、蹈鞴津に次りて、草羅城を抜きて還る。是の時の俘人等は、今の桑原・佐糜・高宮・忍海、凡て四の邑の漢人等が始祖なり」と記す。

蹈鞴津は対馬から朝鮮海峡を渡った多大浦(慶尚南道釜山南方)、草羅城は歃良(慶尚南道梁山)であり、いずれも当時は新羅領ではない。ソツヒコが南加羅の地へ向かい、渡津を拠点に付近の草羅城を襲撃して俘人を連行し帰国したとする事件は未斯欣の帰国とは無関係の出来事であろう。無理に二つの別々の事件を結びつけようとしたために、ソツヒコがあたかも新羅を攻撃した将軍であるような書き方になってしまったのである。このようにソツヒコは未斯欣の帰国問題で失態を演じた武人であった。

同じ神功紀六十二年条には次のような記事がある。

新羅朝ず。即年に、襲津彦を遣して新羅を撃たしむ。百済記に云はく、壬午年に、新羅、貴国に奉らず。貴国、沙至比跪を遣して討たしむ。新羅人、美女二人を荘飾りて、津に迎へ誘る。沙至比跪、其の美女を受けて、反りて加羅国を伐つ。加羅の国王己本旱岐、及び児百久至・阿首至・国沙利・伊羅麻酒・爾汶至等、其の人民を将て、百済に来奔ぐ。百済厚く遇ふ。加羅の国王の妹既殿至、大倭に向きて啓して云さく、「天皇、沙至比跪を遣して、新羅を討たしめたまふ。而るを新羅の美女を納りて、捨てて討たず。反りて我が国を滅す。兄弟・人民、皆為流沈へぬ。憂へ思ふにえ任びず。故、以て来り啓す」とまうす。天皇、大きに怒りたまひて、即ち木羅斤資を遣して、兵衆を領ゐて加羅に来集ひて、其の社稷を復したまふといふ。

これもソツヒコの失政に関わる伝承である。本文の新羅朝貢の欠如とソツヒコが征新羅将軍になったとする記事は「百済記」に由来する作文であろう。その百済記では「壬午年」、すなわち四四二年に新羅を攻めるべく遣わされたソツヒコが新羅の奸策に乗せられて加羅国を攻撃したとする。加羅国王以下は百済に避難し、現地人の通報を受けた天皇は激怒し木羅斤資を派遣して加羅国を旧に復したとする。

ここでもソツヒコは無定見な無頼漢で略奪をこととする将軍としての汚名を着せられている。討伐を受けたとする加羅国は大加羅(高霊加羅)と推測できるが、木羅斤資が現地を復旧しているのは伽耶の軍政を百済王の命を帯びて担任していたのが彼だからである。木羅斤質が天皇の命令で動いているように書かれてあるのは造作と言うべきで、新羅と講和していた百済は倭将軍ソツヒコの独自行動を許すことができなかったのであり、ソツヒコ自身も加羅国を攻撃した狙いは俘人（優秀な工人）の倭への連行にあったようである。

応神紀十四年是歳条・同紀十六年八月条にはソツヒコが加羅から弓月の人夫（秦氏の先祖）を引率して帰国したと伝え、仁徳紀四十一年三月条には百済王族の酒君を倭に連行してきたとする。ソツヒコが連れ帰った俘人・捕虜などの人びとは主に葛城地方にまず定着したようで、半島の文物を葛城一族で独占しようとする意図が露呈している。こうした行為が公然と行われたのはソツヒコが王家の外戚の族長で平西将軍「倭隋」であったからであろう。倭王珍は葛城一族の行為を黙認して円満な関係を保持しようとしていたらしく、珍王＝反正天皇の殯宮には玉田宿祢が「殯宮大夫」に就任して営まれた（允恭紀五年七月条）が、次の倭王済はさまざまな抑圧策をとりはじめるようになる。

5　倭と新羅の関係

倭が新羅を攻撃し侵略したとする確実な史料は神功皇后伝承以外には見当たらないことがわかった。しかも、神功皇后伝承の起源はヤマト王権の対百済外交にあることもすでに指摘した通りで、伝承を従来のように新羅征討戦の歴史的反映であるとか、何らかの確かな異国征伐の記憶に基づく言説であるというような観点で解釈しようとする試みは、歴史の事実とはまったく関係のない妄想と言わざるを得ない。

『高句麗広開土王碑文』にみえる四〇〇年の戦役でも、倭軍が新羅国境を越えて侵略したことを記す確かな文言は見当たらない。碑文の新羅城を金城（慶州）とみる論者は多いが、安羅人の戍兵が「新羅城・□

城」の戦後処理に関与しているらしい碑文の記述があるのをみると、新羅城を新羅の首都とみなすことができるのか大いに疑問である。倭軍が大挙して新羅の首都にまで攻め込んだとするような想定は神功皇后伝承が当該研究者の脳裏のどこかで強烈に作用し続けていることの反映であるに違いない。さらに伽耶地域での倭の軍事活動は百済との共同作戦をとっていたと考えられ、倭の単独行動を想定することは誤りで、碑文もまた倭の侵略を誇大に見せかけようと意図しているのである。

翌四〇一年には、奈勿尼師今の死により高句麗に入質していた実聖が帰国して王位に就いており、これは明らかに高句麗の画策である。また新羅は翌四〇二年に奈勿王子未斯欣を倭に入質させ、先ほど述べたように未斯欣は四一八年まで倭に滞在すること十七年に及んだ。未斯欣の入倭が高句麗の指示と教令によるものであろうことはすでに指摘しておいた。そして、この間に倭が新羅を侵略したと伝えるような記録がまったくないのは、高句麗軍が駐屯している新羅を直接攻撃することがかなり困難で、四〇〇年と四〇四年の高句麗軍との軍事対決が悲惨な結末をもたらした記憶が鮮明に遺っていたことと、未斯欣の入倭と彼による対倭交渉がそれなりの成果をあげていたことの現われとみるべきではあるまいか。

『日本書紀』神功摂政前紀には、「新羅の王波沙寐錦、即ち微叱己知波珍干岐を以て質として、仍りて金・銀・彩色、及び綾・羅・縑絹を齎して、八十艘の船に載れて、官軍に従はしむ」とあり、皇后軍の新羅王宮への侵攻の帰結を明記している。その獲物の一つが微叱己知波珍干岐＝未斯欣の倭への入質と貢物の献上であると言っているのは、皇后伝承の述作の素材が未斯欣の入質という事実の記録に依存するしかなかったことを示しており、倭国滞在中の未斯欣がそれなりの外交的成果をあげたことを示唆している。

『古事記』允恭段によると、天皇は生来の病気により即位をためらっていたが、「此の時、新良の国主、御調八十一艘を貢進りき。爾に御調の大使、名は金波鎮漢紀武と云ふ、此の人深く薬方を知れり。故、帝皇の御病を治め差やしき」とあり、皇后伝承と同類・同質の新羅朝貢を描いていること、大使との肩書きで記されている金波鎮漢紀武はどうやら未斯欣を指すことから、彼は倭国滞在中に得意な薬方の知識で「帝皇」の病気を治癒することがあったのかも知れない。『古事記』『日本書紀』の両書はそれを允恭天皇のこととしているが、後述するように允恭は子宝に恵まれた長寿者であったと考えられるから、帰国以前に長病を治癒すべきであった対象は即位を待望されていた始祖帝王ホムツワケその人であった可能性が高い。ホムツワケ王には「八拳鬚心の前に至るまで真事登波受」(『古事記』垂仁段)、「誉津別王は、是生年既に三十、八掬髯鬚むすまでに、猶泣つること児の如し」(『日本書紀』垂仁二十三年九月条)と神話的な潤色を施された病があったらしい。両書の編者は未斯欣にまつわる所伝を巧みに利用し、允恭天皇の即位の困難性とその正当化を図る話にこれらをすりかえたのだろうと思われる。

第五章　允恭天皇の実像(一)

1　即位の困難性

『古事記』『日本書紀』に允恭天皇は仁徳天皇の子で、「弟、男浅津間若子宿祢命」・「雄朝津間稚子宿祢命天皇は、瑞歯別天皇の同母弟なり」とあって、反正天皇の弟であると記している。そうすると、履中・反正・允恭の三天皇はすべて同母の兄弟ということになり、これまで既存の古代史はこうした関係をほとんど疑わず事実であるとみなして論じられてきた。

しかし、すでに冒頭に掲げた図1の復原王系譜によってくり返し指摘してきたように、允恭天皇の父はサホヒコ王、母は葛城襲津彦の妹イワノヒメであり、仁徳天皇を父とするという系譜関係は造作された虚構であり、また生母の違う履中・反正両天皇とは従兄弟関係にあること、さらに履中天皇そのものも実在しない架空の天皇で、本物の従兄弟はホムツワケ王・ミズハワケ王であったとしなければならない。

ホムツワケ・ミズハワケ両王の実名には讃美・祝福、珍異・奇瑞などというはなはだ抽象的な意味合いの概念にワケ(別・和気)号を付しているのに対し、允恭はヲアサヅマワクゴスクネ王という名号で、後章で詳しく述べるように性格のかなり異なる名号になっており、この点に象徴的で明確な系譜上の違いが反映しているようである。五世紀の王統はA系譜（ワケ系譜）のホムツワケ王に始まり、次いでその弟のミズハワケ王が王位を継ぎ、その後に王位がB系譜（スクネ系譜）に移動して允恭天皇ことヲアサヅマワクゴスクネ王が即位するに至ったと言うべきである。

しかるに允恭天皇の即位については、スムーズにことが運ばなかった可能性が高い。なぜならば、ホムツワケ王・ミズハワケ王のA系譜と允恭のB系譜では同族の王統とはいえ、さまざまな点でA系譜の方が身分的にも権威的にも優位にあったと考えられるからである。そもそもA系譜は前代に統治を行っていた女王の子どもたちであって、ホムツワケ王はヤマト王権が待望した始祖帝王＝初代天皇としての位置づけにあり、しかも即位の順序よりみて允恭より早くこの世に生を受けていた年長者であった。前章でホムツワケ王の生誕の年を三九二年に、即位年を四一八年とみることができると述べたが、他方では允恭がいつ生まれたのかは不明である。したがって、允恭が先にこの世に生を享けており、むしろ長寿者であった可能性をまったく否定するものではないが、系譜上の優劣こそは允恭の立場を相当に不利にしたと考えてよい。また、後で述べるように允恭は后妃の問題で外戚の葛城一族と紛糾・対立した可能性が高く、このことも即位の困難性に拍車をかけた要因になったようである。

さらに言えば、B系譜の成立にはA系譜の次善の策、もっと現実的な表現をすると安全弁という実体・性格があったことを想定できるであろう。仮に女王サホヒメに期待された男子が恵まれなかった場合にはB系譜が男王を出すことになったであろう。しかし、現実には女王が二人の男子を儲けたためにB系譜の允恭はきわめて不利な状況に置かれたはずである。允恭はB系譜における始祖帝王としての位置にある人物であったため即位の可能性は備わっていたと言うべきであるが、それは右のような予測し難い特殊な条件が発生した場合だけのことであった。

それを証するかのように允恭をめぐっては次のような伝承があって、その即位にはかなりの困難が伴っていたらしい。『古事記』允恭段には次のように記されている。

天皇初め天津日継知らしめさむと為し時、天皇辞びて詔りたまひしく、「我は一つの長き病有り。日継知らしめすこと得じ」とのりたまひき。然れども大后を始めて、諸の卿等、堅く奏すに因りて、乃ち天の下治らしめしき。此の時、新良の国主、御調八十一艘を貢進りき。爾に御調の大使、名は金波鎮漢紀武と云ふ、此の人深く薬方を知れり。故、帝皇の御病を治め差やしき。

おそらくこの長患いの話は真っ赤な偽りで、允恭が履中・反正の同母弟であるという発想・理屈に基づいて作られたこじつけの作文と考えられ、実際にはそうではなく、従兄弟で系譜を異にしていたために即位がなかなか実現しなかったことが背景にあると考えられるのである。允恭の即位には大后と卿等の推戴によることが強調されているが、とりわけ大后の役割を大きくクローズアップしようとしている点にもある種の強引さが感じられる。允恭の后妃の問題は重要なので後にふたたびとりあげることにするが、『古事記』『日本書紀』両書に記されている新羅の大使が良医で天皇の病がその薬方によって治癒したという話柄も、前章の最後のところで指摘したように造作の疑いが濃い。つまり、允恭にはそもそも生来の長病などはなく、子女が多数いたことからむしろ健康体の長寿者であった蓋然性が高く、その即位に至る前途には病気とはまったく無関係な政治的課題があったとされなければならないのである。

『日本書紀』にはこの点はどのように記されているだろうか。その即位前紀の文章から順を追って理由とみられる記述をピックアップすると次のようになる。

a天皇、岐嶷にましますより総角に至るまでに、仁恵ましまして倹下りたまへり。壮に及りて篤く病して、容止不便ず。

b瑞歯別天皇崩りましぬ。爰に群卿、議りて曰はく、「方に今、大鷦鷯天皇の子は、雄朝津間稚子宿祢皇子と、大草香皇子とまします。然るに雄朝津間稚子宿祢皇子、長にして仁孝まします」といふ。

c先皇、責めて曰はく、『汝患病すと雖も、縦に身を破れり。不孝、孰か茲より甚しからむ。其れ長く生くとも、遂に継業すこと得じ』とのたまふ。亦我が兄の二の天皇、我を愚なりとして軽したまふ。群卿の共に知れる所なり。

『古事記』と同じように、aとcには允恭の長病が第一の理由として挙げられている。cにあっては「先皇」すなわち父仁徳天皇の子どもを揶揄するあきらめにも似た言葉までまことしやかに記載されている。しかし、書紀においても允恭は仁徳天皇の子で履中・反正両天皇の弟であるとしているので、病気による即位の困難性が先ほど述べたのと同じく単なる思いつきの弁で、真実はもっと他の深刻な理由があったに相違あるまい。

ｃには続けて「亦我が兄の二の天皇、我を愚なりとして軽したまふ」との謎めいた記述があり、長病よりも允恭本人の愚かな行状が兄たちの弟への軽視につながったという。これは二人の兄とは異質な別の何らかの政治的な課題が允恭にはあった証跡なのだと言わざるを得ないだろう。実際には系譜を異にする従兄弟という立場がこのような作り話を生んだ要因と考えられる。

ｂでは、反正が亡くなった時点で仁徳天皇の後継者に允恭と大草香皇子の二人が遺されたことを記している。書紀の論理では「然るに雄朝津間稚子宿祢皇子、長にして仁孝まします」と言われている通り、反正の後には年上で同腹の弟允恭が即位してしかるべきなのであるが、ここで敢えて傍系の大草香皇子の存在を持ち出しているのは、やはり允恭の立場には何らかのきわめて特殊な問題が伏在していたことを示唆するものである。

筆者の答えを言えば、大草香皇子は仁徳天皇の子どもであったのではなく、実のところは母方を日向系とするホムツワケ王の子どもであり、允恭はホムツワケ王の従兄弟に当たるのであるから、二人の皇子は後継候補としてはほとんど対等な立場にあったと言えるであろう。なぜならば大草香皇子はＡ系譜の始祖ホムツワケ王の子どもであるが、母家が地方首長の娘という大きな難点を抱えており、一方、允恭はＢ系譜の始祖としての位置づけにあるが、その点に後継候補としての特別な優位性があったとは想定できないのである。

しかるに、允恭はついに即位した。書紀は彼の即位の様子について次のように書き記している。

爰に大中姫命、仰ぎ歓びて、則ち群卿に謂りて曰はく、「皇子、群臣の請すことを聴さむとしたまふ。今天皇の璽符を上るべし」といふ。是に、群臣、大きに喜びて、即日に、天皇の璽符を捧げて、再拝みて上る。皇子の曰はく、「群卿、共に天下の為に寡人を請ふ。寡人、何ぞ敢へて遂に辞びむ」とのたまひて、乃ち帝位に即きたまふ。

允恭は群臣に請われ推戴されて即位に踏み切った天皇、璽符なるものを擁して即位した天皇という二つの顕著な、換言すればこれまでにない異常なやり方で帝位に就いた天皇であると記されているのである。類似の事例は異常な即位の事例とされる清寧・顕宗らの天皇にもみられるが、継体天皇の場合がきわめて本例に類似している。

男大迹天皇曰はく、「大臣・大連・将相・諸臣、咸に寡人を推す。寡人敢へて乖はじ」とのたまひて、乃ち璽符を受く。是の日に、即天皇位す。

（『日本書紀』継体元年二月条）

とにかく即位を固辞し続けたこと、大伴金村を代表とする群臣の度重なる要請を受けたこと、璽符の献上を即位の要件としたことなど、允恭と継体の嗣位の問題には類似点がきわめて多い。前天皇からすんなりと即位を要請されてというのではなく、きわめて異例の事態であったがゆえに即位の正統性をより強く前面に押し出す必要があるのだというように、すなわち書紀編者も允恭の即位は尋常な出来事ではなかったと暗々裏に認めているのである。右の記事は中国正史などの表現を利用しての潤色であり造作なのであるが、そうしなければならない理由が允恭即位の中に潜んでいたと考えられるのである。

2　允恭天皇の生母

允恭の即位に政治的障害があったとする推定は、彼の母親の出自からも想定できそうである。『古事記』『日本書紀』は履中・反正・允恭三兄弟の生母をすべて葛城襲津彦の娘磐之媛命(石之日売命・イワノヒメ)とするが、イワノヒメは襲津彦の「妹」とする伝えの方が正確のようであり、また彼女の子どもは允恭一人であったとするのが正しいであろう。前者に関しては『日本書紀』神功摂政六十二年条に次のような「百済記」を利用しての註記がある。

一に云はく、沙至比跪、天皇の怒を知りて、敢へて公に還らず。乃ち自ら鼠伏る。其の妹、皇宮に幸へまつること有り。比跪、密に使人を遣して、天皇の怒解けぬるや不やを問はしむ。妹、乃ち夢に託けて言さく、「今夜の夢に沙至比跪を見たり」とまうす。天皇、大きに怒りて云はく、「比跪、何ぞ敢へて来る」とのたまふ。妹、皇言を以て報す。比跪、免されざることを知りて、石穴に入りて死ぬといふ。

前章でもすでに取りあげておいたように、葛城襲津彦が加羅国を攻撃したとされる「壬午年」とは四四二年のことであり、翌四四三年には倭王済すなわち允恭天皇が「安東将軍・倭国王」の称号を除授されている。年代的な点からみて半島派遣将軍「倭隋」の妹が允恭の生母であったとしても不審ではなく、むしろ整合するのではなかろうか。

次に後者の問題であるが、川口勝康氏が以前から強調しているように、仁徳天皇はA・B両系譜を連接するいわば「二俣王」として創作された虚構の聖天子であった。履中・反正・允恭がすべて仁徳の子どもだとする伝えは真実の始祖帝王ホムツワケの存在を抹殺する目的で作り上げられた虚偽であり、允恭を「愚なりとして軽したまふ」という態度をとったと伝える兄たちとは系譜上の出自が異なっていたと考えた方がよい。すでに述べてきたようにホムツワケ王とミズハワケ王の生母は女王サホヒメであって即位の正統性を保持しており、イワノヒメの配偶者は女王の兄でその輔政者であったサホヒコ王であると考えられる。

第一章で述べておいたように、筆者はサホヒコ王を女王制の下での男王であったとは考えていない。『魏志』倭人伝の女王卑弥呼とその男弟との関係と同じく、サホヒコは女王の輔政者ではあるが男王ではなかった。ヤマト王権は二重王制を採っていなかったと考えられ、サホヒコは女王制の廃止に伴い王号を称するようになったと推定している。女王に男子が得られない際の安全弁としての王家の定立策が王号の由来とみられるからである。こうした筆者の推定が正しいとすると、生母の身分と出自からみて、イワノヒメの子どもが即位に至る要件はかなり局限されていた可能性が強い。

イワノヒメには興味深い伝承がまとわりついている。それは彼女がきわめて嫉妬深い皇后であったとする所伝である。『古事記』仁徳段には「其の大后石之日売命、甚多く嫉妬みたまひき」とあり、「故、天皇の使はせる妾は、宮の中に得臨かず、言立てば、足母阿賀迦邇嫉妬みたまひき」とし、天皇の妃はみな宮中から逃げ出したので、天皇は隙をみて妃の後を追いかけて行幸を重ねたとする。とりわけ「足母阿賀迦邇嫉妬みたまひき」という子どもじみた激しい嫉妬は異常なほどである。

書紀も同様で、天皇が宮人桑田玖賀媛を「愛まむと欲れども、皇后の妬みますに苦りて、合すこと能はずして、多年経ぬ」とし、ある時天皇が皇后に「八田皇女を納れて将に妃とせむ」と相談したところ、皇后は拒絶しこの件については以後いっさい沈黙を守り通したとする。最後には皇后の留守中に天皇が不貞を働いたため、ついに皇后は怒り狂って難波宮を素通りし山代の筒木(筒城)宮に入ってそこに留まり、天皇自ら許しを請いに行幸するも決して会おうともしなかったと伝えている。皇后は激しく怒るという性格においても尋常な女性ではなかった。

大后の嫉妬と激怒とは、説話のレベルでは仁政を布き女性関係にこだわりをもたない聖帝仁徳天皇の好色に主な原因があるが、説話ができた背景にはイワノヒメ自身の立場をめぐって何らかの歴史的な要因が作用していた蓋然性があり、実際には彼女が仁徳天皇の皇后などではなく、サホヒコ王の后妃であったとすると、自分の儲けた子どもが即位の困難性をかかえていたことが強烈な嫉妬と怒りの原因になっていたのではないか、もっと具体的に言うと女王サホヒメに対しての身分的・系譜的な立場、あるいは女王の子どもたちに対する嫉妬が、伝えられる彼女のあのような異常人格を醸成した要因なのではないかと推考されるのである。

夫仁徳に対する激しい嫉妬と怒りに狂うイワノヒメ像とは、彼女が本物の大后になるための準備段階の姿であり、穏やかで冷静な政治的判断を下す大后に変身したイワノヒメは、中国流の儒教的聖天子仁徳天皇に仕える理想的な后妃像に再生・復活を遂げる経緯が記されているとみる評価もあり、仁徳天皇とイワノヒメのペアにまつわる話は大幅な政治的潤色の施された説話として読むという姿勢に徹するのが無難であろう。しかし、その裏面にはイワノヒメが現実にかかえていた嫉妬と激怒とが存在したというのが筆者の考えであり、それらの根源はやはりわが子の即位の問題にあったと推定される。

イワノヒメとサホヒコ王との婚儀がいつどのような形で進められたのかは明らかではないが、この婚儀自体は先ほど指摘したように女王サホヒメの婚姻政策の次善の策（安全弁）とされていた可能性が高い。もしサホヒメに男子の後継者（A系譜）が恵まれない場合には、サホヒコ王とイワノヒメの子ども（B系譜）が始祖帝王として即位するはずであった。允恭は二人の間にできた唯一の男子であったが、生母イワノヒメはA系譜に後継者が生まれようが生まれまいが、自分の腹を痛めた子ども、しかもその子が王統譜中の始祖帝王の位置にあるというからには、この子をぜひとも即位させようと焦ったことがあの強烈な嫉妬深く激怒しやすい性格を生みだした要因ではあるまいか。筆者はそのように解釈できると思う。

イワノヒメは葛城襲津彦の妹（娘）とされている。「我が見が欲し国は　葛城高宮　吾家のあたり」という歌謡の一節にも表現されているように、彼女の生家は葛城山東麓地方にあり、允恭の名に「浅津間（朝妻）・アサヅマ」が含まれているのもわが幼な子を養育した土地の名を祈り込める強い意思があったものと思われる。「葛城高宮」は幼な子允恭との生活を共にした宮居であり、またこの宮名は女王サホヒメの「来目高宮」に対して強烈な対抗意識を燃やしたイワノヒメの心理を強く表現しているようである。おそらくヒメは実際には葛城高宮で死没したのであろうが、説話の筋では彼女はあろうことか山代の筒木（城）宮で死没したと伝えている。しかし、現実には仁徳天皇の不倫が原因で激怒し怨んで入った宮ではなかったとするると、なぜいかなる理由でイワノヒメは筒木（城）宮などという故郷の葛城から遠く離れた宮に籠もり続けたのか、少々不思議な現象だとせざるを得まい。

面白いのは、イワノヒメは天皇の不貞行為を絶対に許すことなく筒木(城)宮に籠もり続けて自己の意思を貫徹したことである。イワノヒメは葛城の最高首長一族の出身で、ヒメとは言うものの女王サホヒメとの出自の違いは歴然としている。そこで、イワノヒメは自己の出自と身分のコンプレックスを何らかの形で解消し、わが子允恭の即位を実現させる要件を充たすべく筒木(城)宮に籠もり続けたのではないだろうか。そして、それが当宮において彼女が死に直面した原因ともなっているのではあるまいか。筒木(城)宮における彼女の身辺・行動には不思議な出来事が次々に起きている。そこで、もっぱら『古事記』の話をベースにし書紀の所伝で補足しつつ説明していきたい。

天皇の不貞行為を知ったイワノヒメは乗船をそのまま遡航させ、難波の津を通り過ぎて山代河(淀川)を遡り山代に向かった。

つぎねふや　山代河を　河上り　我が上れば　河上に　生ひ立てる　烏草樹を　烏草樹の木　其が下に　生ひ立てる　葉広　斎つ真椿　其が花の　照り坐し　其が葉の　広り坐すは　大君ろかも

〔山代河を遡れば、川沿いに茂っている烏草樹の下には神々しい椿が生い茂っているのが見える。その椿の花のように光り輝き、椿の葉のようにゆったりとしていらっしゃるのは、わが大君でしょうか〕

イワノヒメは船上で川岸の風景をながめながら夫の姿を想い描いているのである。やがて船を下りたヒメは大和と山代の国境いの坂道を過ぎて「那良の山口」まで行き、そこで故郷の葛城高宮を遠望した。

つぎねふや　山代河を　宮上り　我が上れば　青土よし　奈良を過ぎ　小楯　倭を過ぎ　我が見が欲

し国は　葛城高宮　我家の辺り
〔山代河を遡り、どこかに宮居を構えようと思うのだが、私の見たい国は、奈良と倭の彼方にある葛城の高宮、そここそは私の故郷である〕

ヒメはそのまま故郷まで足を伸ばそうとはしなかった。那良の山口で反転し、再び今来た道を戻り筒木の韓人奴理能美の家に入っており、難波からの行程はおよそ矛盾した不可解なものになっている。なぜなのだろうか。

彼女のこの行動は自分の故郷を望み見ることは今日で最後になるのだという悲壮感に溢れており、なつかしい故郷とのこれを限りの訣別になるのだという壮烈な覚悟を秘めた行為のように思われる。イワノヒメの陵墓は書紀が「皇后を乃羅山に葬りまつる」と記すように、右の「那良の山口」に造営された。だから、その地で故郷を遠望するという歌は、実のところヒメの葬送歌としての性格を帯びていたと言えるだろう。彼女の柩を運ぶ葬列が那良の坂道を過ぎる時その故郷の辺りが遠くに見えた。それはすでに死せる彼女にとってはこの世における故郷の見納めだったと言えるだろう。

次に、山代河を遡り筒木(城)に至った大后の果敢な行動を引き戻そうとして、天皇が舎人の鳥山を急遽使者に仕立てて歌を送りつけている。

山代に　い及け鳥山　い及けい及け　吾が愛妻に　い及き遇はむかも
〔山代で追いつけよ鳥山、とにかく追いつけよ。そうすれば愛しい妻に遇えるかも知れぬぞ〕

愛しい妻に追いつき遇うようにとの焦慮にかられた天皇の願いが込められている。鳥を名に持つ使者が派遣されているのは、死に瀕したあるいはすでに死んでしまった大后の霊魂を天皇の方に呼び戻そうとする呪術的な行為に他ならないだろう。大后が向かった筒木(城)はまるで彼女の葬喪儀礼を執り行う予定の地、殯宮が営まれる土地であるかのように描かれているのだ。

次いで、天皇は丸邇臣口子を派遣して二つの歌を大后に送っている。

御諸の　その高城なる　大猪子が原　大猪子が　腹にある　肝向ふ　心をだにか　相思はずあらむ

〔心だけでも互いに思い合えないものだろうか〕

つぎねふ　山代女の　木鍬持ち　打ちし大根　根白の　白腕　枕かずけばこそ　知らずとも言はめ

〔山代の女が掘り起こした大根のように、真っ白な色をしたお前の腕の中で寝たことがないのなら、お前を知らないとも言えようものを〕

丸邇臣口子は人間が発する言語に関わる職掌のイメージから造作された人物である。書紀では的臣の祖口持臣が登場する。丸邇臣はサホヒコ王の配下から派遣された人物、的臣は葛城系氏族であるから大后の配下にあった人物で、いずれも固有名ではなく儀礼用の名に変換されて登場している。いずれにせよいわば言霊の霊能に長けた第二の使者が大后のもとに派遣され、天皇の大后への後ろめたい想いが歌謡の形式をもって告げられている。二つの歌謡は天皇への想いを拒否し捨ててしまった大后に対する悲歌であり、自分から遠ざかっていった大后の殯宮への哀悼歌の様相を呈している。

口子は大雨の降る中で御歌を歌った。しかし、口子が前殿に参伏すと大后は後殿の戸口に立ち、後殿に伏すと前殿の戸口に立って拒絶の意志を露にした。皇后のこの行為はあたかも彼女の遊魂がこの世にとどまろうかどうしようかと考えあぐね、殯宮の内部で揺曳しているかのようである。

口子はその後も雨が降りしきる中を全身びっしょり濡れて宮の庭に匍匐していた。その衣裳は「紅き紐著けし青摺の衣」であった。このような装束は多くの廷臣らが集う祭祀・儀礼の際の特別なもので、その祭儀とは右のような口子の状態からみて殯宮への奉仕としか考えられない。宮庭に匍匐する口子の姿、雨に打たれながらの彼の姿はまさに殯宮での儀礼を想起させるものである。これを見ていた口子臣の妹口日売は次のような歌を口ずさんだという。

山代の　筒木の宮に　物申す　吾が兄の君は　涙ぐましも

〔筒木の宮で一生懸命に上申している兄の姿を見ていると、涙が溢れて参ります〕

口日売の兄の身を想う歌とはいうものの、歌の主旨は殯宮に奉仕する大勢の臣下らの悲嘆を象徴的に表現しているものであろう。さまざまに「物」を申し上げても一向に応答がないというのはまさしく殯宮の儀礼ならではの様子であろう。この後、口子臣・口日売・奴理能美の三人は相談して大后の様子を天皇に報告し、次のように知らせている。

「大后の幸行でましし所以は、奴理能美が養へる虫、一度は匐ふ虫に為り、一度は鼓に為り、一度は飛ぶ鳥に為りて、三色に変る奇しき虫有り。此の虫を看行はしに入り坐ししにこそ。更に異心無し」

といひき。

ここにいう虫とは蚕のことであろう。蚕は承知のように見事に三度変身する虫で、私はこの蚕の象徴的な姿こそが大后の変成を表現し象徴していると考える。すなわち大后は殯宮儀礼の中で死と再生をくり返し、大后ではない別の人格に変成したのである。この話を聞いた天皇は直ちに山代に行幸するが、奴理能美は天皇ではなく「己が養へる三種の虫を大后に献りき」とあって、大后が蚕を手にしていることは、変成の主役がイワノヒメであったことを鮮やかに示唆しており、さらに彼女が天皇との面会を拒絶し続けたのは、換言すれば皇后が天皇に対して一言も言葉を交わそうとしなかったのは、彼女がすでに死の世界に赴いていたからであると考えられよう。

筒木宮の殿戸の外に佇んだ天皇は最後に次のような歌を口ずさんだという。この歌はもはや二度とヒメが天皇と廷臣たちの前に現れることがないという悲嘆に支配されている。

つぎねふ　山代女の　木鍬持ち　打ちし大根　騒々に　汝が言へせこそ打ち渡す　八桑枝なす　来入り参来れ

〔山代の女が大根を取り入れる時のように騒々しくお前が言うので、大勢の供人を引き連れて来たのに〕

死の世界ということで想起されるのは、筒木（城）宮に赴く直前にイワノヒメがどこへ行っていたのかという問題である。『古事記』は「御綱柏を採りに、木国に幸行でましし」とあり、書紀には「皇后、紀国に遊行でまして、熊野岬に到りて、即ち其の処の御綱葉を取りて還りませり」と記す。木国すなわち紀伊国の熊野とは、神話にイサナミ命が葬られたとされる熊野の有馬村や、神武天皇の軍隊が東征途中で心神喪失をした熊野の荒坂津と地域を同じくし、他界・黄泉国・常世郷への入口であった。したがって、大后が熊野岬と記す場所に赴き祭祀のための御綱柏を採取したとされるのは、まさに彼女が前もって死と関係のある場所へ近づいたことを暗示していたのである。

さて、読者はそのような議論はおかしいと反対するかも知れない。イワノヒメはあくまでも人間として描かれており、とりわけ『古事記』にはこの後大后が豊楽の酒宴に登場し、欺瞞行為を働いた臣下を名指しで批判して厳しい刑罰を加えているからであり、書紀のように筒城宮での崩御のことや、仁徳天皇の八田皇女との再婚のことなどはまったく記していないからである。ヒメの事績をもっぱら殯宮儀礼と死の問題と結びつけて論じるのは、問題を複雑化し混乱させるだけで本質からは遠く外れた議論であるとの批判が当然起こることであろう。しかし、そうした矛盾に不審を覚える必要はないだろう。先ほど指摘しておいたように、我々はイワノヒメの物語をまずとにかく加工され潤色された説話として読むことが大切であり、生の歴史的事実が書かれているとみなす必要はないのである。

イワノヒメの嫉妬の物語を筆者のように解釈できるとすると、筒木（城）宮をめぐる一連の騒動はイワノヒメの殯宮における葬送儀礼を伝える伝承をもとに説話化されたものであることがわかる。そうすると問題はなぜ彼女の殯宮が筒木（城）に設営されたのかでなければならない。イワノヒメの殯宮は筒木（城）宮と定められそこで死と再生の儀礼を行った後乃羅山に葬られた。埋葬地がヒメの故郷である葛城を遠く隔たった乃羅山であることは、おそらく夫のサホヒコ王の領地との関係で決められたことであろう。しかるに殯宮がなぜ大和国外の筒木（城）に設けられたのかについては、イワノヒメの生前中からの熱烈な願望によるものであったと言わざるを得ない。

筒木（城）とは山城国綴喜郡の地を指し、この地からはかつて初代女王卑弥呼が出たと推定できることについてはすでに述べた。垂仁天皇の妃の一人に「迦具夜比売」がおり、このヒメこそが初代女王の実体であり諱(実名)であることを論じた。第一章でも触れているが、『古事記』はカグヤヒメの系譜のみを記し、『日本書紀』はヒメにまつわる伝承をいっさい掲載していない。これはヒメが初代女王卑弥呼であることを秘匿するための措置であると考えているが、カグヤヒメは大筒木垂根王の娘と伝承されているので筒木(城)出身の有力首長の娘であったと考えてよい。

そこで想定されることは、イワノヒメの殯宮儀礼がわざわざこの地で行われたのは、葛城の首長一族出身のヒメが死と再生・復活の儀礼を初代女王の出生の地で行うことにより、出自の低い自分が女王の身位に変成し聖化することを試みようとしたのであり、そのことによってわが子允恭が女王サホヒメの子どもと同質・同格にならんことを意図したと考えられるのである。サホヒメがクメノイサチと婚儀を行ったことは聖なる女王の世俗化(キサキへの転身)を意味する。他方で、イワノヒメがサホヒコ王の后妃となったことは世俗のヒメのキサキへの上昇である。両者は質的に接近しているのである。あと一歩はヒメ自身が女王に聖化することである。しかし、イワノヒメが懐いた生前中の熱望は彼女の死を契機として殯宮儀礼の中でしか達成できなかった。

それにしてもイワノヒメの筒木(城)宮での籠もる生活—実は殯宮儀礼のための死の籠居—は例の「かぐや姫」の物語を想起させるだろう。かぐや姫は頑なに人間世界の男性すべてとの結婚を拒絶し、一貫して竹取翁の家に籠もり続けた。かぐや姫は翁の家から外の世界に出たことはなかったのである。竹取翁の家はまさしくかぐや姫が見出された神聖な竹の内部空間と同質・同性格のものであり、それはまた、かぐや姫そのものが俗世間と交わってはならないタブーの存在であったことを物語っている。女王卑弥呼たる迦具夜比売も神の妻として一生を過ごした。最後にかぐや姫は月の世界―そこは人間社会とは異次元の死の世界―へ帰還して行くのだが、黄泉国から人間世界へ、人間世界から再び黄泉国へと死と再生をくり返したかぐや姫の話と、蚕を引き合いに出して女王への変成を遂げようとしたイワノヒメの殯宮の物語とはある種の共通点があって興味深いものと言える。

3　允恭天皇の后妃

允恭天皇の皇后は『古事記』『日本書紀』ともに忍坂之大中津比売命(忍坂大中姫)となっており、このことに疑念を懐く論者はあまりいないようである。しかし、筆者は允恭の正妃についておよそ通説とは異なる見方をしているので、その理由を次に述べてみたいと思う。

オシサカノオホナカツヒメは允恭の即位に際して重要な役割を果たした皇后と伝えられている。書紀には、長病を理由に辞退をくり返す允恭とこれに苦しむ群卿のやりとりを傍らで見ていたヒメが、次のように振る舞う。

親ら洗手水を執りて、皇子の前に進む。仍りて啓して曰さく、「大王、辞ひたまひて位に即きたまはず。位空しくして、既に年月を経ぬ。群臣百寮、愁へて所為知らず。願はくは、大王、群の望に従ひたまひて、強に帝位に即きたまへ」とまうす。然るに皇子、聴したまはく欲りせずして、背き居して言はず。是に、大中姫命、惶りて、退かむことを知らずして侍ひたまふこと、四五剋を経たり。

ヒメの必死の進言にも根拠が薄いとみた皇子は頑なに辞退を続けたという。ところが、ヒメはなお「洗手水」を捧げたままその場に侍り続けた。すると、次のようなことが起こった。

此の時に当りて、季冬の節にして、風亦烈しく寒し。大中姫の捧げたる鋺の水、溢れて腕に凝れり。寒きに堪へずして死せむとす。皇子、顧みて驚きたまふ。則ち扶け起して謂りて曰はく、「嗣位は、重事なり。輙く就くこと得ず。是を以て、今までに従はず。然るに今群卿の請ふこと、事理灼然なり。何ぞ遂に謝びむや」とのたまふ。爰に大中姫命、仰ぎ歓びて、則ち群卿に謂りて曰はく、「皇子、群臣の請すことを聴さむとしたまふ。今天皇の璽符を上るべし」といふ。

皇子とヒメとのやりとりはあくまでも群卿の意向を中心に進められたとする。書紀は臣下の望み臣下の要請こそが皇子の即位を左右していることを強調している。そうでなければ皇子の即位の正当性はないと言わんばかりの書きぶりである。しかるに、最後に皇子の心をつき動かしたのはヒメの死を賭しての行動であった。皇子に捧げられた水がヒメの腕に凍りつきヒメは寒さとその冷たさで失神しそうになったのである。この特異な所作の意味については黛弘道氏が興味深い指摘をしていて、「大嘗祭において新帝が、多志良加から蝦鰭盥槽に注いだ水で御手を洗う儀礼」を想起させ、ヒメが即位の意志表示を皇子に懇請したことを意味すると述べている。

とにかく、允恭に即位を決断させたのがヒメの行為であったことは明瞭であり、天皇に仕える皇后としての機微や判断がこうでなければならないという一つの模範を示そうとしたものであり、実際のヒメがこうであったというよりも書紀編者らの理想とする皇后像が描かれているのである。允恭が衣通郎姫にうつつを抜かしている時でさえ、「是に、皇后、奏して言したまはく、『妾、毫毛ばかりも、弟姫を嫉むに非ず。然れども恐るらくは、陛下、屡茅渟に幸すことを。是、百姓の苦ならむか。仰願はくは、車駕の数を除めたまへ』とまうしたまふ」とあり、自分の嫉妬よりは百姓の苦しみの方を強調して天皇を諫めるというはなはだ貞淑にして高潔な政治的見地を備えた皇后像を押し出している。これが一種の理想型概念として造作された皇后像でなくて何であろうか。

その他にオホナカツヒメには次のような珍しい所伝もある。幼いころに母家の苑のなかで一人遊んでいたヒメに、馬上のまま通りがかりの闘鶏国造が無礼な言葉を投げかけて去って行った。そのことを鮮明に記憶していたヒメは皇后になった直後に彼の男を召し出し罪を問うた。しかし、男は低頭してひたすら謝罪したので死刑にはせず国造を貶して稲置に格下げした。「蘭一茎」を求め、それでもって「蠛を撥はむ」という男の無礼な行為と言辞の意味が筆者にはまだ十分に理解できていないのだが、結婚前の婦人に対する最大級の侮辱を許すという皇后の慈悲深く寛容な姿勢を描いたものと考えられ、これもある種の作文とみなしてよい。

ところで、オホナカツヒメの系譜上の存在意義は、すでに多くの研究者によって指摘されているように、B系譜と継体天皇以後の系譜とをつなぐ接着剤の役割を果たしていることに求められる。試みに『古事記』応神段の系譜を図化してみると次のようになる。

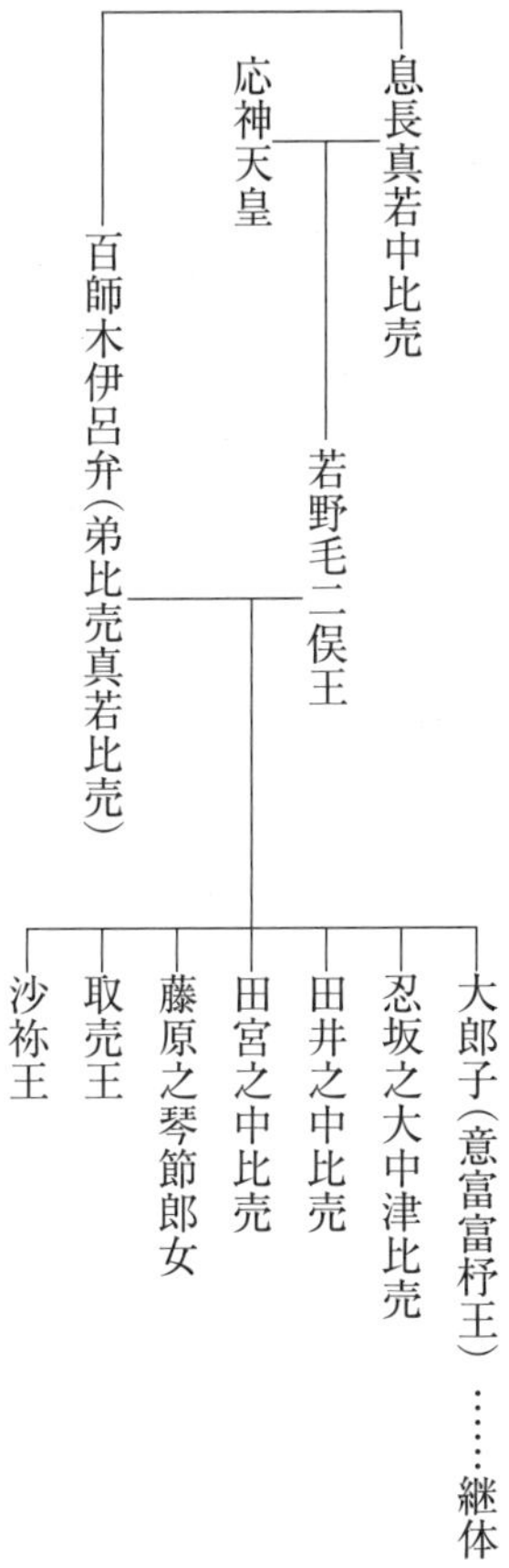

この図の忍坂之大中津比売が允恭の皇后オホナカツヒメで、ヒメは応神から継体につながる系譜と允恭とを婚姻関係で固く結びつけているのである。彼女の姉妹が「中比売」と呼ばれ彼女自身も「大中津比売」と呼ばれているのは、天皇と天皇とを結びつける系譜中の要の位置に彼女らがいることを象徴的に表現した語句なのである。オホナカツヒメの父と兄とされる若野毛二俣王と大郎子とがやはり虚構の人物であるということはすでに指摘されている通りであり、継体天皇の真実の祖先系譜がおよそこのような内容のものではなかったことについても第一章で述べておいた。

それゆえに、オホナカツヒメは歴史的な実在性に乏しい女性と考えてよく、允恭の本当の后妃は別人であったとすべきである。筆者は藤原之琴節郎女(衣通郎女)こそがその当人であると推測する。右の系譜によると忍坂之大中津比売と藤原之琴節郎女は同母姉妹の関係にある。これと同じ系譜は『上宮記』一云にもあり、践坂大中比弥王と布遅波良己等布斯郎女とは姉妹とされている。参考のためにその系譜を図化してみよう。

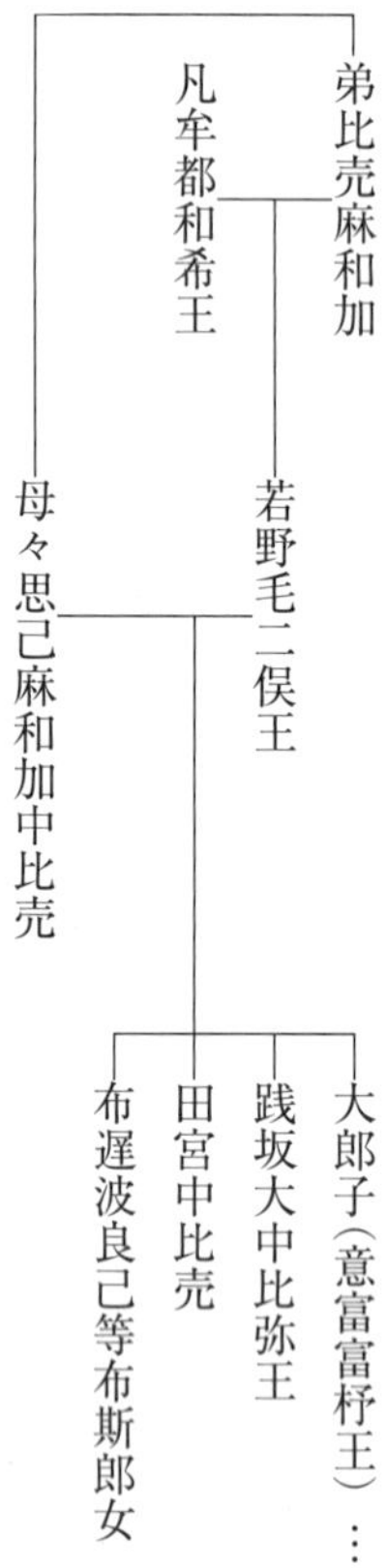

『上宮記』一云の所伝は『古事記』よりもやや古く七世紀前半から中葉頃にまとめられたと評されている。そのために古い系譜伝承が遺存している場合があり、例えばこの系譜では継体天皇の祖先は凡牟都和希王となっていて、継体は生前中には自分の先祖を実在の確かなホムツワケ王だと名乗っており、後に『古事記』の系譜のように応神天皇とすりかえられたことが明白である。そのすりかえに伴って天皇の后妃の名も書き換えられた跡があり、その他系譜中にはかなり不自然な異世代婚が記されており、一云系譜から『古事記』系譜への書き換えの際に女性の名前にも人為的な書き加えと改変が行われたことが知られる。

さらに、『日本書紀』允恭巻には忍坂大中姫と弟姫たる衣通郎女とは同母姉妹だと伝え、弟姫は「母に随ひて、近江の坂田」にいたとする。坂田は息長氏の本拠地で、継体の父汙斯王が追放され庇護を受けた氏族なのであり、そのような由来からオホナカツヒメは息長氏の手で造型された皇后とすべきであり、その弟姫とされる衣通郎女も同胞と伝えている。しかるに、こうした所伝はある種の混乱と誤伝を来たしている。

まず、『古事記』応神段の系譜は先に引用したが、同じ『古事記』允恭段には次のような系譜が示されている。

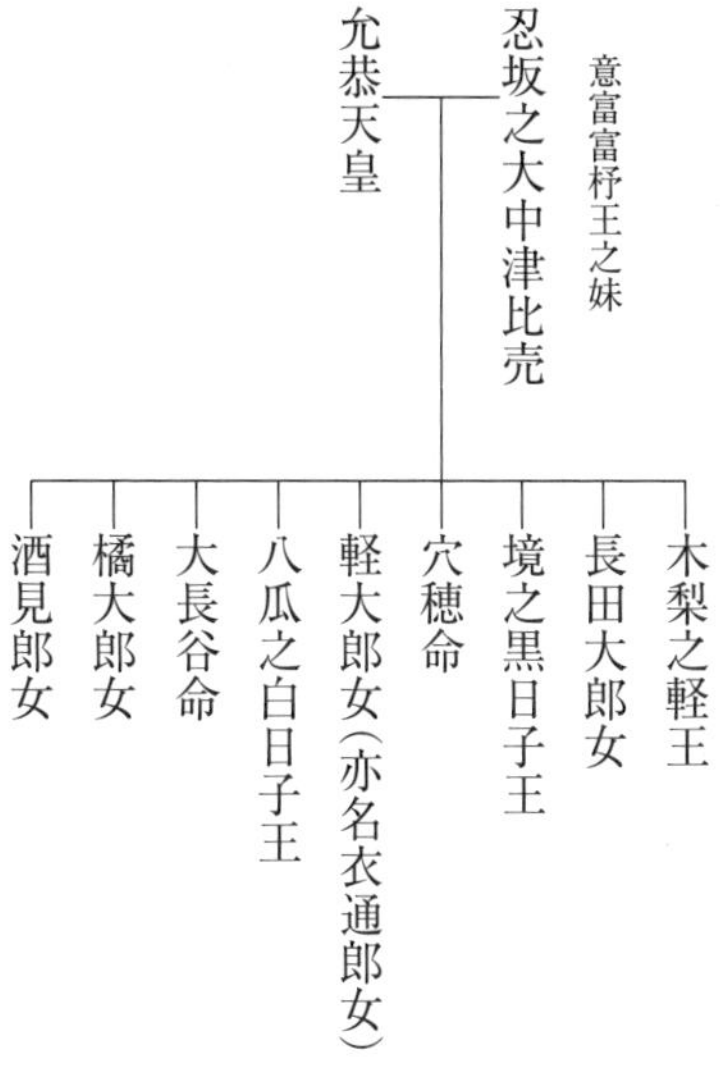

この系譜では軽大郎女はオホナカツヒメの娘とされ、衣通郎女はその亦名ということになっており、周知のように軽大郎女と兄の木梨之軽王とは近親相姦のかどで罰せられ二人とも自死したとする。軽太子を兄妹相姦という重罪に導いた理由を『古事記』は「其の身の光、衣より通り出づればなり」と説明しているように、軽大郎女が人を惑わす美人であることを証せんがために衣通郎女の亦名を利用したとしか考え難く、軽大郎女は衣通郎女ではなかったと言わざるを得ない。『古事記』に載せられた物語では藤原之琴節郎女には何らの物語もなく、允恭が藤原之琴節郎女に激しく懸想したという話も全然記されていない。ところが『日本書紀』允恭巻にはまた別の所伝が掲載されているのであ

る。上に系譜を掲げてみる。

この系譜では明らかに衣通郎女と軽大娘皇女とは別人で、『古事記』の藤原之琴節郎女の位置に衣通郎女がいることが理解される。また、書紀においても木梨軽皇子と軽大娘皇女とが近親相姦の主役になっているので、本来この二人はオホナカツヒメの子女とされていたと推定できる。そうすると、『古事記』『日本書紀』に衣通郎女の通称で登場する美人とは藤原之琴節郎女のことで、書紀には「弟姫、容姿絶妙れて比無し。其の艶しき色、衣より徹りて晃れり。是を以て、時人、号けて、衣通郎姫と曰す」とあり、允恭との激しいロマンスの対象となった女性であると考えられる。

忍坂大中姫【皇后】
允恭天皇
- 木梨軽皇子
- 名形大娘皇女
- 境黒彦皇子
- 穴穂天皇
- 軽大娘皇女
- 八釣白彦皇子
- 大泊瀬稚武天皇
- 但馬橘大娘皇女
- 酒見皇女

弟姫（衣通郎女）【妃】

一考を要するのは藤原之琴節郎女がオホナカツヒメの妹だったのかどうかという問題だと思うが、郎女の名に藤原が付せられているところをみると、この女性はもともと飛鳥地方の藤原という土地に因縁のあった人で、書紀は「則ち別に殿屋を藤原に構てて居らしむ」とあり、また「諸国造等に科せて、衣通郎姫の為に、藤原部を定む」とも記すように、藤原と郎女とは切っても切れない深い関係にあったことが理解され、彼女は近江の坂田から来た人ではなく、もともとこの地の住人であったのではなかろうか。

このように、忍坂大中姫は息長氏らが架空の皇后像を案出し允恭天皇のB系譜と継体天皇が入り婿となったとするA系譜との接着剤とした女性であると考えられ、允恭にはそれ以外に皇后などがあってはならないとする考えから、真実の后妃であった藤原琴節郎女の出自と身分を巧みに書き換えて大中姫の弟姫・天皇の妃妾とすることに落ち着いたのであろう。しかし、そのために允恭にまつわる伝承にはあちこちで理解しにくい無理と破綻が生じる結果ともなったようである。

允恭天皇の宮室について『古事記』には「遠飛鳥宮」とだけあり、書紀には記載がない。允恭には正宮と称すべき宮がなかったとは考えられず、何らかの事情により宮居の記載を回避しなければならない事態が起きたのかも知れない。「遠飛鳥」という地名については『古事記』反正段に「近飛鳥」という地名とともにセットで登場しており、大和国の飛鳥地方に関わる地名と言える。反正はその地に一泊して祓禊をした後に石上神宮に赴いており、飛鳥川が祓禊の聖地であったことを示している。しかし、王宮名は一般に「飛鳥〇〇宮」というように〇〇部分に地名または建物の表象などの語句が入るのが普通なので、やはり允恭の宮室については何らか尋常ではない事情があったことがわかる。

しかるに、筆者は琴節郎女のために造営されたと伝えている「藤原宮」こそが允恭の正宮ではなかったかと憶測する。『古事記』の「遠飛鳥宮」というのは実のところ「遠飛鳥藤原宮」という宮名だった可能性があり、その実体こそが「藤原宮」なのではなかろうか。『日本書紀』允恭四十二年条には、天皇の崩御を知った新羅王が殯宮に使者を送り込んできたとするが、新羅人らは「京城の傍の耳成山・畝傍山を愛づ」とあって香具山が漏れている。もし允恭の宮室が狭義の飛鳥に所在したならば、彼らの目には香具山がとりわけ焼きついたことと思う。そうではなく耳成・畝傍の両山がとくに異国人に目立ったというのは、両山こそが常によく視界に入る藤原宮が允恭の正宮であったことを示唆するものであろう。すなわち狭義の飛鳥には藤原宮はなく、遠飛鳥に藤原宮が所在したのであり、允恭はこの土地にいた琴節郎女の家を宮室に造り替えたので「遠飛鳥藤原宮」と呼ばれたのではなかろうか。

先ほど述べたように、『古事記』には琴節郎女と允恭との恋の物語は記されていないので、かろうじて宮の所在地名のみを記載してことを済ませようとしたのであろう。すなわち、允恭は皇后に憚って激しく恋情を懐いた郎女のために藤原宮を建てたとしているのだが、皇后オホナカツヒメがもともと実在しない架空の女性であったこと、また人を惑わす美人の妃妾の住まう宮殿を正宮と記すことが憚られたという事情とのために、允恭の正宮の記述は書紀編者、あるいはもう少し正確な言い方をすると「帝紀・旧辞」の編纂者の判断によって隠匿され省かれたのではなかろうか。その要因はすでに明らかなようにオホナカツヒメが允恭の正妃として系譜中に加えられ、継体王統が前代の王統と密接につながっていることを証する必要があったことにある。

しかし、先ほど引用した書紀の記事に父仁徳の「汝患病すと雖も、縦に身を破れり。不孝、孰か茲より甚しからむ」という謎めいた言葉や、「我が兄の二の天皇、我を愚なりとして軽したまふ」という言辞があった。これは推測するに即位以前の允恭と衣通郎女との激しいロマンスを指しているのではなかろうか。身を破るほどの恋に狂う允恭の人間性を父天皇や兄たちの口を借りて帝王らしくない不孝者・愚者として評価したものと考えられ、允恭は外戚の葛城一族の提案した婚儀を頭から拒否し、葛城一族と気まずい関係になった可能性があるだろう。詳しくは後章で述べることにするが、これらの事情が允恭の正宮を隠匿しなければならない要因になっていたと考えられるのである。

ところで、允恭の多数の子女について右に引用した『古事記』『日本書紀』両書の系譜記載をみるとほとんど合致している。彼らに付せられている名はその宮名や居住地に由来するものと思われるが、軽(橿原市大軽町)、境(軽の坂合・桧隈の坂合)、八釣(明日香村八釣)、橘(明日香村橘)、穴穂(天理市石上町)、長谷(桜井市初瀬)など奈良盆地南部の飛鳥地方に関わる地名が多いことに気づく。このことは允恭天皇自身の政治的経済的基盤が飛鳥周辺地域に広がっていたことを示唆するもので、藤原宮もそうした基盤のうち最も重視された土地ではなかっただろうか。藤原は大和三山の一つ天香久山の西麓に広がる地域で、天武・持統朝に造営された藤原宮・京はその故地の名称に由来する。

允恭の母方の外戚は葛城襲津彦であり、また彼は幼少期には母方の里である葛城の朝妻や高宮で過ごした関係から盆地西南部の葛城地方に勢力圏を保持していたと考えられる。さらに彼の実父はサホヒコ王であったから、盆地東北部にも何らかの勢力を扶植していた可能性が高い。彼の後継者となる安康天皇はその宮室が石上穴穂宮であったことは、石上付近から父王の本拠地である春日・佐保の地域にも拠点を設けていた事情を推察させる。実母イワノヒメの陵墓が佐保に近い那羅山口に所在したのもサホヒコ王との関係からであろう。いわば允恭の政治的基盤には奈良盆地を二分する葛城一族とワニ一族という優勢な首長勢力のバックアップを想定できそうである。葛城一族とは先ほど指摘したように気まずい関係になっていったようであるが、允恭がついに即位するに至った背景にはこれらの勢力の支持があったことを看過すべきではない。しかし、見方によっては允恭が葛城・ワニの勢力からは自立すべく独自の政治的基盤作りを目指して飛鳥地方へ宮居を構えた可能性が高い。

A系譜のホムツワケ王は父母にゆかりのある来目高宮に幼小期を過ごし、即位してからは磐余稚桜宮を宮都としたらしく、磐余はA系譜の王族にとっては始祖王誕生の聖地とも言うべき土地であった。その弟のミズハワケ王の真の宮室は不明でまた後に筆者の考えを述べることにするが、河内の丹比柴籬宮に何らかの関係があったとするならば、大和の磐余と河内の丹比とは奈良盆地南部を横断する横大路と、河内では古市・志紀から大阪湾岸に至る竹内街道で直結されていたことになる。そこで、允恭としては葛城地方と佐保・石上地方との中間地域に相当する飛鳥地方に進出して右の交通路に関わりを持とうとし、藤原宮を中心として盆地南部地域を勢力基盤にしつつ磐余と久米との中間地域に割り込みを図るような形で政治的拠点を確保しようとしたと推定されるのである。

右の横大路は大和と河内(当時は河内・和泉・摂津を含む広域)とを最短で結ぶ唯一の基幹交通路であったため、允恭は奈良盆地から河内平野への進出についてもこの道路を頻繁に活用した可能性が高く、河内ではもっぱら茅渟道沿いに大阪湾岸南部地域から和泉地方に進出したようである。

所伝では允恭は茅渟宮(和泉市和泉府中)を造営し、日根野(泉佐野市)や淡路島への狩猟のための行幸を頻繁に行ったとされるので、特に和泉地域への関心の高さが目立っている。書紀の伝承では茅渟宮の造営は皇后の嫉妬を嫌がった衣通郎女のためにわざわざ造ったとしているのだが(允恭紀八年から十一年条にかけての諸伝承)、これは単なる説話の類で、実際には河内の政治的拠点を茅渟宮に設置し瀬戸内海航路へと進出する狙いがあったものと思う。日根野への行幸も和泉南部地方への面的な勢力の扶植を意

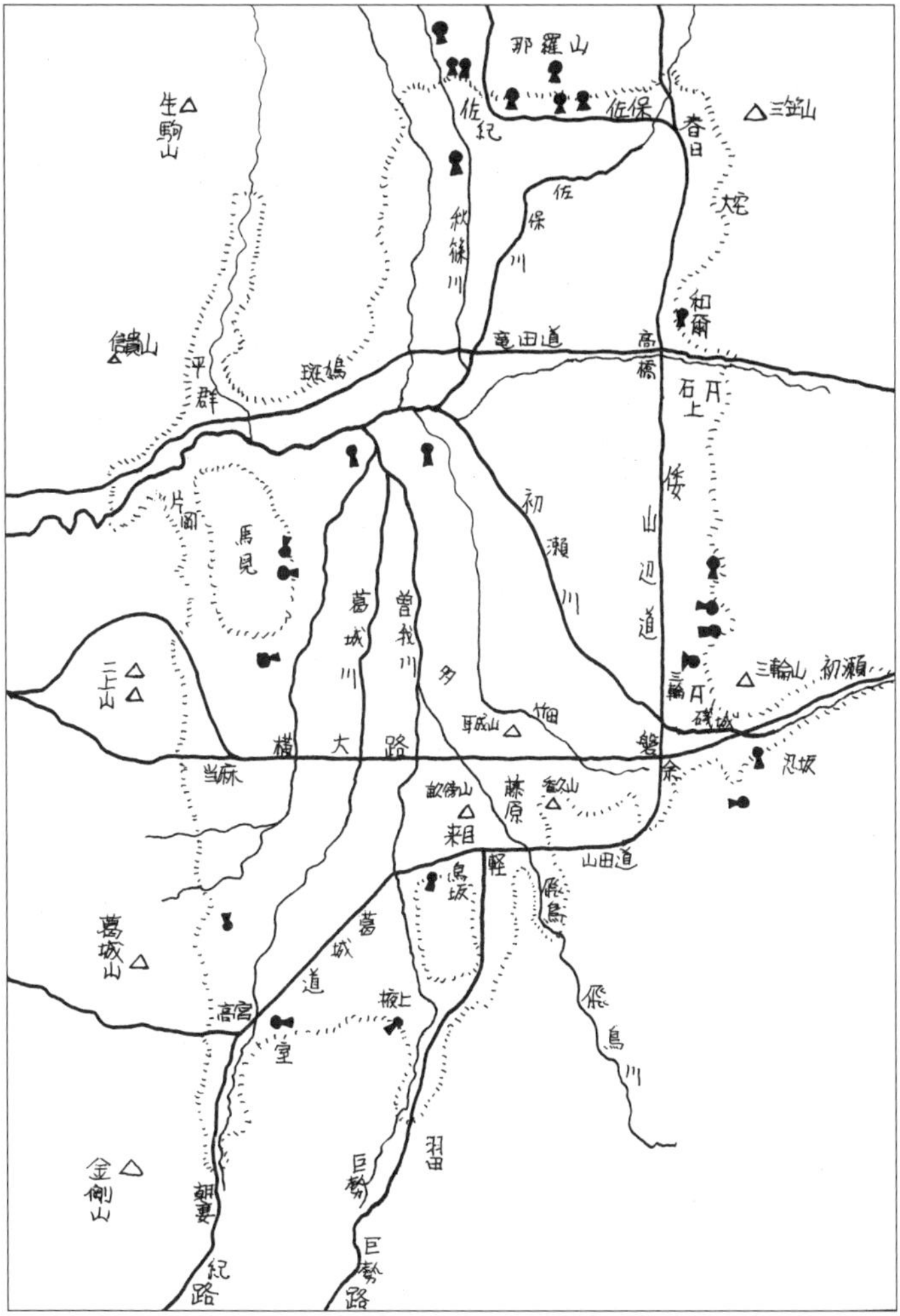

図８　倭の五王時代の大和

那羅山の坂道を下り、奈良盆地東寄りの山辺道を縦貫し、飛鳥付近から葛城の平野部を斜向した後、金剛山東麓の坂道を南に抜けると紀ノ川に出る。この交通路沿いには佐紀・佐保・和爾・石上・倭・三輪・磯城・磐余・飛鳥・藤原・軽・来目・鳥坂・高宮・朝妻など四、五世紀史の重要な地名が並んでいるのがわかる。また、初瀬・磐余・藤原・当麻を経て二上山麓の坂道につながる横大路は、同じ時期に大和と河内南部を結ぶ幹線道路となっていた。

図したもので、これらの伝承から允恭はA系譜の王族らに競合する形で大阪湾岸南部・和泉地方に強い影響力を及ぼした天皇というイメージを描くことができるだろう。

ちなみにA系譜の王族らは河内平野においては住吉・丹比・日下などに拠点を置いていたらしく、允恭はある意味ではそれらの地域への侵食と競合とを避けるようにして政治的拠点の獲得をめざしたと推測できるようである。允恭の時期に大阪湾岸地域で大伴氏が軍事氏族として台頭しはじめる。また大伴氏と連携するような形で紀ノ川下流域の首長勢力であった紀氏一族が淡輪に進出し、さらに五世紀後半になると日根野を本拠地とした根使主・小根使主などの在地勢力が急速に台頭する。河内におけるこれらの新しい動きは允恭の該地方への進出と密接な関係があると考えられるので、後章でも詳しく取り上げることにしたい。

第六章　允恭天皇の実像(二)

1　ワケとスクネ

氏姓(ウジ・カバネ)制の始まりについてはさまざまな議論があり、史料的には今一つ明確ではないけれども、六世紀中葉から後半期を境として氏+姓+名を持つ個人や集団名が頻出してくるので、その頃がこの制度の創始時期であると考えられている。一九八四年に出雲の岡田山一号墳出土大刀に「額田部臣」の文字を刻んだ銘文が見出され、六世紀後半に額田部を管掌する「臣」姓の豪族が出雲国造本拠地の意宇郡または隣郡の大原郡に居住していたことが判明した。この豪族の名は読み取れていないが、地方では中央への貢納を請け負う部民制が施行され、それを個々の地域で統制・支配する組織が氏姓制度と結びついて執行されていた事実を明らかにした。

このような内容をもつ氏姓制度は五世紀代には遡らないことが次に紹介する史料でわかってきた。一九七八年に保存処理の過程において偶然に発見された鉄剣の金象嵌銘文がそれである。すなわち埼玉県稲荷山古墳出土鉄剣銘文に記された八代にわたる人名を系譜の形で抽出して示すと次のようになり、辛亥年(四七一)つまりワカタケル大王(雄略天皇)の治世には未だ氏姓制が成立していなかった事実を教えてくれる。しかるに、今もし仮にこの銘文の作成時期が四七一年よりさらに干支一巡後の五三一年を指すとするならば、氏姓制の始まりはさらに遅れて六世紀中葉の欽明朝初頭ということになるが、ここでは通説に従い雄略朝の銘文として論議を進めようと思う。

オホヒコ―タカリスクネ―テヨカリワケ―タカハシワケ―タサキワケ―ハテヒ―カサハヨ―ヲワケ臣

※銘文にはヒコは「比垝」、スクネは「足尼」、ワケは「獲支」と記す。

さて、この人名系列のうち実在したのはハテヒ・カサハヨとヲワケ臣の三人で、祖父(世代)・父(世代)・自己の三代が王権に奉仕してきた由来を語りながら、自家の祖先がいかなる出自なのかを明示すべくオホヒコを始祖とする竪系譜を造作してこれに繋げているのである。それゆえにオホヒコからタサキワケまではすべてが架空の人名であると判断できる。人名の特色が最もよく出ているのはタカリスクネ・テヨカリワケなど狩猟(カリ)に関わる語句を有する人名で、後の膳臣一族の氏族系譜と合致する部分があり、さらに膳氏は大和国の高橋邑(添上・山辺両郡界付近)に本拠地を構えていたらしく、タカハシワケは彼らの居地名に由来する人名と言える。

この刀に銘文を刻ませたヲワケ臣は「杖刀人首」(親衛隊長)としてワカタケル大王に仕奉したらしいのであるが、銘文に「代々」と記す言葉があることからハテヒとカサハヨもワカタケル大王以前の王宮に何らかの形で仕えたことが推測できる。ただ、彼らには敬称や尊称らしいものは与えられなかったようであり、ヲワケ臣のみが個人的な特殊の功績により臣(オホミ)という新たな称号を名乗るようになったのであり、人名部分のワケは純然たる称号というよりもすでに名前の一部に転化しているのではなかろうか。ただし、ヲワケという人名についてはこれを実名とみなすことができるのか、ワケ+臣(オホミ)のように重複した称号から成る字名と解すべきかは依然として不明であり、当時のワケはなお称号の性格を帯びた語とみなした方がよいであろう。

右の系譜から理解できることは、五世紀中葉から後半にかけての時期に王権中枢に仕えた中央豪族はまだ具体的に固定した氏・姓を名乗っていないという事実、始祖のヒコ号を除外するとスクネからワケ、さらに臣(オホミ)へと称号が三転していること、ハテヒとカサハヨには称号がなくヲワケに至って「臣」という後の姓に発展する新しい称号がはじめて現われることなどが知られる。筆者はこの「臣」を姓(カバネ)とみなすことはできず称号であると考えている。

銘文のなかでとりわけ重要な事実は、スクネ・ワケという性格の相異する二種類の称号が一つの族系譜の中で時系列に従って出現するという現象で、特定の称号が個々の集団において固定していないで人名の修飾に利用されていることは、すでにスクネ・ワケの両称号がヲワケの時期にはその政治的役割をひと通り終えていた事情を示唆すること、またワケ号よりもスクネ号の方がより古く尊貴な称号とみなされていた可能性があり、ヲワケの一族はヲワケの時期に至りようやく政治的には「臣(オホミ)」号を王権から賜与される地位の集団に上昇したに過ぎず、過去にスクネ・ワケの称号を得た事実はないとみるべきである。

このようにみてくると、スクネとかワケという臣下の称号がいつどのような経緯で定められ制度化されたものであるかが当然問われてくると思われるが、ここで冒頭に示したA系譜・B系譜の図1を再び一瞥していただきたい。そうするとA系譜のホムツワケ王・ミズハワケ王にワケ号が含まれており、一方のB系譜のヲアサヅマワクゴスクネ王がスクネ号を名乗っている事実がわかる。ちなみにヒコ号の最後はサホヒコ王にみられるので、ヲワケ臣の族系譜に現われているヒコ－スクネ－ワケ号の時系列は、四世紀後半から五世紀前半期までのヤマト王権中枢の王系譜に依拠して造作されたものであったことが判明する。

従来、このワケ号の問題について重要な提説を打ち出したのは佐伯有清氏であるが、佐伯氏はワケ号は天皇・皇族・地方豪族がひとしく名乗っていた首長＝君主を意味する称号で、その段階では天皇はまだ地方豪族らを超越する権力を持つ存在ではなく、いわば天皇と地方豪族との連合政権としての性格を帯びており、これが五世紀中葉以前の大和国家の様相であったと論じている。しかし、筆者はこれまでにも説いてきたように、ホムツワケ王・ミズハワケ王以前のヤマト王権の政治形態は「女王制」であり、ワケ号を称する王者は存在していなかったとみている。ワケの起源は右の二王の名号にあるとみなすべきであり、それを初源・核としてワケ号の地方への拡散が政治的に行われたと推測している。

ただ、ここに一つの重大な疑問があって、即位の順序からみて王系譜においてはワケ号がスクネ号より古い来歴を持つことが推量されるのであるが、ヲワケの族系譜では明らかにスクネ号がワケ号より重視されているようなので、この矛盾は一体何に由来するのかという問題を解決しなければならない。ヲアサヅマワクゴスクネ王すなわち允恭は即位後かなり早い時期にスクネ号を公称するようになったと考えられるが、それはワケ号に対抗する意図をもってのことであった蓋然性があるからである。
まずワケ号については『古事記』景行段と『日本書紀』景行四年二月条に著名な記述がある。

凡そ此の大帯日子天皇の御子等、録せるは廿一王、入れ記さざるは五十九王、并せて八十王の中に、若帯日子命と倭建命、亦五百木之入日子命と此の三王は、太子の名を負ひたまひ、其れより余の七十七王は、悉に国国の国造、亦和気、及稲置、縣主に別け賜ひき。

夫れ天皇の男女、前後并せて八十の子まします。然るに、日本武尊と稚足彦天皇と五百城入彦皇子とを除きての外、七十余の子は、皆国郡に封させて、各其の国に如かしむ。故、今の時に当りて、諸国の別と謂へるは、即ち其の別王の苗裔なり。

和気・別（ワケ）は国造や稲置・県主などと同じく王族で地方に住みつき地方豪族に転化した子孫たちを指して呼んだ語であることがわかるが、これは明らかに氏姓の類ではなく、国造・稲置・県主などがすべて職掌の名であるので和気・別もまた一種の職名として捉えられている。しかし、ワケは本質的に何らかの職掌を表す標識であるとは考えられず、それは元来王の称号または敬称としてはじまったとみるのが穏当であり、そのためにワケ号は六世紀以後には和気朝臣のように氏称となるか、あるいは鎌倉別・藤野別のように姓化するので、右の伝承はワケ号分与についての古い事実が忘れられて、かなり時間を経てから考えだされた作文に過ぎないものと思う。

重要なことは、いずれの伝承でもワケ号を名乗っている者の先祖はみな王族・皇別氏族であるという主張がみられるが、それはほとんど事実ではなく、歴史的に役割を終えたワケ号を在地で名乗り続けることで、地方の豪族らが皇別であるという意識に立って自分たちの出自の古さや身位の尊貴性を強調しようとしたもので、ワケの本質的な意義をこれらの事象が表しているとは言えないであろう。ただ、伝承が語るような多数の王族の地方下向と土着という事実は無かったにしても、ワケ号を地方豪族に授与し王権への服属を強化するという方策自体は否定できないであろう。そうでなければワケを氏姓として名乗っている豪族が関東地方をはじめとする東国には一つとして存在せず、とくに西日本一帯に広く分布している事実を説明することができないのである。

ワケの分与が景行天皇の時の政策で成立したとする所伝がきわめて怪しい代物であるとすると、それでは歴史的事実としてはいつそれが実施されたのであろうか。A系譜にみられるホムツワケ王とミズハワケ王はこれまでに何度も強調してきたように始祖帝王とみなすべき御名であるから、ワケ号の初源はこの二人の王の称号にはじまると断定できるであろう。ワケの本来の語義は分配する・区別する・分け持つという意味であるから、ホムツワケ王とミズハワケ王の兄弟は王権の統治権にまつわる何らかのものを二人で分け合うということをこの称号で確認し合った蓋然性が高い。

その場合、具体的に何を分け合ったのかということが問題になるが、一般的に考えられるのは領土・領域の分割とか内政と外交の担当領域の配分・区別というようなことであるが、統治権はあくまで一代に一人の王に全面的に帰属するものであるから、領地の配分や政治権力の分割などというようなことはかなり想定し難いであろう。ワケを諡号の一部に持つ天皇として思い起こされるのは天命開別天皇、つまり天智天皇である。天智は晩年になり後継者の問題でわが子大友皇子を直系継承によって即位させようと図った。死後に「別」を諡号の一部として贈られた天智の事例から推測すると、ワケ号は本源的には後継問題や統治権に関わる称号とみなすべきであろう。

ワケの語義に関しては従来からさまざまな議論があって、先ほど指摘しておいたように佐伯説の首長＝君主の称号説が通説となっているようであるが、この説では東日本の首長層にワケ号がなぜ広がっていなかったのかの説明がつかず、そもそも王者の称号を一般化しすぎて捉えており歴史的な特質を把握し難いという欠点があるように思われ、筆者はホムツワケ王とミズハワケ王兄弟の間でワケの概念の意味が調整され、兄の次には必ず弟がこの世を治めるという統治に関わる時間の配分(世を分ける・王位の世襲)が二人の間で決められたことを想定し、A系譜の内部で兄王から弟王への王位の世襲が予め決定されたのではないかと考える。つまり、ワケ号はやはり嗣位の課題をいかに解決するかというすぐれて政治的な性格に起源があるものと思う。

ことは王の寿命に関することであり、また当時の王位は終身制であったと推定されるので予め統治年数を具体的に配分するなどということはとうてい無理な話であるが、称号をもって在位の可能性を保証しておくことにより兄弟間で無用な猜疑心の発露や紛争を防止することができ、さらにもし仮に兄弟の次の世代や孫王にまでワケ号の機能が継続していくならば、A系譜が引き続いて王位を独占できることになり、

A系譜こそが正系の王統であることを天下に公示する意義を担うものとなる。その反面、ワケ号を持たないA系譜の傍系王家やB系譜の王族たちには即位の可能性がほとんど生じないということにもなるだろう。

A系譜の王統には伝承によると履中天皇の子どもに市辺押歯別王(市辺押磐皇子)があり、市辺王の子どもには顕宗天皇(袁祁王・億計王)、仁賢天皇(意祁王・弘計王)の双子の兄弟がいたということになっているのだが、『古事記』顕宗段に袁祁之石巣別命という御名が記されており、王者のワケ号はかろうじて五世紀後半まで命脈を維持し続けたように思われる。ただし、筆者が復原したA系譜では履中天皇はもとより虚構の天皇で実在しないので、市辺王の実父はホムツワケ王であるということになる。

所伝では市辺王は雄略天皇の謀略にかかり暗殺されたので即位の実績はなく、また市辺王の御名を現したもので別号を付している事例が意外にも『古事記』の一例だけであるのは一考を要する。さらに彼の二人の子どもらは地方に難を避け艱難辛苦を経た後に即位したとされているので、現実にはワケ号の実質的な政治的機能はミズハワケ王の死没した時点で歴史的役割を終えてしまった可能性が高い。というのも、B系譜の始祖的存在である允恭天皇にはきわめて興味深い伝承があるからである。

2　氏姓の錯正

『古事記』序文には允恭天皇の事績について「姓を正し氏を撰びて、遠飛鳥に勒めたまひき」と特筆大書し、『新撰姓氏録』序にも、「允恭の御宇に、万姓紛紜たり。時に詔旨を下して神に盟いて湯を探らせ、実を首す者は全く、虚を冒す者は害せらる」とあり、允恭天皇の世に姓氏に関する何らかの重要な政策が打ち出された事実を回想している。そして、『古事記』允恭段にはこのことに関連する次のような記事が掲げられている。

是に天皇、天の下の氏氏名名の人等の氏姓の忤ひ過てるを愁ひたまひて、味白檮の言八十禍津日の前に、玖訶瓮を居ゑて、天の下の八十友緒の氏姓を定め賜ひき。

また、『日本書紀』允恭四年九月条にはより詳細な関係記述がみえているので、煩をいとわず引用しておこう。

詔して曰はく、「上古治むること、人民所を得て、姓名錯ふこと勿し。今朕、践祚りて、茲に四年。上下相争ひて、百姓安からず。或いは誤りて己が姓を失ふ。或いは故に高き氏を認む。其れ治むるに至らざることは、蓋し是に由りてなり。朕、不賢しと雖も、豈其の錯へるを正さざらむや。群臣、議り定めて奏せ」とのたまふ。群臣、皆言さく、「陛下、失を挙げ枉れるを正して、氏姓を定めたまはば、臣等、冒死へまつらむ」と奏すに、可されぬ。

詔して曰はく、「群卿百寮及び諸の国造等、皆各言さく、『或いは帝皇の裔、或いは異しくして天降れり』とまうす。然れども三才顕れ分れしより以来、多に萬歳を歴ぬ。是を以て、一の氏蕃息りて、更に萬姓と為れり。其の実を知り難し。故、諸の氏姓の人等、沐浴斎戒して、各盟神探湯せよ」とのたまふ。則ち味橿丘の辞禍戸碑に、探湯瓮を坐ゑて、諸人を引きて赴かしめて曰はく、「実を得むものは全からむ。偽らば必ず害れなむ」とのたまふ。盟神探湯、此をば区訶陀智と云ふ。或いは泥を釜に納れて煮沸して、手を攘りて湯の泥を探る。或いは斧を火の色に焼きて、掌に置く。是に、諸人、各木綿手繦を著て、釜に赴きて探湯す。則ち実を得る者は自づからに全く、実を得ざる者は皆傷れぬ。是を以て、故に詐る者は、愕然ぢて、予め退きて進むこと無し。是より後、氏姓自づから定りて、更に詐る人無し。

允恭天皇は自分が即位してから群臣らの氏姓に偽りが多いことがわかってきたので、王者としてこれを正す必要があるとし、群臣の意見に従い盟神探湯という古い習俗に依拠する形で定姓を行ったとする。その具体的成果はこれらの文章からはまったくわからず、また内容からすると「天武八姓」のような整備された大規模な定姓が計画され実行されたような印象を受けるのであるが、当時氏姓制度などは現実には施行されていないので、これらは允恭天皇の治世を潤色する目的で創作された作文と考えられてきた。しかるに、筆者はこのような伝承の背景にワケ・スクネ・ムラジ・オホミなどの称号・敬称に関わる一定の政治的措置が行われたことを想定できると考える。

前章で詳しく論じたように、允恭天皇はB系譜の始祖王に相当する系譜上の位置を占めていた。しかるに、B系譜はいわば次善の策（安全弁）として成立した王系ではないかと推測され、先ほど指摘したようにA系譜のホムツワケ・ミズハワケ両兄弟がすでに同一の王統内部で王位を独占する方向性を打ち出していた。それゆえに允恭の即位にはさまざまな困難と障害が伴っていたことは、すでに前章で詳しく論じた通りである。

すなわち、『日本書紀』の所伝では允恭の即位に対抗する候補として大草香皇子の名が挙げられていたし、ホムツワケ王の子どもにイチベオシハワケ王がいたため、再び王位がA系譜に舞い戻る可能性が十分にあった。また、允恭には多くの子女がいたが、長子で後継候補と期待していた木梨之軽王（木梨軽皇子）がことあろうに近親相姦を働くという不祥事中の大事件が出来するという不幸に見舞われたと伝えているのも、たとえこの事件が虚構の性格を帯びた捏造であったにせよ、そもそも允恭の即位自体がはなはだ強引な行為で、反対者が多く存在した可能性が背景にあったことを物語るであろう。結局、允恭の後継者には安康が選ばれたものの、『宋書』倭国伝に「世子興」という書き方がしてあるのは、允恭が生前中に自分の後継者を選定・指名するという強引な策をとらざるを得なかった困難な事情を反映しているであろう。

そこで、允恭としてはこうした問題を解決するための方策としてワケ号に主な狙いを定め、さらには王権に結集する首長層の階級的区別とその秩序づけをもあわせて行う目的で、それまでに存在していた既存の敬称や尊称の類を整理した上で改めて臣下に授け、自己の王権の強化を図るという思いきった政策を展開したと考えられ、それが先ほどの伝承に反映しているのではなかろうか。

こうした問題について黛弘道氏は允恭天皇の時に氏姓制の創出が行われたのではないかとする注目すべき研究を発表している。しかし、黛氏がとくに注意を喚起した臣下の人名表記にみられる「氏＋姓＋祖＋名」から「氏＋姓＋名」への転換の実相については、応神・仁徳朝を境とする古代貴族らの時代観の反映の現われとしてみるべきものであって、允恭朝に氏姓制の成立を想定することは困難であると考えられ、さらに黛説では王者のワケ・スクネなどの称号が氏姓制の問題といかなる関係にあるかがまったく論じられておらず、允恭の定姓の歴史的意義がなお十分に究明されていないもどかしさを覚えるのである。

允恭が整理し改革を断行しようとした称号は少なくとも四種類を想定できそうである。一つは問題のワケ号である。ワケがA系譜の王族の称号としてすでに社会的認知を得ている段階でその政治的機能を骨抜きにしようとすれば、ワケ号を允恭自らが地方の首長らに分与するのが最もよい方策となるだろう。私見ではワケは統治権の時間的配分(世を分ける・王位の世襲)を意味する語であるが、ワケ号を地方にばらまくことによってワケの本来の語義と性格を大きく変質させ、始祖帝王の名号として知られている神聖な称号を分与することで地方勢力に当該地域の支配権を保障し、他面では称号の分与に預らせることで地方首長層をこれまでより一層強く允恭に服従させることができるのである。ワケの語義が後に地方の領域支配権のように思い違いがなされ、国造にワケを帯びる事例が多いのはそのようなワケの語義の変質によるものである。

『日本書紀』の応神二十二年九月条には、妃の一人であった吉備兄媛の兄弟らが葉田葦守宮に行幸した天皇に揃って膳夫として奉仕したとする所伝がみえている。その兄弟とは稲速別(下道臣の祖)・仲彦(上道臣・香屋臣の祖)・弟彦(三野臣の祖)・鴨別(笠臣の祖)・浦凝別(苑臣の祖)らで、彼らは彦または別を敬称として名乗っていることがわかる。とりわけ別は今問題にしているワケ号のことで、地方勢力の代表格であった吉備の在地勢力が天皇からワケを画一的に授けられた事情を推察させる事例である。この場合、「人名+ワケ」という名号の形式がとられており、允恭の定姓の実体がここにあることを暗示している。

次にスクネ号であるが、おそらくスクネも允恭がはじめて名乗った称号であろう。『古事記』『日本書紀』には允恭以前にも武内宿祢をはじめとして数多くの宿祢を名乗る伝承的な人名が登場するが、それらは後世における造作による虚像で、氏族の先祖を皇室から出た尊貴なものに見せかけるための政治的工作と考えてよい。スクネはワケに対抗する新称号で、「人名＋スクネ」を名乗る人名が両書に頻出するのはそのためであり、允恭は畿内とそれに近接した地域の有力首長層にこれを分与し自己に隷属させる方策としたと考えられる。

しかも、こうすることでスクネ号がワケ号よりも高い権威を帯びることになり、他方のワケ号の権威と地位はそれに反比例する形で著しく低下したであろう。そして、より重要なことは、スクネを名乗る允恭が属するB系譜がA系譜よりも尊貴な地位にあること、換言すればB系譜こそが正統な王系であることを象徴させる措置になっていることである。五世紀後半のヲワケ臣が作成した銘文に、スクネがワケよりも古く権威的な意味を帯びて登場していた理由がこれで明確になるだろう。

次に允恭が採用したと思われる称号が「人名＋ムラジ(連)」である。ムラジ号はおそらく大伴室屋が賜ったものが初源であろう。ムラジの語源は「群れ主人(あるじ)」としてよい。允恭と大伴氏の関係の経緯については後ほど詳しく論ずることにするが、固有の職掌をもって王に近侍しその家政に奉仕したいわゆる伴造の群小氏族らがムラジ号を授けられたと思う。彼らは多く河内に居住する集団で、允恭は河内に対する支配権をより強化する意図の下にこの称号を最大限に利用したのであろう。ただ、当然のことながら五世紀代には連号を授けられた集団の範囲は限定されていたとみられる。

最後に取り上げるべきはオホミまたはオミ号である(本書ではオホミとしておく)。オホミ号は後に「臣」の字で表され臣下の代表的な姓に転化するが、允恭が定めたのは「使主(意富美)」であって一種の称号の性質を帯びている。この称号は畿内地域に居住する主にスクネ号より格の低い集団の代表者に与えられたようである。「人名＋オホミ」という構造はこれまでみてきた他の称号と同じである。

オホミ号はおそらく朝鮮半島からの渡来人が名乗っていた故国の首長号に由来すると思う。前章に登場した仁徳記の「奴理能美」は養蚕の技術に優れた韓人とされていたように渡来系豪族である。『新撰姓氏録』には「百済国人努利使主」（右京諸蕃下）・「乃里使主」（山城国諸蕃）・「百済国努理使主」（左京諸蕃下）などの後裔を主張する民首・伊部造・調連・水海連らの同族がいた。また、同じ姓氏録には伊利須使主（日置造・日置倉人・鳥井宿祢・栄井宿祢・吉井宿祢・和造・日）・伊理須意彌（日置造）・伊理和須使主（島本）を自分たちの祖先と称する氏族集団があったが、先祖の名イリスオミはみな実体は同じで、高句麗系の渡来人であったかも知れない。称号の能美・使主・意彌・意美はオミと訓むことができ、大使主や富意彌・意富美などはオホミと読むことが可能である。

「人名＋使主」を祖先として自称する氏族はほとんどが渡来人で、姓氏録には阿知使主・阿祖使主・津留牙使主・伊須久牟治使主・萬徳（得）使主・佐布利智使主・韓蘇使主・善那使主・久爾能古使主・大根使主・胸広使主・億斯富使主など多数の使主が記載されているが、渡来人の間でこの称号が流行したのは、阿知使主という人物が実際に渡来して王権に仕えるようになってからと考えられる。前にも引用した史料であるが、ここでもう一度関係箇所のみを引用しておく。

百済の国主照古王、牡馬壹疋、牝馬壹疋を阿知吉師に付けて貢上りき。此の阿知吉師は阿直史等の祖。

（『古事記』応神段）

百済の王、阿直伎を遣して、良馬二匹を貢る。即ち軽の坂上の厩に養はしむ。因りて阿直岐を以て掌り飼はしむ。

（『日本書紀』応神十五年八月条）

四世紀後半に百済と倭との軍事同盟が結成されたのを契機として、百済王の命令にしたがい多くの百済人が優秀な彼の地の文物を携え集団で渡来してきた。阿知吉師（阿直伎）はその代表格のような象徴的人物で、彼は渡来当初には故国の敬称である伎（キ）・吉師（キシ）を名乗っていたらしいのであるが、後には使主を使用するようになった。

倭漢直の祖阿知使主、其の子都加使主、並に己が党類十七県を率て、来帰り。

（『日本書紀』応神二十年九月条）

この記事がそれで、阿直伎（岐）と阿知使主は同一人物とみてよい。また『新撰姓氏録』逸文には次のような伝承が記されている。

天皇其の来志を矜れみ、阿智王を号けて使主と為す。仍りて大和国檜隈郡郷を賜りて之に居る。

渡来した当初に阿智は王号を名乗っていたことになっているが、それは阿智を始祖と仰ぐ東漢直一族が自己の出自を後漢皇帝の後裔と主張するための付会の説明で、彼らは渡来当時には故国の敬称を名乗り、後に天皇から使主号を賜ったのだと考えてよく、この後も次のように使主の称号で登場するようになる。

阿知使主・都加使主を呉に遣して、縫工女を求めしむ。爰に阿知使主等、高麗国に渡りて、呉に達らむと欲ふ。

（応神三十七年二月）

是の月に、阿知使主等、呉より筑紫に至る。時に胸形大神、工女等を乞はすこと有り。

（応神四十一年二月）

爰に仲皇子、事有らむことを畏りて、太子を殺せまつらむとす。密に兵を興して、太子の宮を囲む。時に平群木菟宿祢・物部大前宿祢・漢直の祖阿知使主、三人、太子に啓す。

爾に其の弟墨江中王、天皇を取らむと欲ひて、火を大殿に著けき。是に倭の漢直の祖、阿知直盗み出して、御馬に乗せて倭に幸でまさしめき。

（履中即位前紀）

最後の記事については『古事記』履中段にも類似の話がある。

同じ事件を描いた文章の中で書紀は「阿知使主」とし、『古事記』は「阿知直」と記す。使主は称号であり、直（費直）もまた明らかに渡来系の称号なので、阿知という渡来人の大立者は結局「キ・キシ」→「オホミ」→「チカ」と生涯三回にわたり身に帯びる称号を変えたことになる。直・費直（チカ）に関しては後述するように雄略朝において公的な称号となったものと考えられるので、推測されるのは、阿知が「キ・キシ」から「オホミ」へ称号を変更したのは允恭朝の定姓政策を契機とすると考えられるのである。

ところで、使主号は渡来人だけではなく倭人の有力首長らにも与えられたらしい。『古事記』から探ってみると、応神段に「丸邇之比布礼能意富美」という名の豪族が出てくる。書紀には「和珥臣の祖日觸使主」と記すので、「意富美＝使主」の等式が成り立つ。山代国の宇治・木幡辺りに住んでいたようで、娘の宮主矢河枝比売が天皇に見初められて結婚し、宇遅能和紀郎子・八田若郎女・女鳥王らを生んだという。

ワニ氏の古い系譜には彦姥津命の五世孫として「米餅搗大使主命」なる先祖がいたらしいが、これもかつてワニ氏が使主号を名乗っていた時期のあることを示唆する証拠であろう。

次に、安康段には和泉国の日根郡を本拠とする「坂本臣等の祖根臣」という人物が登場するが、書紀では「根使主」それに子どもの「小根使主」と書いており、雄略即位前紀の註記にも「穴穂天皇、根臣の讒を用ゐて」とあるので、臣＝使主であったことがわかる。彼らは天皇の命令で王家の婚姻の媒酌人となり、後にひどい欺瞞行為が発覚して滅亡するという話になっているが、畿内の有力な在地豪族であった。なお『新撰姓氏録』和泉国皇別・坂本臣条に記載された系譜によると、「建内宿祢―紀角宿祢―白城宿祢―根使主―小根使主―建日臣」の族譜を復原することができ、「宿祢」から「使主」へ、「使主」から「臣」へという称号の転換が看取され、坂本臣の祖先は本来根使主(臣)を名乗っており、後世に紀氏との同族関係を機縁として宿祢を架上し自らの氏族系譜を潤色したのではないかと考えられるのである。

それから、雄略段には都夫良意富美(意美)をめぐる壮絶な滅亡事件が記されている。事件の詳細はまた後ほど述べることにするが、葛城一族の中軸をなす勢力の族長と考えられ、書紀には「円大使主」と記されている。表記の上では「意富美」と「大使主」とが対応し、「意美」と「使主」とが対応しており、使主＝臣の用法があるので大使主は大臣でもあると言える。しかし、これを職名の大臣(オホマヘツキミ)と混同してはならず、あくまでも称号とみなすべきであり、しかもオホミはスクネより下位の称号であったと想定される。

『日本書紀』允恭七年十二月条に舎人「中臣烏賊津使主」なる人物が出てくる。この人はすでに仲哀紀に「中臣烏賊津連」、神功紀に「中臣烏賊津使主」として登場しているので、書紀編者の不注意により錯簡が生じたと考えるほかはない。中臣氏は連姓の氏族であるから連姓の烏賊津の方が家伝の段階で潤色を受けていたと想定せざるを得ない。やはり烏賊津使主は古い伝承を保存しているのである。

『続日本紀』天応元年七月十六日条に栗原勝子公らの先祖を「伊賀都臣」とし、意美佐夜麻の子どもであると記している。一方『尊卑分脈』に掲載する「藤原氏系図」には天児屋根命の五世孫を伊賀津臣命とし、十世孫を臣狭山命とするが、臣狭山命の子に跨耳命がおり、別号を雷大臣命と注記している。そうすると、伊賀都(津)臣と雷大臣とはもともと同一の人物として系譜上に掲げられていたらしく、後に別の先祖とみなされるようになったと思われるので、ここでもやはり「臣」＝「使主」・「意美」の書き換えということが想定され、これも大臣制とは無関係の称号の類である。このように各氏族の祖先系譜にしばしば登場する臣の付く神名や人名については、これを単純に姓の臣と同じ性質のものと解釈しては間違いであって、むしろ称号の類とみなした方が正確であると考えられる。

ワケと同じく使主すなわちオホミ号も、後には日下部連使主(顕宗即位前紀)・笠原直使主(安閑紀元年)のように人名に用いられるようになり、また末使主・樟使主・壬生使主・和薬使主の事例のごとく渡来系氏族の氏姓の一種に転化する。その最初の変質の時期については雄略朝の時期とみられる。と言うのも、阿知使主の子とされる都加使主が、

是に由りて、天皇、大伴室屋大連に詔して、東漢直掬に命せて、新漢陶部高貴・鞍部堅貴・画部因斯羅我・錦部定安那錦・譯語卯安那等を、上桃原・下桃原・真神原の三所に遷し居らしむ。

天皇、疾彌甚し。百寮と辞訣れたまひて、並に手を握りて歔欷きたまふ。大殿に崩りましぬ。大伴室屋大連と東漢掬直とに遺詔して曰はく、……

(雄略七年是歳条)

是に、大伴室屋大連、東漢掬直に言ひて曰はく、「大泊瀬天皇の遺詔し、今至りなむとす。遺詔に従ひて、皇太子に奉るべし」といふ。

(雄略二十三年八月条)

(清寧即位前紀)

というようにもはや使主ではなく直に転換しており、『新撰姓氏録』逸文にも、「阿智使主の男都賀使主は、大泊瀬稚武天皇の御世に、使主を改め直の姓を賜わる」と伝えていて、渡来系豪族の一部には使主号から直(費直)号へ改号するものが現われたとみてよいが、右の所伝は書紀編纂時の潤色をこうむっており、「東漢」の氏称と併せてこれを後の氏姓に相当するものと速断すべきではない。本質的には「人名(掬)+称号(直)」の類とみなしてよいだろう。

雄略朝は中央の政治機構に改革が施された画期的な時期であると後世から顧みられた時期ではあるが、それは古代貴族たち自身の歴史認識であって氏姓制度の変更に関わる新たな情勢は生まれていなかったと考えてよく、高句麗軍の攻撃による四七五年の百済国の一時的滅亡によって生じた今来の渡来人の大量移住により、それらと区別する形で渡来系の豪族らは「直(費直)」を名乗り、中央豪族らの使主号はこの時期には使用が忌避されるようになり、「臣」字が一般化しはじめるのではなかろうか。そこで、稲荷山古墳出土鉄剣銘文のヲワケ臣が名乗っていた「臣」については、筆者はまだ姓としては成熟していない段階のオホミ号の性格を持つ称号であると考えており、本質的には使主（意富美）と同類・同質の尊称・敬称であったと推測することができる。

3　王から大王へ

允恭天皇が行ったと考えられる定姓の実体は、氏姓の制定という成熟した歴史的段階のものではなく、むしろ首長層の尊称・称号の類別化とその政治的編成にあったとしなければならない。「人名＋称号」を自己に服属する首長個人にそれぞれ授けるという方針で望んだのである。これにより王と臣下との間に人格的な支配・隷属関係が形成され、王の地位が格段に高まったことは言うまでもない。対象となった称号にはワケ・スクネ・ムラジ・オホミなどがあったようであるが、その他にも従来阿毘古・我孫（アヒコ）などの原始的な姓と言われてきた称号や、県主（アガタヌシ）・稲置（イナギ）などが同時に設定・分与された可能性がある。とりわけ、県・県主制についてはその設置時期の問題や基準・範囲などがいまだ明確に解明されていないので、今後詳細に見直しの検討が必要になると思う。

先ほど指摘した『日本書紀』応神二十二年九月条を再び思い起こしてみよう。吉備兄媛の帰郷のあとを追って天皇は備中国賀夜郡の葉田葦守宮まで行幸したとする。その時兄媛の兄である御友別らの首長が膳夫として天皇に奉仕し饗応したというのであるが、書紀は彼らの素性と吉備国内の封県をそれぞれ対応させて次のように列記している。

川嶋県――稲速別(長子)・・・・・・・下道臣の始祖
上道県――仲彦(仲子)・・・・・・・上道臣・香屋臣の始祖
三野県――弟彦(末子)・・・・・・・三野臣の始祖
波区芸県――鴨別(御友別弟)・・・・・・笠臣の始祖
苑県――浦凝別(御友別兄)・・・・・苑臣の始祖

中心的な存在である御友別自身の封県が示されておらず、また備中国窪屋郡に本拠地のあった窪屋臣のことが記されていないことも問題であるが、ここではワケ号の授与と県の設置とが緊密な関係にあったことがわかればよい。つまり、允恭の定姓政策には単なる称号の授与だけではなく、各地の首長の固有の領域支配を王権が上から認定し、個々の首長領域の一部に王権に貢納奉仕させる「県」を設定し、そうすることで地域支配権を統制し制限する意図のあったことを示している。吉備国の五県は欽明朝において「吉備五郡」と表現され、蘇我大臣稲目の派遣により白猪屯倉を設置され新たな支配を受けるようになるが、これは允恭朝に設置された全国の「県」が地域別に中央の有力首長の統制管理下に置かれていた事情を裏書きするものであろう。

それから、書紀の清寧即位前紀にみえる星川皇子の反乱伝承では、河内三野県主小根が反乱に与同した罪を大連室屋に贖い、開発した田地十町を大連に送るということをしている。また、書紀安閑元年閏十二月条には、天皇の三嶋行幸に大伴大連金村が随行していたが、その地の県主飯粒は天皇の命により竹村の地の良田四十町を御田として献上したといい、大河内直味張は良田を隠匿し虚偽の行為を働いたために地方官を免職にされ、春秋ごとに钁丁五百人ずつを差し出し、その上大連金村に賄賂の田地を献呈したという。これらの話は河内地方の県(猪名・三島・三野・志紀・紺口・茅渟)と県主が中央有力首長たる大伴大連の管理と統制に服していたことを物語るもので、「倭国の六県(添・山辺・磯城・十市・高市・葛城)」(孝徳紀大化元年八月条)も大伴氏の管掌下に置かれていた可能性が強く、その淵源は允恭朝における県と県主の制定に発するものではなかろうか。

同じ大連金村は欽明朝初期に国際的な収賄の問題で政界から失脚した模様であるが、書紀の継体六年十二月条や欽明元年九月条によればその経緯というのは、百済王の要請により、現地派遣の将軍で宰官であった「(下)哆唎国守」穂積臣押山を通じて大連金村の最終的な判断が下されたとするもので、

曩者、男大迹天皇の六年に、百済、使を遣して、任那の上哆唎・下哆唎・娑陀・牟婁、四県を表請す。大伴大連金村、輙く表請の依に、求むる所を許し賜ひてき。

とあり、任那の「四県」を恣意的な決定により百済に与えたことが賄賂の授受に絡むと判断されたらしいのであるが、これらの記述は歴史的に「四県」が日本天皇の領域支配の行われてきた土地であることを前提とし、それを百済王の求めに応じて賜うという架空の政治的構図に基づいており、史実とは程遠い内容であると考えられる。

ただし、全羅南道の南部に広がる「四県」の地域は元来百済領ではなく、四世紀末以来倭が当該地域の幾つかの城・邑に対して倭人の居住権や将兵の駐在権を確保していた歴史的経緯があったことと、四七八年に倭王武が宋から除正された使持節・都督号に「慕韓」が含まれており、「四県」の割譲要請は百済王

としては倭王の慕韓諸国に対する軍政権を侵害する行為となることから、腰を低くして「表」を奉呈するとともに、翌継体七年に五経博士段楊爾を貢上することと引き換えに要求を認めさせたものと考えられ、その取引の過程で押山と大連金村は実際に賄賂を得、さらに大王継体自身に対しても百済王からの贈物があったのではなかろうか。事件の経緯からは伽耶の一部地域における「県」の管理が大連クラスの首長層の専管事項で、その代理として現地で活動していたのが穂積押山であったことがわかる。そうすると允恭朝の県制は倭国内だけではなく、倭の影響力が強く及んでいた伽耶の特定地域にも施行されたのではあるまいか。

継体紀三年二月条には「任那の日本の県邑に在る、百済の百姓の、浮逃げたると、貫絶えたるとの、三四世なりたる者をさへ括き出して、並に百済に遷して、貫に付く」とあり、倭の管掌を受けていた伽耶の「県邑」では現地住民の動静を把握できるような政治システムのあったことが想定されるわけである。

継体朝の県に絡むもう一つの著名な事件を指摘しておくと、継体二十一年に起きた筑紫君磐井の乱がそれである。磐井の本拠地は筑紫の上妻県・下妻県すなわち「八女県」で、書紀の景行十八年条には当地の八女県に八女津媛という名の女酋がいたと記すので、磐井の父・祖父の世代は国造ではなく県主であった可能性がある。書紀は磐井を筑紫国造と記すが、「筑紫の磐井」という書き方をみると、彼の本来の身分は県主でありながら「筑紫」を拠点に「火・豊」の二国に領域支配を拡大しようとし、そのことが王権への反乱の要因となったのではあるまいか。磐井の鎮圧には物部大連麁鹿火が当たったらしいが、筑紫に設置されていた岡県・伊都県・嶺県・水沼県・諸県などの県と県主の支配と管理は物部氏の管掌下に置かれていたために、麁鹿火が磐井を討伐する主将軍に任命されたのだと解せられるのである。このように、国内外の県については地域別に中央有力首長の統制・管理が行われていたことが推定でき、制度の起源が允恭朝にあることを指摘できると考える。

ところで、允恭の定姓の最も主要な政治戦略は、スクネ号をワケ号よりも優位の地位に位置づけることであった。すでに述べておいたように、A系譜はワケを御名の中に継続して含むという特徴をもっており、ワケつまり時間の分割の語義から推定して系譜内で王位の世襲の正当化を目指していた。それに対しB系譜の始祖允恭はワケとは異質なスクネ号を御名に帯びることにより、ワケ号をまず自己の系譜からは切り離して相対化し、次にワケ号を一律に地方首長らに分与することによってワケの本来の語義を骨抜きにしその権威を一気に低め、同時に広く地方勢力を自分に服属させるという狙いがあった。他方ではスクネ号を畿内の有力首長に授け身分上・地域上の明確な差別化を図った。この方策により、ワケはスクネよりも称号としては劣位に置かれ、スクネを帯びる有力首長らの上に允恭が立つという態勢が整えられた。

しかし、畿内にはスクネ号を熱望する中小首長層が多くいたので、渡来系の大立者阿知使主の称号に由来するオホミ号を選択し、これをスクネの下位に位置づけて上下二段構えの秩序を形成した。スクネ保持者で王権に抵抗する勢力はオホミに貶され、逆にオホミはスクネに昇格する可能性をもつことになる。さらに、王にはその家政を司る集団(伴・トモ)が専属しており、それらを一まとめにしてムラジ号を授け、オホミとムラジを並列させた。

このようにして允恭はスクネ号を帯びる王として群臣の前に立ち現われるようになったのだが、臣下の有力者はみなスクネ号を授けられており、王と臣下の間に超越的な関係が成立していないという問題が次に生起してくることになる。後の天皇制では天皇は臣下と同じ称号はいっさい名乗らない。「阿毎多利思比孤(天帯日古)」とか「皇御孫命(珠売美万命)」「須明楽美御徳」なる通称を用い、臣下とは聖別された地位にいて氏姓名を授与し剥奪する絶対的な立場に立つ。しかるにスクネの称号は王もまたスクネ秩序の上にいるとはいえ、スクネ秩序に包摂された関係にあると言わざるを得ない。そこで、允恭はこの課題を解決するために王位の超越化を目指したのではなかろうか。大王号の問題がそれである。

4　高句麗征討計画と大王の成立

王族はみな王号を名乗っている。その意味では王号もまた相対的なものであり、さらに王はキミまたはオホキミと発音し訓まれるが、キミは古くから各地の首長の尊称であったため、スクネ以上に問題が多い。そこで、允恭は唯一の王である大王にこだわったのではないだろうか。始祖王としての自己の権威・権力を高めるためにも大王号の名乗りは必要であり、B系譜に大王が登場すれば王統の正当性を格段に高めることにもなるだろう。そこで允恭の挑戦は外交と外征に向けられることになったと思う。

允恭天皇は『宋書』夷蛮伝・倭条に出る倭王済である。関連記述を引用してみる。

(E)二十年、倭国王済、使を遣わして奉献す。復た以って安東将軍・倭国王とす。二十八年、使持節・都督倭新羅任那加羅秦韓慕韓六国諸軍事を加え、安東将軍は故の如く、并びに上る所の二十三人を軍郡に除す。済死す。

元嘉二十(四四三)年に倭王済は宋へ使を送ったとする。『宋書』文帝紀によると元嘉十五(四三八)年に前王の珍が「安東将軍・倭国王」に除正されていたため、蛮夷の王への除正の原則によりこれと同じ「安東将軍・倭国王」が授与されたのである。允恭は言うまでもなくこの除正には大いに不満であり、元嘉二十八(四五一)年再び使節を派遣し、使持節都督以下の称号をはじめて除正された。この称号は前王珍が元嘉十五年に自称し除正されなかったものである。

【珍の自称称号】

使持節・都督倭百済新羅任那秦韓慕韓六国諸軍事・安東将軍・倭国王

【済の除正称号】

使持節・都督倭新羅任那加羅秦韓慕韓六国諸軍事・安東将軍・倭国王

執拗に百済にこだわる倭国の要求を峻拒し、宋としては百済が藩属国であることを配慮した形で、百済の代わりに加羅を入れて半島南部地域(新羅・任那・加羅・秦韓・慕韓)の軍事権を承認したことがわかる。倭王済はこれにより讃・珍が求めて得ることのできなかった半島南部地域に対する軍事支配権をはじめて獲得したのであり、さらに注目されるのは、『宋書』文帝紀では(e)「元嘉二十八年秋七月、安東将軍倭王倭済、号を安東大将軍に進む」と記載されていることで、後に倭王武が「安東大将軍」を自称する背景となったものと考えられ、『宋書』本文の記述は事実とみなさなければならないだろう。

さらに倭国王済は同時に臣下に対する称号の除正を求めており、新たに二十三人の王臣に「将軍・郡太守」号が併せて授与された。前王珍の時には「又倭隋等十三人を平西・征虜・冠軍・輔国将軍の号に除正せんことを求む。詔して並びに聴す」とされた王臣十三人への「将軍」号と比較しても、王臣の数がほぼ倍加していること、「将軍」号だけではなく行政官を意味する「郡太守」号をも承認され獲得していることが重要であろう。

二十三人の「軍・郡」号の内訳についてはまったく判明しないが、前王珍の時の将軍号がすべてそのまま横滑りで承認除正されたとみなし得る場合には、将軍十三人に対して残る十人に郡太守号が授与されたことになる。その十人が治める「郡」の内実が実は問題で、「郡」制が実際に施行されたのか否か、その内容が「郡—県」制として把握できるのか否か、「郡—県」制が倭国内に限られるものなのかどうか、あるいは半島の領域を包括してのものなのかなどのことはまったく不明であるが、倭王武の上表文に「封国」の内実を「東は毛人を征すること五十五国、西は衆夷を服すること六十六国、渡りて海北を平ぐること九十五国」と表現していることは、弥生時代以来の旧「国(クニ)」が支配関係の基礎にあることを物語り、「郡—県」制の施行を直ちに一般化できないことを物語っている。

しかし、先ほど述べたように県・県主制が允恭朝に施行されたものであるとすると、済の時の「郡」号除正が「県」制の成立に密接な関係があることを示唆するものであり、それは半島五カ国を含む倭王への行政権の付与と関連した措置であることが考えられる。さらに倭国内の領域区分については、平西将軍の名称から王畿を中心とする東西の区分が強く意識されていること、同じく武の上表文に「東・西」の平定が強調されていること、さらには稲荷山鉄剣銘文の「治天下」概念の存在から南北を含めた四道・四海の統治観念の存在を推測できるので、結局のところ倭王済に付与された軍政権(府官制)の内実は次のように整理されることとなるだろう。

行政権　倭国内　倭国王―王畿及び東西南北四道
　　　　倭国外　倭国王―新羅・任那・加羅・秦韓・慕韓
軍事支配権　　　安東大将軍―倭・新羅・任那・加羅・秦韓・慕韓

先ほど述べた十人の「郡太守」号に倭国内の五つの領域と半島の五国が対応していることがわかる。継体紀の「四県(上哆唎・下哆唎・沙陀・牟婁)」が「慕韓」に含まれた「県」とみてよければ、「(慕韓)郡―県」の領域構成を推定できそうであるが、現実には国内外で「郡」制を施行した形跡がないので、あくまでも「郡太守」号は広域行政権の執行官という名目的な地位にとどまるに過ぎない。しかし、各地の「県」を地域ごとに一括して王権の統属下に置いていたことは事実と見なさなければならないであろう。因みに「県」はある種の領域概念を伴う地域区分ではあるが、いずれかというと県主配下の人的団体としての性格を強く帯びるもので、明確な領域区画とみなすことはできない。なぜならば「県」は地方首長層の領域支配に依存した形の拠点的な土地支配の形態だからである。

しかしいずれにせよ、これまでにない内容をもつ軍政権を宋から認められた倭王済は、倭国内だけではなく、半島南部地域に対する軍政権を行使できる権限を与えられたことになる。言うまでもなくこの権限は将来にわたり倭王が自身の実力をもって中身を確保し充実すべき性質のもので、宋はそれを政治的・形式的に承認したものにしか過ぎない。しかし、これは倭国王が単なる倭国内部の王としてだけではなく、半島五カ国という海外の領土をも統治すべき国際的な王となったこと、王の地位と身分がこれまでにはない異質な飛躍を遂げたことを意味するもので、ここに倭国の「大王」の出現を想定してもよいのではあるまいか。

高句麗は『広開土王碑文』から理解できるように、四世紀末頃からすでに「太王」を自称していた。それは高句麗が急速に領土を拡大し、さまざまな異種族に対する支配を実現しはじめたことと関係がある。倭王済が大王を目指したのは国内的な課題だけではなく、主要な敵国たる高句麗への報復心と対抗意識があってのことと考えられ、前之園亮一氏がかつて指摘したように済王の時に高句麗征討計画が練られたのは事実であろう。

前之園氏は『宋書』夷蛮伝・倭条に引く倭王武の上表文の次の一節に着目している。

　臣、下愚なりと雖も、忝なくも先緒を胤ぎ、統ぶる所を駆率し、天極に帰崇し、道百済を遥て、船舫を装治す。而るに句驪無道にして、図りて見呑を欲し、邊隷を掠抄し、虔劉して已まず。毎に稽滞を致し、以って良風を失い、路に進むと曰うと雖も、或は通じ或は不らず。臣が亡考済、実に寇讎の天路を壅塞するを忿り、控弦百萬、義声に感激し、方に大挙せんと欲せしも、奄かに父兄を喪い、垂成の功をして一簣を獲ざらしむ。居りて諒闇に在り、兵甲を動かさず。

倭国はこれまで中国に交通し朝貢を欠かさないように努力してきたが、高句麗の妨害が絶えずなかなか目的を達成することができないと主張し、自分の亡き父済もかつて高句麗の態度に憤激し、「控弦百萬、義声に感激し、方に大挙せんと欲せし」と述べ、対高句麗征討計画のあったことを述べているのである。

上表文では宋への朝貢を妨げる高句麗の無道が強調されているのだが、済や武の本心は、四世紀末から五世紀初頭にかけての対高句麗戦で惨敗を喫したことへの怨みと敵愾心が渦巻いていたことは想像に難くなく、大軍を渡海させるために要する国内支配権の強化が允恭天皇＝倭王済の時期に一定程度実現していたことはこれまでに述べてきたことから明らかになったであろう。倭王武＝ワカタケル「大王」は父允恭＝倭王済の大王号を受け継ぐものであったと言うことができるのであり、さらに留意すべきこととして指摘できるのは、安康・雄略の御名が諱(実名)のみでスクネ号が見えないことである。これは大王の権力が臣下から超越したものに変質していたことを雄弁に物語るであろう。

第七章　允恭天皇の実像(三)

1　大伴室屋の登場

洋の東西を問わず、時の権力者が自己の権勢を拡大し安定させるためには、強大で信頼できる軍事力を恒常的に掌握し養成しておく必要があった。改革を要する強硬な政策を実行に移す時には必ず抵抗勢力や反対者が出現するものであるが、反対派に脅威を与え彼らの抵抗を抑圧するための武力の保持とその緊急時の発動は欠かせない。また、日常的に護身のための武力を組織し保有しておくことも権力者には必須のものと言える。子飼いの侍臣・親衛軍を身辺に配置することが不可欠な措置となる。

倭の五王のうち允恭天皇は王統譜上ある意味では始祖王としての位置にあったが、B系譜は次善の策(安全弁)として生み出された男王系譜であったがゆえに、その即位にはすでに指摘してきたようにさまざまな障害と困難があり、また即位してからも絶えず反対勢力からの根強い抵抗を受け、さらには次期の王位をB系譜に保持し世襲するための努力を積み重ねなければならなかったと考えられる。そのためには自己を防衛する方策をまず練る必要があり、さらに組織化された軍事力を保持して内政と外交の諸問題に対処していく必要があった。そのような政治的要請によって歴史に登場してきたのが大伴一族であり、その族長である室屋という人物については、おそらく允恭自身が自らの手で直接発掘し、やがて親衛軍の司令官として頭角を現した人物であったと推測されるのである。

2　允恭天皇の反対勢力

前章にみてきたような允恭の政策には強硬な反対勢力があったようである。歴史の教訓のひとつとして、反対者や抵抗勢力は案外自らの足元にいるものである。A系譜・B系譜ともに大和国西南部葛城地方に本拠地を置いた葛城一族が外戚関係として絡んでいることは著名な事実である。簡単な系図を書くと次のようになる。

〔A系譜〕

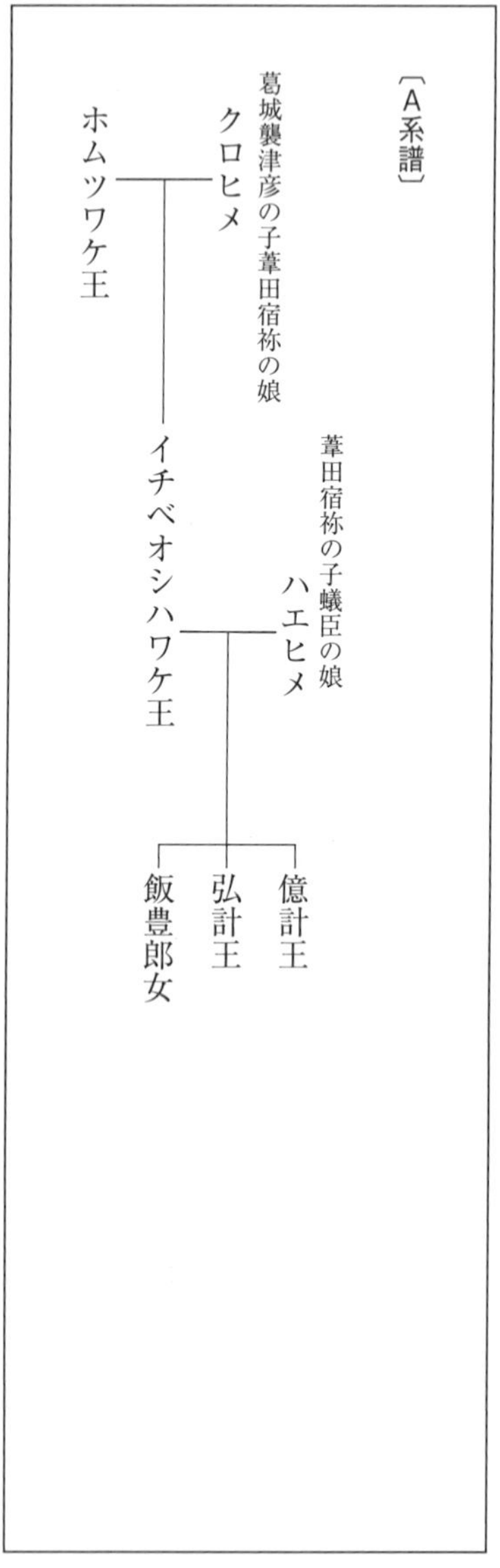

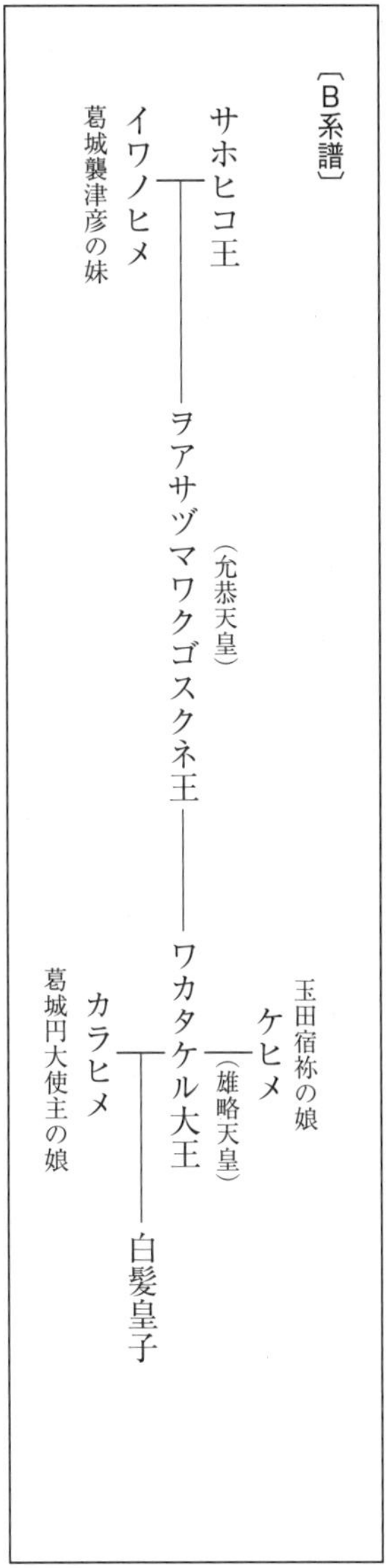

右の系図に出ている葛城一族の族長とその娘たちを取り出して系譜関係を図示すると次のようになる。

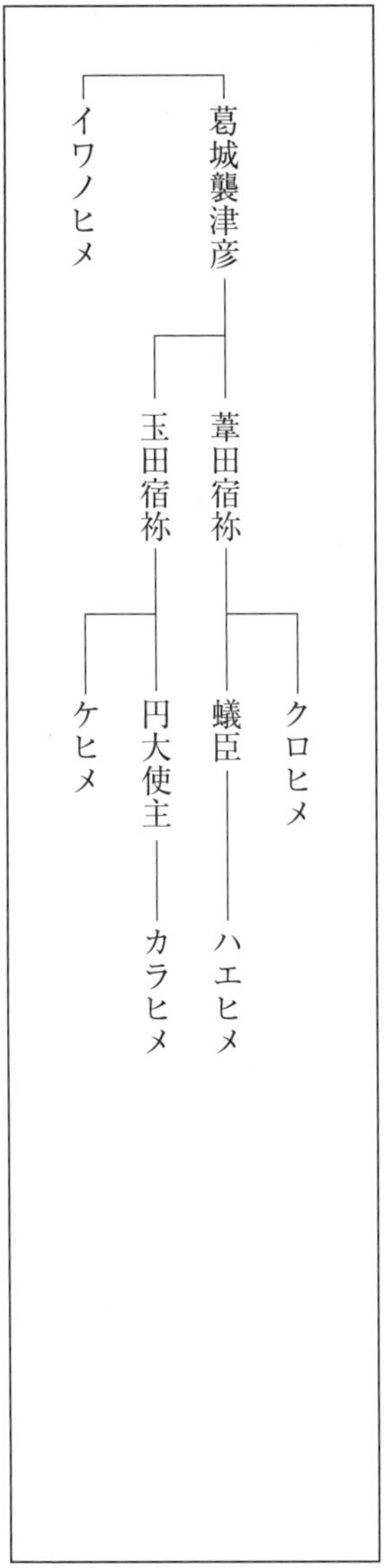

葛城一族がいかに多くの女性を王家に嫁がせていたかが一目瞭然となるが、細かくみるとA系譜は葦田宿祢の一族と、B系譜は玉田宿祢の一族との密接な婚姻関係を形成していることが理解できる。そして、

玉田宿祢と円大使主の父子は允恭・雄略両天皇と対立し滅亡するという悲劇を演じている。玉田宿祢は「葛城襲津彦之孫玉田宿祢」(允恭紀五年七月条)と記すものと、「葛城襲津彦子、玉田宿祢」(雄略紀七年八月条)とする二つの所伝があっていずれが正しいのか明確ではないが、世代関係から推定すると後者の伝えに合理性があるので、本書では子どもとする説を採ることにする。その玉田宿祢については『日本書紀』允恭五年七月条に次のような記事があり、允恭天皇の手で殺されるという悲劇が起きる。

是より先に、葛城襲津彦の孫玉田宿祢に命せて、瑞歯別天皇の殯を主らしむ。則ち地震る夕に当りて、尾張連吾襲を遣して、殯宮の消息を察しむ。時に諸人、悉に聚りて闕けたること無し。唯玉田宿祢のみ無。吾襲、奏して言さく、「殯宮大夫玉田宿祢、殯の所に見らず」とまうす。則ち亦吾襲を葛城に遣して、玉田宿祢を視しむ。是の日に、玉田宿祢、方に男女を集へて、酒宴す。吾襲、状を挙ひて、具に玉田宿祢に告ぐ。宿祢、則ち事有らむことを畏りて、馬一匹を以て、吾襲に授けて礼幣とす。乃ち密に吾襲を遮りて、道路に殺しつ。即ち武内宿祢の墓域に逃げ隠れぬ。天皇聞しめして、玉田宿祢を喚す。玉田宿祢、疑ひて、甲を襖の中に服て、参赴り。甲の端、衣の中より出でたり。天皇、分明に其の状を知しめさむとして、乃ち小墾田采女をして、酒を玉田宿祢に賜ふ。爰に采女、分明に衣の中に鎧有ることを瞻て、具に天皇に奏す。天皇、兵を設けて殺したまはむとす。玉田宿祢、乃ち密に逃げ出でて家に匿れぬ。天皇、更に卒を発して、玉田が家を囲みて、捕へて乃ち誅す。

この事件は定姓の翌年に起きたことになっている。筆者は玉田宿祢の滅亡事件は先ほど述べた定姓と深いつながりのある事件と推測し、允恭の強権発動に基づく定姓の策に玉田宿祢がかなり強硬に異論・反対を唱え、允恭の命令を軽んじる態度に出たのではないかと推察する。こともあろうに玉田宿祢は前王ミズハワケの殯宮儀礼を取りしきる役(殯宮大夫)を命じられていたとする。これをサボタージュし彼は自分の本拠で多くの同族の人々とともに酒宴を開いていたのが発覚したという。

ホムツワケ・ミズハワケ両王の御名に含まれるワケ号は允恭の改革政治によってその本来の機能を骨抜きにされた。玉田宿祢がA系譜を正統視し允恭の即位を快く思っていなかったのかどうかなどは明確ではないが、結果的には彼の一族とB系譜との婚姻関係が略奪婚であり、まともな形式を踏んでいないことは、允恭・雄略の王家と玉田宿祢とが政治的に厳しく対立していたことを暗示するもので、玉田宿祢が允恭の手にかかって滅亡したことは事実であろう。

玉田宿祢は葛城一族が王家と外戚関係にあったがために横柄な態度をとり、またそのために王の施策を大っぴらに批判し抵抗することも容易であった。しかし、允恭が打ちだした方針には自分を含めて臣下の身分を引き下げる要素、反対に王の権勢を著しく高める目論見が顕在している。そのことが玉田宿祢に強烈な不信感と反感をもたらしたと推測する。興味深いのは、事件後葛城一族の称号に大きな変化が生じていることである。玉田はスクネ号を名乗っていたが、その子の世代に当たる円や蟻は使主(臣)すなわちオホミ号に降格していることである。王家の外戚として大きな勢力を保持していた葛城一族は允恭の定姓策に反抗して最初の痛烈な打撃を受けたのである。

ただここで一考を要するのは、允恭と玉田宿祢との政治的な対立は、単に定姓の問題だけではなく、すでに前にも触れたように允恭の后妃をめぐる個別的な葛藤が底流にあった可能性が推測できるだろう。すなわち玉田宿祢がその娘を允恭の正妃にするという提案を持ちかけたのに対し､允恭がこの提案を軽視し、衣通郎女に現を抜かして彼女を正妃にしたという事実である。允恭のいわばこのような特殊な事情が葛城一族とりわけ玉田宿祢との個人的な対立を引き起こす原因ともなったのではなかろうか。玉田宿祢はそのために娘の嫁ぎ先を変更したように思われる。『日本書紀』の雄略七年是歳条に引用してある別本の伝をみると、吉備上道臣田狭の妻は毛媛という女性で、玉田宿祢の娘であったと記している。そして、彼女が美しい女性であったので雄略はその夫を殺し奪いとったという。田狭がどこでいかなるやり方で殺害されたのか不審な点もあるが、葛城と吉備との首長一族同士の婚姻同盟はとりわけB系譜の王族にとっては脅威となり得るものであった。玉田宿祢は允恭の政治的障害であったがゆえに抹殺されていた。雄略は吉備下道臣前津屋とその一族を滅亡させた勢いを駆って上道臣一族にも攻勢をかけたと言えるだろう。

次に特筆される事件は例の葛城円大使主の滅亡である。この事件にはちょっとした前史があり、雄略の兄安康が弟のために整えようとした大草香皇子の妹幡梭皇女との婚姻策が媒酌を命じられた根使主の陰険な欲望と讒言のために決裂し、激怒した安康は大草香皇子の家を攻めてこれを滅亡させ、こともあろうに皇子の妃長田大娘皇女を奪い取って強引に自分の后妃とし、雄略は滅び去った皇子の妹を后妃に迎え入れることとなった。ところが、大草香皇子と長田皇女との間にはすでに眉輪王という子どもがおり、父の死が安康の仕業であることを聞き知った王は安康を暗殺し葛城円大使主の家に逃げ込んで匿われたのである。雄略は直ちに円大使主を攻めて王を差し出し抵抗するのをやめるように働きかけたが、円は臣下の家に匿われた王族は前例のないこととして聞き入れず、結局雄略の軍勢の前に滅亡してしまい、その娘韓媛もまた略奪されて雄略の后妃となるのである。

眉輪王の安康天皇刺殺事件についてはすでに第一章で触れたが、眉輪王の本当の生母は允恭天皇の娘名形大娘皇女（長田大郎女）であり、履中天皇の娘とされる中磯皇女（中蒂姫皇女・長田大娘皇女）と同一人物で、継体天皇の祖父乎非王の母と伝えている中斯知命もまたこの女性と同一人物であったらしい。このように所伝が複雑に錯綜している理由は、ひとえに継体天皇の祖先系譜を秘匿し後世の究明を防遏しようという意図が働いているためである。

そうすると、眉輪王はA系譜の大草香皇子とB系譜の長田大娘皇女との婚儀によって生まれた正統な王位継承者であったのであり、安康は大草香皇子を滅ぼして眉輪王をその母とともに自家に取り込み、やがては王を利用してB系譜の正統化と王統譜の一系化を図ろうとしたのではなかろうか。眉輪王の母は安康の実姉であったから、伝えているような略奪婚であるとするならば安康には近親相姦の疑いがかけられるが、おそらくそれは事実ではなく、安康は大草香皇子の抹殺と眉輪王の取り込みを図るため名目的に姉皇女を略奪したのであろう。しかし、それにしてもこのような暴力的で理不尽な手段による強引な謀略はやはりB系譜が王系としてはなお正統性を獲得できていなかったことを意味するものであろう。

眉輪王が円大使主を頼ったのは、円が大草香皇子を滅亡に追いやったという安康・雄略兄弟の謀略を憎んでいたこと、父親の玉田宿祢が彼らの父允恭に滅ぼされたことへの怨みを懐いていたこと、さらにはB系譜の王統そのものを正統視していなかったからであろう。さらに考えを押し進めると、眉輪王は自ら王権を簒奪する意志を抱いて安康の隙を狙ったこともあり得るし、そのことを知った円大臣にそそのかされて事件を起こした可能性もあるだろう。しかしいずれにせよ、強力な軍事力の前に眉輪王とともに円大使主も滅亡せざるを得なかった。ちなみに、円大使主は『古事記』には都夫良意富美と表記され、書紀には円大臣とか円大使主と記されている。当時にはまだ大臣制などは存在せず使主(意富美)号が意味をもっていた時代であるので、書紀が「大臣」・「大使主」と書いているのは円の自立的・英雄的な精神と態度とを称揚する書紀編者の筆のすさびとでも解すべき現象なのであろう。

3　靫負の軍団

七世紀後半に律令国家が成立し壮大な都城が完成すると、大伴氏はその古来からの伝統に従い、宮城外郭の諸門からの人・モノの出入を厳しくチェックし、不測の事態に備え門部・衛士を率いて昼夜の門衛や都城の夜警を司る衛門府や衛士府の高官を歴仕する場合が多かったので、軍事部門の雄族としてその名を馳せた。宮城十二門のうち中央正面に位置するのが朱雀門、朝堂院の中央正門が応天門(大伴門)であるが、いずれも大伴氏が門衛を担当する慣例があり、その由来は古い。

衛門府は古代日本語でユゲヒノツカサと呼ばれたが、ユゲヒとは靫負のことで、靫は兵士が弓矢の束を背中に背負うための筒型の筥のことであり、それを多数の兵士たちが背負っている象徴的な姿から靫負の語が生まれた。全国から徴集された靫負の農民兵士は大伴氏の族長に率いられて宮門を守衛する慣習が形成されたので、衛門府の通称も倭名では伝統的にユゲヒノツカサという古来の呼称が遺存したのである。

王権に仕奉する大伴氏の軍事的・儀杖的な職掌を見事に表現した文章がある。聖武天皇が天平勝宝元年四月に東大寺大仏の面前で発した長大な宣命の中に出てくる言葉である。

大伴・佐伯宿祢ハ常モ云フ如ク、天皇ガ朝守リ仕ヘ奉ル事顧ナキ人等ニアレバ、汝タチノ祖ドモノ云来ラク、海行バ美ヅク屍、山行バ草ムス屍、王ノ幣ニコソ死メ、能杼ニハ死ナジト云来ル人等トナモ聞召ス。

(『続日本紀』天平勝宝元年四月朔条)

こうした天皇の賛辞に対応する大伴家持の長歌の一節が『万葉集』に収められている。

(前略)海行かば　水漬く屍　山行かば　草生す屍　大君の　辺にこそ死なめ　顧みは　せじと言立て　大夫の　清きその名を　古よ　今の現に　流さへる　祖の子等そ　大伴と　佐伯の氏は　人の祖の　立つる言立て　人の子は　祖の名絶たず　大君に　奉仕ふものと　言ひ継げる　言の職そ　梓弓　手に取り持ちて　剣大刀　腰に取り佩き　朝守り　夕の守りに　大君の　御門の守護　われをおきて　人はあらじと　(下略)

(巻十八　四〇九四)

大君の側にあって後ろを顧みることなく大君のためにのみ死ぬのだと誓いを立てた先祖をもつ子孫こそ、われら大伴・佐伯の二氏である。祖先が立てた言葉に、「祖先の名を絶やさず大君に奉えることである」という言い伝えがあり、われらは梓弓と剣大刀とを身に帯びて大君の御門を朝夕に守護してきたのであり、われら以外にはこの職務を全うすることはできない、と家持は雄雄しく歌い上げている。大君すなわち王の親衛軍としてはじまった大伴一族の過去・現在そして未来への栄誉の精神が滲み出た荘重無比の長歌である。

歴史的にみても大伴氏の役割は著しく軍事的な色彩を帯びている。壬申の乱では大伴馬来田・吹負の兄弟が大海人皇子の味方をして巨大な戦績をあげている。その後の天武朝には大伴御行が兵政官（兵部省）の大輔に任じられ、天武のめざす軍政改革に活躍した。遡って孝徳朝には大伴長徳が天皇の即位に際して金の靫を帯びて壇側に立ち儀式を守衛した。長徳はこの後大化五年に右大臣に就任している。推古朝前後の頃には大伴囓がおり、崇峻朝の蘇我・物部戦争の際には馬子側の将軍となり、その後任那再興のために将軍となって筑紫へ出陣し、推古三年に帰還している。この頃の大伴氏は蘇我氏と密接な関係にあり、すでに往年の勢威を失墜していたが、大伴比羅夫は「手に弓箭・皮楯を執りて」大臣馬子の家に詰め、「昼夜離らず、大臣を守護る」（用明紀二年四月条）とある。宣化・欽明朝には大伴磐・狭手彦が外征に参与し、敏達朝に大伴糠手子が大夫の一員として朝政に活躍した。

安閑天皇は大連大伴金村を親しく「大伴の伯父ども」と呼んでいる。金村は継体天皇の擁立を画策した第一の功臣で、継体の内治・外交政策を補佐して王統断絶の危機を救った。彼は欽明朝初年頃の外交政策の失政により政界を引退したらしいが、その金村の父親とされているのが室屋なのである。室屋には「長命之人也」（『伴氏系図』）という伝承があり、允恭から安康・雄略・清寧・武烈までの諸天皇の世を経歴した人物と伝えられている。

他方、室屋以前のことは確然とした史料がなく、書紀は祖父武日が垂仁天皇の世に大夫となり、景行天皇の時に日本武尊の東征に従い甲斐国の酒折宮で靫部を賜ったと伝えている。武日の子武以（健持）は仲哀天皇の四大夫の一人となり、『伴氏系図』によると大伴宿祢の姓をはじめて賜り、大連となった最初の人物とも伝えている。したがって室屋の父は武以ということになるが、これらの伝承はずっと後世の者が創作した話で史実とは認め難いと思う。ただ、次に引用する官符に室屋大連が雄略天皇から靫部を賜ったとする伝えには信憑性があり、誇張の恐れはあるものの室屋が靫負の部隊を領して宮門を守衛したとする伝承はほぼ信用できる。

今、散位従五位下大伴宿祢真木麻呂、右兵庫頭従五位下佐伯宿祢金山等の解を得るに偁へらく、己等の祖、室屋大連公は、靫負三千人を領いて、左右に分れ衛りたり。是を以て、衛門の開け闔めは、奕葉に相い承く。

(『令集解』職員令・左衛士府条所引弘仁二年十一月二十八日付官符)

先ほど述べたように大伴氏が率いた兵士はみな靫を背に負った弓射の部隊で、地方首長を伴(トモ)に任じその配下の農民兵を靫負部として宮廷に上番させ、大伴と佐伯の族長がこれらの部隊を統率して日常は王宮を警衛し、また行幸時には王の輿を守衛する任務を負ったと考えてよい。『日本書紀』敏達十二年是歳条には、当時百済王に仕えていた日羅という名の倭人が朝廷から召還され帰国していた。彼は自己の身分を次のように説明している。

「檜隈宮御宇天皇の世に、我が君大伴金村大連、国家の奉為に、海表に使しし、火葦北国造刑部靫部阿利斯登の子、臣、達率日羅、天皇の召すと聞きたまへて、恐り畏みて来朝り」とまうす。

日羅の父親は筑紫の火葦北国造の職にあった人物で、刑部という名代の管理者であると同時に靫部として宮廷に出仕し王宮の守衛にも参加した人であった。その子たる日羅は宣化天皇の時代に大伴金村大連の命により海外に赴き、百済宮廷に仕えて達率の地位におり、天皇の帰朝命令に従い帰国したと言っている。その中で彼は金村大連を「我が君」と呼んでいることに注意したい。日羅は百済王と天皇だけでなく、靫部という家職の面から大伴の族長をも「我が君」とみなしており、地方首長らの帰属意識のあり方を鮮明に窺うことができる。

4　大伴（オホトモ）の由来

さて、室屋の史料上の初見は允恭紀十一年三月条で、例の衣通郎女が藤原宮に住まっていた時のこととして、次のような記述がある。

時に天皇、大伴室屋連に詔して曰ひしく、「朕、頃美麗き嬢子を得たり。是、皇后の母弟なり。朕が心に異に愛しとおもふ。冀はくは其の名を後葉に伝へむと欲ふこと、奈何に」とのたまひき。室屋連、勅に依せて奏すに可されぬ。則ち諸国造に科せて、衣通郎女の為に、藤原部を定む。

室屋が允恭の側らに侍っていたこと、奥向きのことについて允恭から直接の相談を受けており、允恭とのきわめて親密な関係があった事情をくみ取ることができる。国造は当時存在しない時代であり、藤原部がこの時に定められたとするのも一考を要する問題であるが、室屋が允恭朝でも早い時期からその侍臣であったことを示唆している。

『三代実録』貞観三年十一月十一日の条に、「健持大連公の子、室屋大連公の第一男、御物宿祢の胤、倭胡連公は、允恭天皇の御世に、始めて讃岐国造に任ぜらる」とあり、室屋の長男は御物で、その胤子の倭胡は允恭朝に讃岐国造になったとする。倭胡（倭子）は雄略九年に海外遠征から帰国して室屋に八咫鏡を献上したと伝える武人で、祖父の室屋とともに允恭朝から活躍がはじまったことを示唆している。ちなみに右の記事でやや注意を要するのは、室屋らの姓が連や大連であるのに彼の子どもの御物だけが宿祢の称号を帯びていることである。『新撰姓氏録』河内国神別条の林宿祢の項にも「室屋大連の男御物宿祢」とあるので、御物自身は特別扱いによりスクネ号を授けられていた蓋然性が高いのではなかろうか。佐伯の一門を立てた人物ということでスクネ号を特賜されたと推測される。

室屋の子どもには先の金村・御物のほかに談などがいたが、このうち金村は大伴一族の正系として室屋の後嗣となったらしい。御物は右の所伝にもあるように佐伯連の始祖となった人物のようで、諸国から上番する佐伯の伴造を統率し、その配下の佐伯部を靫負の兵士として差配した。諸国の佐伯直・佐伯部は西日本一帯に広く分布しており、また畿内における佐伯一族の本拠地が河内国の石川郡・志紀郡、摂津国の豊嶋郡・河辺郡などに所在した模様で、東国との関係がきわめて希薄であり、さらに景行天皇の世に朝廷に進上した蝦夷を播磨・讃岐・伊予・安芸・阿波などの五カ国に配し、これらが佐伯部の祖となったという伝承は信用できない。

次に談には室屋の弟とする伝え（『古屋家家譜』）もあり明確さを欠くが、『新撰姓氏録』左京神別の大伴宿祢の項には、室屋の弁として「衛門の開闔の務めは、職に於いて已に重し。若し一身に堪え難きこと有らば、望むらくは愚児の語と、相伴ないて左右を衛り奉らん」とあって、語は室屋の不肖の子どもであるが、宮門の守衛は重要な職務なので子どもと左右に分衛したいと述べ、これが後世に「大伴佐伯の二氏が、左右の開闔を掌った縁である」と主張している。しかるに、先ほどの条文のように佐伯連の始祖は談(語)ではなく御物となるが、それは談が海外遠征で不慮の戦死を遂げた(雄略紀九年三月条)からであろう。

王宮の門の守衛が宮廷の重職とされたのはそれほど古い時代のことではないと思う。古来王宮には幾つかの門が設置されていたが、王宮そのものがまだ規模の小さい段階では衛門の職務だけが重視されていたとは考えられない。ただ、大伴と佐伯の一族が左右に分かれ宮門を守り王の行幸の護衛に任ずるようになった時期は五世紀代に遡る可能性が高い。なぜならば、後述するように王の親衛軍は当時大伴一族だけではなくほかにも古い来歴の集団が存在したのであり、親衛軍の組織を大伴一族で統括し独占しようとするためには、親衛軍の組織を拡充し古い集団を配下に飲み込むか、あるいはまたその集団を壊滅に追い込み宮廷から排除するしか方法がなかったからである。

ところで、室屋と允恭との関係を説く所伝は先に引用した記事しかなく、その威力はこの後雄略朝において大いに発揮されたらしい。その即位前紀には平群真鳥を大臣となし、室屋と物部連目の二人が大連に任じられたとある。大臣・大連の呼称はおそらく書紀編者らの潤色で、王政に密着して活動した伴造の雄は常に天皇の宮側に侍って守衛の任にあり、天皇からの下問を受け奏言を行う立場にもいたようである。大伴という後の氏名の由来は天皇の治世に預るすべての伴(トモ)の中の伴、あるいは伴集団全体を統括し王政を補佐するという重要な地位にその起源があるのではなかろうか。

雄略九年条には新羅遠征に向かう将軍紀小弓宿祢の願いを天皇に取り次ぎ、不幸にして半島で戦死した小弓の冢墓を田身輪邑に造営せよとの天皇の勅命を受けている。室屋は天皇と有力首長との間を取り持つ役割を果たしたらしく、雄略の死に際しては枕元で遺詔を受け、星川皇子の反乱を鎮圧するのに功績があった。

5　大伴と来目

以上にみてきたような大伴一族の職務と勢威とは『古事記』『日本書紀』の神代巻にも大きく反映しており、ニニギ命が高天原から地上に降臨するに際して大伴氏の始祖が天孫を守り降らしめたと伝えている。

故爾に天忍日命、天津久米命の二人、天の石靫を取り負ひ、頭椎の大刀を取り佩き、天の波士弓を取り持ち、天の鹿児矢を手挟み、御前に立ちて仕へ奉りき。故其の天忍日命、此は大伴連等の祖。天津久米命、此は久米直等の祖なり。

この所伝で注意されるのは、降臨に奉仕した靫負の伴造が大伴と久米の遠祖だと伝えていること、彼らの先祖は天孫の御前に立ちほぼ対等の立場で奉仕したとする点である。本来なら大伴と佐伯の二氏が登場してもおかしくない舞台であるが、ここでは天忍日命と天津久米命という系統の全く異なる氏族が肩を並べて降臨に奉仕したというのである。かの神武東征伝承でも『古事記』は次のように大伴と久米の並列関係を重視している。

爾に大伴連等の祖、道臣命、久米直等の祖、大久米命の二人、兄宇迦斯を召びて、罵詈りて云ひけらく、「伊賀作り仕へ奉れる大殿の内には、意礼先づ入りて、其の仕へ奉らむとする状を明し白せ」といひて、即ち横刀の手上を握り、矛由気矢刺して、追ひ入るる時、乃ち己が作りし押に打たえて死にき。

連と直という後世の姓による尊卑の別は認められるものの、道臣命と大久米命とは対等な働きをしており、『古事記』は天武天皇独自の建国史の構想により久米氏の歴史的役割をより尊重する方針を貫いていたことを思わせる。しかるに、書紀ではこれとは異質の伝承が記載されている。

一書に曰はく、高皇産霊尊、真床覆衾を以て、天津彦国光彦火瓊瓊杵尊に裹せまつりて、則ち天磐戸を引き開け、天八重雲を排分けて、降し奉る。時に、大伴連の遠祖天忍日命、来目部の遠祖天☒津大来目を帥ゐて、背には天磐靫を負ひ、臂には稜威の高鞆を著き、手には天梔弓・天羽羽矢を捉り、八目鳴鏑を副持へ、又頭槌剣を帯きて、天孫の前に立ちて、遊行き降来りて、（下略）

（『日本書紀』神代下・第九段一書第四）

ここでは大伴の遠祖天忍日命が来目部の遠祖天槵津大来目を統率して天孫降臨に奉仕したと記しているので、大伴が来目部を支配下に置いているという上下の統属関係が強調され明確化していることがわかる。そして、神武東征伝承でも書紀には道臣命を主とし来目を従とする所伝を記載している。

是の時、大伴氏の遠祖日臣命、大来目を帥ゐて、元戎に督将として、山を踏み啓け行きて、乃ち烏の向ひの尋に、仰ぎ視て追ふ。乃ち顧に道臣命に勅すらく、「汝、大来目部を帥ゐて、大室を忍坂邑に作りて、盛に宴饗を設けて、虜を誘りて取れ」とのたまふ。

右に天皇の命を受けている日臣命と道臣命は同一人物とされる大伴氏の遠祖であるが、いずれも大来目・大来目部は大伴の従者にしか過ぎない。そして、実際にも来目氏が大伴氏と並び立って衛門の職務や行幸時の護衛を司ったとする記事は一つもなく、かなり早い時期に来目集団は大伴氏の差配下に組み込まれてしまったのだと言えるだろうし、六・七世紀には来目集団の軍事的活動を示す形跡もほとんど知られていない。しかし、来目集団が初期ヤマト王権の親衛軍を勤めていたことは事実で、五世紀代にはA系譜の王統に近侍してその武力を構成していた可能性が高い。

かの神武東征伝承に登場する「久米の子等」は「頭椎い　石椎い持ち　撃ちてし止まむ」という内容の古歌や、その歌謡に対応する久米舞で用いられた手量(タハカリ)、あるいは「倶に其の頭椎剣を抜きて、一時に虜を殺しつ」とする記事などから推測するに、来目集団の武器は頭椎の刀・剣を主力としたもので、大伴の軍団の特徴である靫負とは異なるものであった。大伴一族はおそらく来目集団を排斥するのではなく、それらを自己の統制下に編入して自立した親衛軍としての性格を骨抜きにしたのであろう。

『万葉集』に掲載されている大伴家持の歌には、次のような象徴的なくだりがある。

大伴の　遠つ神祖の　その名をば　大来目主と　負ひ持ちて　仕へし官
(巻十八　四〇九四)

大伴氏の遠祖は天忍日命や日臣命(道臣命)と伝承されている。ところが、右の歌では「大来目主」が「遠つ神祖の　その名」とされている。歌の中で指摘のある「大来目主」とはおそらく書紀の神代巻に登場する「来目部の遠祖天槵津大来目」のことであろうが、その神祖をあたかも大伴一族の世職の原点であるかのように言っているのは、大来目主の親衛軍としての聖なる名負の職務を大伴一族が引き継ぎ負ったことを言おうとしているのではなかろうか。来目部が大伴氏の統率下に入った時期は現実にも古いことであるが、それより以前に大来目主が親衛軍の司令官であった神話的な時期があったことを家持は述べているのであろう。

本書冒頭に示したA系譜の父方の太祖がクメノイサチであったことを、ここで想起していただきたい。前著で詳論しているように、クメノイサチは四世紀後半の時期に女王の親衛軍を率いる軍司令官の地位にあり、またヤマト王権の政治機構のトップにあった宰相的立場の人物であったらしく、女王制の解体・廃止策を強力に推進して自ら女王サホヒメとの婚儀を成し、始祖帝王ホムツワケ・ミズハワケ両王を儲けたのである。そのためにA系譜の王統は来目集団の庇護を受けたことは間違いあるまい。

さらに、A系譜の最後を飾る顕宗・仁賢両天皇を播磨国から探し出したと伝えている人物について、『古事記』と『播磨国風土記』とは双方ともに「山部連小楯」とするが、『日本書紀』清寧二年十一月条には「山部連の先祖伊予来目部小楯」と記し、伊予国久米郡に所縁のある人としている。なぜ来目部の地方統率者である人物が顕宗・仁賢兄弟を発見したとされたのかについては、来目一族がA系譜の王統と深いつながりを持っていたからであり、伝承では予期しない出来事の結果として兄弟の身分が割れたような書き方をしているが、実際には小楯は兄弟の所在地についての情報をはじめから知っていたのかも知れず、むしろ来目一族が彼らを匿っていたということも想定できるのではなかろうか。兄弟のうち先に即位したと伝える顕宗天皇(弘計王)は幼名を来目稚子と称したという(顕宗即位前紀)。この御名に来目一族との関係性が十分現われていると考えられる。

他方のB系譜では、その始祖的な立場にあった允恭には外戚の葛城一族の軍事力や父方のワニ一族の武力を期待することはできたであろうが、それらの庇護から自立して自己独自の権力を拡大するためには子飼いの武力を養成する必要があったのであり、ましてや玉田宿祢との対立が顕在化してからは直属の武臣を身辺に配置することが求められ、その必要性から見出されたのが室屋を族長とする大伴一族であったと考えられる。

第五章でも触れたように、允恭はしばしば河内に行幸をくり返し、とりわけ茅渟宮の造営に象徴されるように大阪湾岸南部地域と和泉地方に自己の勢力を扶植しようと努めた形跡がある。そのような動きの中で当該地域を本拠地としていた大伴一族との出会いとその親衛軍への登用があり、室屋とその子どもたちは允恭の手足となってB系譜の王統の守護者として活躍したのであろう。そのため軍事的にはA系譜の王族は劣勢に立たされ、やがて雄略朝頃には来目一族は大伴氏の配下に組み込まれてしまったと推定できる。『日本書紀』雄略二年七月条には百済の池津媛と石川楯夫婦を姦通の罪により処刑したが、天皇は室屋に命じて来目部に焼殺させており、来目集団はその頃すでに大伴の支配と統率を受けていた事情を読みとることができる。また、雄略九年三月条には大伴談連・同姓津麻呂とともに新羅遠征の戦闘で死んだ紀岡前来目連と名乗る人物がいたが、紀岡前は現在に遺る和歌山市岡崎の地名とみなされ、そこを本拠とした来目氏と考えられる。

この人物は不思議なことに清寧即位前紀に記述されている星川皇子の反乱事件に「城丘前来目闕名」として再度登場し、しかも室屋に楯突いて反乱側に味方をしているので何らかの史料上の錯誤があるようだが、来目集団は大伴氏と対立する歴史的要素があったので、この記事を単純に錯簡として片付けることはできない。さらに、事件の結果室屋は「難波の来目邑の大井戸の田十町」を手に入れているが、難波に来目邑(住吉郡遠里小野説がある)があったということは、後に金村が引退した「住吉宅」(欽明即位前紀)との関連性が想定されるところで看過できない。

6　大伴一族の本拠地

室屋が元来どこの人であったのかは分明ではない。一般に大伴氏は摂津国と和泉国にまたがる大阪湾岸一帯を本拠とした氏族と推定されており、どこか特定の地域が本拠地であったとは考えられていない。『万葉集』に「大伴の御津」「大伴の高師浜」などを歌ったものが散見され、当該地域の港津群(難波津・住吉津・浅香浦・高師浜・和泉大津・雄湊・深日・田身輪邑)が大伴氏と深い関係にあった証跡であると考えられることから、かなり漠然とした想定ではあるが、これらの地域が大伴氏の本貫ではないかと考えられてきたのである。

『日本書紀』の雄略紀九年五月条には「汝大伴卿、紀卿等と、同じ国近き隣の人にして、由来ること尚し」という著名な勅語がみえている。これによると、大伴氏と紀氏とは同国・近隣の関係にあったことがわかり、紀卿すなわち紀小弓宿祢の本貫が紀伊国でも紀ノ川下流域であったとすれば、大伴氏の本貫も同じく紀伊国であったことが想定できる。ただ、この文章では紀小弓宿祢の冢墓を田身輪邑に造営することが話題になっており、しかも泉南(和泉国日根郡)の淡輪・岬町には淡輪ニサンザイ古墳・西小山古墳・西陵古墳など墳丘の全長が二百メートルを超える四世紀後半から五世紀中葉にかけての前方後円墳が所在しているので、少なくとも紀氏の勢力は和歌山平野から北の和泉山脈を越えた泉南地域にまで及んでいたことがわかり、さらに、飛び地としての様相を呈するが和泉郡坂本郷には紀宿祢同族の坂本臣が定着していたので、紀伊国の範囲だけで右の所伝を解釈しようとするのはもとより誤りとも言える。

しかし、右の勅語は全体として和歌山平野と泉南地域が両氏の本貫領域であったことを述べており、史料の分布の様相からみて泉南が大伴氏の本拠地の可能性の少ない地域であったとすると、やはり紀伊国こそが大伴一族の本貫ではなかったのかと想定されてくるであろう。

『古屋家家譜』によると、大伴氏の遠祖道臣命(本名日臣命)は「紀伊国名草郡片岡之地に生まる」とあり、延喜式内社の刺田比古神社(名草郡片岡里・和歌山市片岡町)は祭神を道臣命と大伴狭手彦連としている。神護景雲三年に陸奥国牡鹿郡俘囚で外少初位上勲七等の大伴部押人が奏言したところによると、押人の先祖は紀伊国名草郡片岡里の人で大伴部直の姓を負っていたと言う。片岡の地は紀伊国の大伴一族にとり枢要な土地であったようである。

大伴連の同族で狭手彦の後裔と称する氏族には大田部連(大伴大田宿祢)・榎本連などがいたが、名草郡大田郷(和歌山市宮)には大田の町名が現在でも遺存しており、大田部連の本貫が和歌川(旧紀ノ川本流)の沿岸にあったことを示す。榎本連については、名草郡の前少領榎本連千嶋の名が知られ(『続日本紀』天平神護元年十月条)、同じく名草郡の主帳榎本連(『平安遺文』一―一一二号)がいた。また、『日本霊異記』下巻には紀伊国牟婁郡の人で安諦郡荒田村に居住する自度の僧がいたとする。彼は俗名を榎本氏とし字を牟婁の沙弥と呼ばれたという。壬申の乱の際に甘羅村(宇陀郡)で大海人皇子の一行に偶然出会った猟者の首大伴朴本連大国は、大和国在住の人なのか紀伊国の猟者かは不明であるが、紀ノ川上流の山岳地帯は大伴一族が盛んに活用した狩猟場であった可能性があり、神武東征に従った道臣命は熊野から宇陀まで官軍を道案内し、吉野郡の「丹生の川上」において勅命により高皇産霊尊を顕斎したと伝えている。

紀ノ川下流域には紀伊水門と総称される港津群があったらしいが、とくに名草郡に散見される宇治(和歌山市宇治)津・吉田(和歌山市吉田)津・櫟津などの古い港津名はみな大伴氏の同族の本貫名でもあり、宇治大伴連・大伴吉田連・大伴櫟津連らはそれぞれ港津を舞台に活躍した氏族であり、『続日本紀』神亀元年十月条によると、名草郡少領で正八位下の位階をもつ大伴櫟津連子人は聖武天皇の紀伊行幸の際に褒賞を受けた。また、『日本霊異記』には「大花位大部屋栖野古連公は、紀伊国名草郡の宇治大伴連等が先祖なり」とあり、和泉国の海中を漂う霊木を高脚濱に引き上げたとし、後に厩戸皇子の侍者となり難波に居住したとする。紀伊水門から大阪湾岸各地の港津を舞台に活躍した大伴一族のあり方が窺えるだろう。

同じく名草郡の忌部郷付近には大伴若宮連氏の一族が居住していたが、紀伊国府の所在地であった河北の直川郷にも伴直継岡(『平安遺文』一―一三〇号)や伴連宅子(『三代実録』貞観六年八月十三日条)がおり、名草郡は紀宿祢一族や紀国造紀直氏だけでなく大伴一族も濃密に分布していたことがわかる。『古屋家家譜』には磐・狭手彦・糠手古連らの兄弟に宇遅古連の名がみえているが、その尻付に「是は宇治大伴連・神私連・大伴櫟津連等の祖なり」とあり、神私連は紀国造が奉祭していた日前宮・国懸宮の祭祀に関わりをもった氏族であろう。

次に、名草郡の東に隣接する紀ノ川中流域の那賀郡に目を向けると、かの有名な観音信仰の大利粉河寺は大伴孔子古の草創した寺院として著名である。孔子古は猟を生活の糧としていたと伝えているが、広く肥沃な平地の少ない紀ノ川中流域の大伴氏は生業を山野の産物や交易などに求めるほかはなかったのだろう。この地域には六世紀に屯倉が設置されたようであるが、「那賀屯倉」を管掌したと伝える大伴加爾古連（『古屋家家譜』）は仲丸子（連・宿祢）氏の先祖であり、安閑二年五月条にみえる経湍（和歌山市布施屋）・河辺（和歌山市河辺）両屯倉と那賀屯倉との関係は明らかではないが、『日本霊異記』下巻に紀伊国那賀郡彌気里人で俗姓を大伴連と称した沙弥信行にまつわる逸話が載せられており、彌気里は屯倉の所在地名に他ならず、これらの屯倉に本郡山前郷を本拠地とした大伴山前連、あるいは那賀郡那賀郷戸主の大伴連伯万呂・蓑万呂や伴連益継・貞宗父子の先祖らが関与していた可能性は強い。なお、那賀郡山前郷には狛村があったらしいのであるが、欽明朝に高句麗征討将軍として半島に派遣された大伴連狭手彦は、その戦果の一部として大伴狛夫人と通称された妻を彼の地から連れてきたらしく、その定着した土地が狛村と呼ばれたのではなかろうか。

以上により、大伴一族の本拠地は紀伊国名草・那賀両郡地方であると推測できるが、名草郡こそが本貫であり、室屋は紀伊水門に関わる航路や水運の機能を根拠にしながら大阪湾岸周辺へも進出し、允恭が茅渟宮を造営し狩猟のために日根野への行幸をくり返すなかで積極的に王権への接触を図り、軍事・交通部門でまずその器量が認められ登用されるようになり、やがて急速に紀伊国の本貫から畿内各地に居住の重心を遷していったという経緯を想定したい。

大伴一族は王家に仕える軍事的な職務の必要性から一ヶ所に集住していたとは考え難い。王権の本居地である大和国にはもともと大伴氏の拠地はなかったはずであるから、室屋が三人の子どもたちを率いて允恭に仕えるようになると、允恭はまず大和国内に活動拠点となるべき主要な土地を与えたに相違あるまい。その土地は当然允恭の宮室遠飛鳥藤原宮にも近く、しかもA系譜に近侍する来目集団の居住地を牽制できるような地点がふさわしいと考えられる。『日本書紀』神武二年二月条によれば、

天皇、功を定め賞を行ひたまふ。道臣命に宅地を賜ひて、築坂邑に居らしめたまひて、寵異みたまふ。亦大来目をして畝傍山の西の川辺の地に居らしめたまふ。今、来目邑と号くるは、此、其の縁なり。

とあって、あたかも大伴・来目両氏を同時に功賞したかのような書きぶりになっているのだが、実際のところは来目邑(大和国高市郡久米郷)に近い築坂の地に大伴一族の拠点を置き、来目集団を支配下に統制させようとしたのだろう。ちなみに築坂邑の所在地については鳥屋神社(橿原市鳥屋町)の鎮座地や、畝傍山南方の一帯が身狭桃花鳥坂という古代地名の所在地と推定されることから、畝傍山西麓の来目邑に対峙する形で大伴氏の居住地が定められたと考えられるだろう。

その他に、大和国内で大伴一族に所縁のある地名を探すと、十市郡の竹田(橿原市東竹田町)・高市郡の百済や城上郡の跡見(桜井市外山)がまず挙げられる。竹田と跡見は大伴氏の田荘があったとされるところで、竹田は中ツ道と、跡見は横大路・山辺道などの幹線交通路の要衝に近接する地点であり、百済は壬申の乱の際に大伴馬来田・吹負らの居宅(「百済家」)が所在した地であることを示す。横大路沿いに百済の地名は二ヶ所あり、一つは天香具山の西麓で藤原宮内裏の東側の一域、もう一つは最近発掘調査で明らかにされた舒明朝の百済大寺の所在地である桜井市吉備付近である。双方はそれほどかけ離れてはいないが、

前者が妥当であるとすると允恭の遠飛鳥藤原宮の所在地と直接関係のある土地ということになり、この地は室屋以来の拠点と推定することも可能であろう。

ところで、雄略天皇はかなり頻繁に葛城地方へ行幸をくり返したらしい。伝承では葛城山の山中において葛城一言主大神と邂逅し、最初は見知らぬ神と対峙して緊張するも、互いに名乗りをあげた後には和解したと伝えている。天皇の葛城行幸はこの地に蟠踞した葛城一族を服属させるという政治的意義をもつ行為であり、地域を代表する神との和解は天皇の意図が一定程度達成されたことを示唆するものである。雄略は即位以前に玉田宿祢の子円大使主を攻撃して滅亡させており、彼の所有した「五つ処の屯宅」「葛城の宅七区」を奪い取っている。これらの所領のうち葛下郡に鎮座する葛木御縣神社(葛城市新庄町葛木)の所在地は王室の御県が設置された土地と推定できるが、同じ新庄町大屋に鎮座する延喜式内の金村神社は大伴金村を祭神としており、雄略の行幸を先導し葛城一族と軍事的に対決した大伴室屋・金村父子の活動を象徴する遺跡であると考えられる。

その金村は晩年には失政のゆえに「住吉宅」(欽明即位前紀)に籠もりそこで死んだらしい。住吉は墨江と呼ばれた良港の所在地で四世紀後半頃に対百済外交の拠点港として開設された文字通りの大津であった。前著で究明したように、住吉の大神はA系譜のホムツワケ・ミズハワケ両王の誕生に重要な役割を果たした神で、倭王讃・珍の対宋外交の政治的根拠地ともなっていたであろう。

おそらく允恭は住吉大津に対抗する目的により和泉地方に進出し、自己の対外関係の拠点港を新たに開設する方策を模索したと推定され、茅渟宮の造営はその外港和泉大津の開設と関わる措置ともみられるが、最終的にはやはり大伴の軍団を住吉に駐屯させることにより住吉大津を確保したと推測できる。その現われが金村の「住吉宅」の経営と「難波の来目邑」の存在であろう。

古代の大阪平野において交通上の最大の要衝と目すべき場所は石川と旧大和川の合流点に近接する古市・志紀両郡の地であり、大和国と河内国を結ぶ基幹交通路が当地に集まっている。

藤井寺市林は志紀郡拝志郷の遺称地であるが、延喜式内の伴林氏神社が鎮座し、大伴御物は『伴氏系図』に「林宿祢」とあり、『新撰姓氏録』河内国神別条に載せる林宿祢は「大伴宿祢と同じき祖、室屋大連公の男御物宿祢の後なり」と称していて、御物の本拠がこの地にあったことを窺わせる。御物は先ほど指摘したように佐伯宿祢の元祖とされる人で、石川上流の石川郡佐備郷（富田林市佐備・竜泉）には佐伯宿祢形見・諸上の父子が居住していたが、付近には石川大伴村（富田林市北大伴町・南大伴町）があり、大伴糠手子連が日羅に随行して来た百済の水手を滞留させた土地であり、石川流域には濃密に大伴・佐伯の同族が分布していた。

さらに北摂地方では猪名川の中流域に佐伯氏の拠点があったようである。『日本書紀』仁徳三十八年七月条には、天皇と皇后は毎夜菟餓野の方から聞こえてくる鹿の声を賞美していたが、ある時鹿鳴がぱったりしなくなったので調べてみると、猪名県の佐伯部が牡鹿を調理して天皇の食事に献上したという。驚いた天皇は佐伯部を皇居に近づけることを憎み、安芸国の渟田へ移住させたとする。猪名県は摂津国豊嶋・河辺両郡地方に属し、奈良時代には豊嶋郡に佐伯村（『西大寺資財流記帳』）があった。池田市の五月山は佐伯山が訛った地名で、旧西国街道と摂丹を結ぶ古道の交わる地域に当たり、軍事的な要衝の地であった。

かなり詳しく大伴・佐伯両氏の本拠地・居住地をみてきたが、紀伊国はそもそも大伴一族の始原の本貫と考えられ、允恭に見出された室屋がその靫負の親衛軍の核として活動するようになってからは、大和・河内・和泉・摂津各地の水陸両交通上の要地に数多くの拠点を構え、允恭・雄略王権の手足となって活動したことが推定できたと思う。この軍事力を背景として允恭ひいてはB系譜の勢威が増大し、A系譜の王統はその武力の脅威の前に滅亡の危機に瀕したと言えるのである。

第八章　王者の陵墓

1　王陵造営の伝承

よく知られているように大阪平野には五世紀代の大規模な古墳群がある。古市・百舌鳥古墳群であり、当代の王陵・后妃陵・王子王女陵・王族墓・侍臣墓などが多数含まれていることは間違いない。ただし、古墳群についての確実な記録が残されておらず、また日本の墓制では古来より陵墓内に墓誌を入れる風習がなかったので、どの古墳が誰の陵墓なのかという問題についてはほとんど不明なのである。ただわずかな事例ではあるが、王陵・后妃陵に関しては『古事記』『日本書紀』や『延喜式』などにその造営や所在地についての記述があり、両書の基をなした「帝紀・旧辞」にも王陵所在地の記録を残す意図があったらしく、断片的ながらも陵墓造営に関わる伝承がそれに付随して散見している。とりわけ五世紀の王陵には興味深い所伝が存する。

白鳥陵守等を差して役丁に充てつ。時に天皇、親ら役の所に臨みたまふ。爰に陵守目杵、忽に白鹿に化りて走ぐ。是に、天皇、詔して曰はく、「是の陵、本より空し。故、其の陵守を除めむと欲して、甫めて役丁に差せり。今是の怪者を視るに、甚だ懼し。陵守をな動しそ」とのたまふ。則ち且、土師

連等に授く。（『日本書紀』仁徳六十年十月条）

ヤマトタケルの河内旧市邑にある白鳥陵にまつわる伝説である。「是の陵、本より空し」とあるのは、タケルの霊魂が白鳥と化して「高く翔びて天に上りぬ」（『日本書紀』景行四十年是歳条）とされたからである。しかし、陵守だけは置かれていたので、被葬者のいない陵墓の守衛は無駄だからと天皇は陵守を役丁に充てようとした。しかるに、陵守の目杵が白鹿に変じて逃走するという異変が起きたので、役民として徴発することは停止したというのである。

この話はおそらく各地の陵守を管理した土師連が伝えていたもので、陵守の就役を免除させようとする特権意識と、王陵の管理がただならぬ仕事なのだとする聖職者としての意識が強く滲み出ている。しかし、この説話の最も興味深い点は、陵守が地霊の化身である白鹿に変身したということであり、それほどに陵守は陵墓を守る地霊と一体化した存在だということを示すことにある。巨大な陵墓を造営するにはその土地霊の起こす異変にとりわけ注意しなければならなかったことを示している。

河内の石津原に幸して、陵地を定めたまふ。始めて陵を築く。是の日に、鹿有りて、忽に野の中より起りて、走りて役民の中に入りて仆れ死ぬ。時に其の忽に死ぬることを異びて、其の痍を探む。即ち百舌鳥、耳より出でて飛び去りぬ。因りて耳の中を視るに、悉に咋ひ割き剥げり。故、其の処を号けて、百舌鳥耳原と曰ふは、其れ是の縁なり。（『日本書紀』仁徳六十七年十月条）

河内の石津原というのは和泉国大鳥郡石津郷の原野を意味し、現在の石津川の下流に当たる堺市石津町一帯の地域であろう。延喜式内の石津太社神社（堺市浜寺石津町）が海岸寄りの石津川自然堤防上に、論社の石津神社（堺市石津町）が上野芝台地から西に延びる低い台地の端部に鎮座している。石津神社のすぐ北には乳の岡古墳があるので、社地より少し西方に往古の波打ち際があったものと想像される。したがって、石津原というのは石津川沿いの低地を指していることは間違いあるまい。右の伝承では仁徳天皇がこの地を訪れて自分の寿陵の適地を定め、数日後から築造作業を開始すると、突然役民の群れの中に倒れ伏した鹿の耳から百舌鳥が飛び出すという異変が起こったので、その造陵の地を百舌鳥耳原と名づけたというのである。

この伝承から読みとれる事項の一つは鹿と百舌鳥に関わる異変の意味である。古代の原野には多くの鹿が生息していたが、この話に登場する鹿はこの地域の地主神の化身であり、それが役民の目の前で倒れ伏したのは地主神が自分の領地を天皇のために明け渡したことを意味し、役民がそのことを目の当たりにしたということが大事なのである。そして鹿の耳から百舌鳥が飛び出してどこかへ去ったというのは、神霊が鳥の姿に変身して別世界へ退去したということを意味するであろう。すなわち、仁徳天皇の陵墓の造営はその地の神の承認を得た行為であることを強調し、この地に生活の資源を求めてきた民衆の土地収用と重労働を伴う役務への反感を宥めようとしたのである。陵墓の造営に当たっては、その土地の生き物を地霊に捧げ鎮める祭祀が行われたのではなかろうか。

もう一つの問題は、右の文章の中に地名が二つ出てくるということである。一つは「石津原」であり、もう一つは「百舌鳥耳原」である。石津原はすでに述べたように石津川の流域に広がる低地で、この地には河川沿いと河口部などに幾つかの村が成立していた可能性があり、奈良時代には石津郷や塩穴郷が形成された。したがって天皇はここへは造陵の適地の視察のために赴いたわけであり、当地に陵墓を造営する意図はなかったのだろう。重要な点として石津原は古くから当地の住民たちの生活の場であったことである。

もう一つの「百舌鳥耳原」は「百舌鳥野」（仁徳紀四十三年九月条）と呼ばれた広大な丘陵と原野の中にある一域の「耳原」を指すものと思う。百舌鳥野には「石津原」のような村が数多く散在していただろうが、そのうち「耳原」の村に住んでいた民衆は陵墓造営のために強制的な立ち退きを命じられた。そのために百舌鳥が鹿の耳から飛び出すという異変の説話が作られる必要があったのだろう。右の話は「耳原」という陵号の起源説話のようになっているのだが、それは本末転倒の話であり、「耳原」は古くから当地にあった村名と考えるべきである。

右の陵墓造営伝承は仁徳天皇のものとされており、天皇は八十七年正月に死没し十月に「百舌鳥野陵」に葬られたとあるので、「百舌鳥耳原陵」＝「百舌鳥野陵」の等式が成り立ちそうにも思えるが、当地には超巨大古墳が二基あり、右のものがいずれの古墳の造営伝承なのかが明確ではない。これは百舌鳥野に最初に造営された王陵にまつわる話ではないかと想像されるので、百舌鳥ミサンザイ古墳（現履中天皇陵）の造営にまつわる話の可能性が高く、「耳原」は「石津原」に近いかまたは隣接した小地域の地名と思われ、筆者としては石津丘古墳とも通称される百舌鳥ミサンザイ古墳の造営伝承と捉えるべきだと考える。このように考えてくると、書紀は奇しくも女王制と男王制の開始に関わる王陵造営の伝承を二つながら書き留めていたことが理解される。前者は崇神紀十年九月条に載せる箸墓造営伝承である。

是の後に、倭迹迹日百襲姫命、大物主神の妻と為る。然れども其の神常に昼は見えずして、夜のみ来す。倭迹迹姫命、夫に語りて曰はく、「君常に昼は見えたまはねば、分明に其の尊顔を視ること得ず。願はくは暫留りたまへ。明旦に、仰ぎて美麗しき威儀を観たてまつらむと欲ふ」といふ。大神対へて曰はく、「言理灼然なり。吾明旦に汝が櫛笥に入りて居らむ。願はくは吾が形にな驚きましそ」とのたまふ。爰に倭迹迹姫命、心の裏に密に異ぶ。明くるを待ちて櫛笥を見れば、遂に美麗しき小蛇有り。其の長さ大さ衣紐の如し。則ち驚きて叫啼ぶ。時に大神恥ぢて、忽に人の形と化りたまふ。其の妻に謂りて曰はく、「汝、忍びずして吾に羞せつ。吾還りて汝に羞せむ」とのたまふ。仍りて大虚を践みて、御諸山に登ります。爰に倭迹迹姫命仰ぎ見て、悔いて急居。急居、此をば菟岐于と云ふ。則ち箸に陰を撞きて薨りましぬ。乃ち大市に葬りまつる。故、時人、其の墓を号けて、箸墓と謂ふ。是の墓は、日は人作り、夜は神作る。故、大坂山の石を運びて造る。則ち山より墓に至るまでに、人民相踵ぎて、手逓伝にして運ぶ。時人歌して曰はく、

大坂に　継ぎ登れる　石群を　手逓伝に越さば　越しかてむかも

古墳時代は大まかに前期・中期・後期・終末期に区分されることが多い。このうち前期が三・四世紀代の古墳を、中期はほぼ五世紀の古墳を指すものとみてよく、筆者の見方では大和に造営された前期の巨大古墳はすべて女王陵に比定すべきもの、河内に造営された超巨大古墳は倭の五王の陵墓に考定できるものと考えている。その中で右の箸墓造営伝説は初代女王卑弥呼の造陵にまつわる原話を基に改作した説話で

あり、仁徳天皇の造陵伝説は倭の五王のうち始祖帝王＝倭王讃の造陵伝承であると考えられる。

一般的な特色として、前期古墳の副葬品と中期のそれとの間にはきわめて大きな変質と断層が見受けられ、前者は「呪術的」「司祭者的」な色彩を帯びた器物が、後者には「政治的」「支配者的」な性格の器物が副葬されている。例えば石釧・鍬形石・勾玉・銅鏡などは前期古墳に、大量の甲冑・馬具とか鉄鋌などの大陸伝来の輸入品は中期古墳に副葬され、こうした特色は騎馬民族の到来による支配者集団の交替による変化を反映するものと説かれたりしたこともあるが、そうではなく、ヤマト王権の政治形態が女王制から男王制に急激に変質した事実や、王権と朝鮮半島との交流のあり方が前代とは激変し、それに伴い王者の葬送儀礼や死生観・宗教観にも変化が現われたことを意味するものであろう。

箸墓造営伝承では、巨大な古墳の造営には女王を加護した神の助けがあったと伝え、「是の墓は、日は人作り、夜は神作る」というような神秘的な様相を呈しており、また神は櫛の中に籠もる小蛇であったり、「人の形と化り」「大虚を践みて、御諸山に登ります」と具体的に記している。物語の全体が神話そのもので、箸墓の造営に民衆の苦役の歎声は聞き取れない。

それに対し、仁徳陵の造営では民衆ははっきりと「役民」と捉えられており、造陵が民衆にとっては苦役とみなされていたことを示す。また、地霊を象徴する鹿は役民たちの目の前で倒れ死に、民衆は最初自分たちの築陵工事のせいで鹿に「痍」をつけてしまったのかと疑いを懐いたとする。彼らの手にはおそらく鉄の刃先を持つ鋤・鍬が握られていたのである。また百舌鳥が飛び出した耳の中は「悉に咋ひ割き剥げり」とあって、天皇に贄として差し出されるはずの鹿が異変を起し、天皇の死そのものを予兆する役割をも果たしており、この話には全体に漠然とした不安感が漂っている。このように同じ王陵の造営にも時代により変化と断層が窺われるのである。

古代史の世界で大きな謎の一つである仁徳天皇陵（大山古墳）の真実の被葬者が誰なのかという問題については、文献史学の立場からも大いに再考してみる機運が高まっており、その際には倭の五王の陵墓がどれとどれであるのかという課題だけではなく、前代の女王陵に関わる問題にまで言及して幅広い歴史的な視野から検討することが肝要であり、筆者は本書で倭の五王に関わる独自の王統譜論を展開してきた関係上、この課題について発言する義務を有すると考えているので、これからしばらくの間は未熟ながらも陵墓論を披瀝することにしたい。なお、筆者は考古学を専門外とするため以下の叙述には誤解やあらぬ推測をしている場合があるかも知れない。専門家の批判と教示を得ることができれば幸いである。

2　倭の五王の陵墓

倭の五王の陵墓を究明する前提として、図1のA系譜・B系譜にその名が登場する四人の太祖に相当する人物、すなわち女王サホヒメとクメノイサチのペアとサホヒコ王とイワノヒメのペアの陵墓を明らかにする必要がある。詳しいことは前著で述べているので、ここでは結論めいたことを簡単に記しておきたい。

基本的な考え方としては、これら四人の人物は女王制から男王制への転換期に生きた人びとであり、ヤマト王権の政策による大和から河内への陵墓域の移動に関わっていることは間違いなく、それゆえに陵墓の所在地は両国において探索されてしかるべきであり、またそれぞれの系譜上の位置から巨大古墳に葬られていることも確実であろう。

まず、A系譜の女王サホヒメであるが、女王であるがゆえに佐紀楯列古墳群西群中で最後の造営とされる五社神古墳（奈良市山陵町・神功皇后陵・二七三メートル）の被葬者とみるのが妥当である。筆者の推定ではサホヒメは初代女王卑弥呼から数えて七代目の女王であるが、大和国出身者としては最初にして最後の女王であったらしく、次代の始祖帝王を身ごもるというきわめて重要な役割を果たした女王であった。虚構の女皇である神功皇后陵が五社神古墳に擬定されてきたのはサホヒメの実在性を隠匿するための措置と評せるであろう。

次に女王と婚儀を結んだクメノイサチの墓については、女王制の解体・廃止策を最も強く推進したヤマト王権の大立者と推定され、さらに河内での王陵の造営を企画し考案した人物と目されることから、その墓は古市・百舌鳥古墳群中最初期の古墳が妥当と考えられ、津堂城山古墳（藤井寺市津堂・二〇八メートル）を彼の奥津城とみたい。

B系譜のサホヒコ王陵については、サホヒコ王が女王サホヒメの輔政者であったという政治上・身分上の立場と、サホがこれら兄妹の本拠地であったという関係から、女王の陵墓域からやや離れた位置にある宝来山古墳（奈良市尼辻町・垂仁天皇陵・二二七メートル）が最もふさわしい。サホヒコ王は垂仁天皇に反逆した人物として描かれているが、実際には女王制の解体・廃止策を推し進めた人物でB系譜の太祖的位置におり、その身分にふさわしい陵墓が造営されたと考えられる。

イワノヒメについては本書の第五章で詳しく論じたところであり、その墓は「那羅の山口」「平城坂上墓」

と伝承されているように、那羅山丘陵に該当古墳を探索すべきである。イワノヒメの奥津城がこの地に築成されたのは夫サホヒコ王の本拠地であったことが関係し、またこの後に后妃の墓域としての先がけを成した可能性があるだろう。現在、佐紀ヒシアゲ古墳（奈良市佐紀町・二二〇メートル）が磐之媛陵に治定されているものの造営年代に少し矛盾があるようである。佐紀楯列古墳群東群の中でも最古の市庭古墳（奈良市佐紀町・平城天皇陵・二五〇メートル）またはコナベ古墳（奈良市法華寺北町・陵墓参考地・二〇七メートル）が彼女の墓ではなかろうか。

以上、倭の五王誕生の直接の契機を成した四人の男女の陵墓についての私見を述べ終わったので、次にはいよいよ五王の陵墓を検討することにしたい。左表は五世紀代に古市・百舌鳥古墳群中に築造された巨大古墳を規模の順に列挙したものである。ここで言う規模の意味については前方後円墳で墳丘の全長を基準にし、その造営年代はまったく考慮に入れていないことを念のために申し添えておく。なお本書で巨大古墳とは墳丘長二百メートル前後以上の規模を有する大型の前方後円墳を指している。

①大山古墳	仁徳天皇陵	四八六メートル	堺市堺区大仙町
②誉田御廟山古墳	応神天皇陵	四二五メートル	羽曳野市誉田
③百舌鳥ミサンザイ古墳	履中天皇陵	三六五メートル	堺市堺区石津ヶ丘
④土師ニサンザイ古墳	陵墓参考地	二九六メートル	堺市中区百舌鳥西之町
⑤仲津山古墳	仲姫陵	二八五メートル	藤井寺市沢田

⑥岡ミサンザイ古墳	仲哀天皇陵	二四二メートル	藤井寺市藤井寺
⑦市野山古墳	允恭天皇陵	二二七メートル	藤井寺市道明寺町
⑧墓山古墳	国指定史跡	二二五メートル	羽曳野市白鳥
⑨津堂城山古墳	陵墓参考地	二〇八メートル	藤井寺市津堂
⑩百舌鳥御廟山古墳	陵墓参考地	一九二メートル	堺市中区百舌鳥本町
⑪軽里大塚古墳	日本武尊陵	一八九メートル	羽曳野市軽里

倭の五王の陵墓は右に掲げた古墳のうちいずれか五基の古墳が該当するであろう。ただし、先ほど指摘しておいたように造営年代を考慮していないので直ちに比定作業に入ることはできない。そこで、問題の解決に近づくために古市・百舌鳥古墳群以外の古墳群で、畿内地域で造営された五世紀代の巨大古墳を規模の面から順に列挙してみると次のようになる。ここでもひとまず造営年代は考慮に入れていない。

・ウワナベ古墳	陵墓参考地	二五五メートル	奈良市法華寺町
・市庭古墳	平城天皇陵	二五〇メートル	奈良市佐紀町
・室宮山古墳	国指定史跡	二三八メートル	御所市室
・太田茶臼山古墳	陵墓参考地	二二六メートル	茨木市太田
・佐紀ヒシアゲ古墳	磐之媛陵	二二〇メートル	奈良市佐紀町

・築山古墳　陵墓参考地　二一〇メートル　大和高田市築山
・淡輪ニサンザイ古墳　宇度墓　二一〇メートル　泉南郡岬町淡輪
・西陵古墳　国指定史跡　二一〇メートル　泉南郡岬町淡輪
・コナベ古墳　陵墓参考地　二〇七メートル　奈良市法華寺町
・新木山古墳　陵墓参考地　二〇〇メートル　北葛城郡広陵町

倭の五王の陵墓は古市・百舌鳥古墳群中に造営されたと推定できるので、王陵とは性格の異なるウワナベ古墳以下の墳丘規模が王陵を決定していく上での一つの目安になると考えられ、全長およそ二五〇メートル前後以下の古墳は王陵としてはふさわしいものではないと言えるだろう。

次に、左表は先ほど①～⑪までの番号を付した古墳を造営年代に従って並べたものである。参照したのは森浩一編『天皇陵古墳』（大巧社、一九九六年）・白石太一郎『古墳と古墳群の研究』（塙書房、二〇〇〇年）である。ただし、正確無比な造営年代は筆者の情報や経験ではわからないのでほぼ同時期の古墳をグループごとにまとめて列挙しておく。

a・百舌鳥ミサンザイ古墳　履中天皇陵　三六五メートル　中期前葉
・仲津山古墳　仲津媛陵　二八五メートル　中期前葉
・津堂城山古墳　陵墓参考地　二〇五メートル　中期前葉

b・誉田御廟山古墳　応神天皇陵　四二五メートル　中期中葉〜後葉
・墓山古墳　国指定史跡　二二五メートル　中期中葉
c・大山古墳　仁徳天皇陵　四八六メートル　中期後葉
・市野山古墳　允恭天皇陵　二二七メートル　中期後葉
d・土師ニサンザイ古墳　陵墓参考地　二九六メートル　中期後葉以降
・百舌鳥御廟山古墳　陵墓参考地　一九二メートル　中期後葉以降
・軽里大塚古墳　日本武尊陵　一八九メートル　中期後葉以降
e・岡ミサンザイ古墳　仲哀天皇陵　二四二メートル　中期末葉〜後期前葉

右の各グループごとに並べた古墳の中から最大規模の古墳をそれぞれ一基ずつピックアップして造営年代順に列記すると次のようになるだろう。ここでは古墳の造営地域を合わせ記しておく。

a　百舌鳥ミサンザイ古墳　三六五メートル　百舌鳥
b　誉田御廟山古墳　四二五メートル　古市
c　大山古墳　四八六メートル　百舌鳥
d　土師ニサンザイ古墳　二九六メートル　百舌鳥
e　岡ミサンザイ古墳　二四二メートル　古市

ここまでの作業に基づき、右の諸古墳を倭の五王の陵墓と解し、『宋書』夷蛮伝に記載する王を即位順に対応させてみると次のようになるだろう。

倭王讃――――百舌鳥ミサンザイ古墳　百舌鳥　三六五メートル
倭王珍――――誉田御廟山古墳　古市　四二五メートル
倭王済――――大山古墳　百舌鳥　四八六メートル
倭王興――――土師ニサンザイ古墳　百舌鳥　二九六メートル
倭王武――――岡ミサンザイ古墳　古市　二四二メートル

以上の検討によって倭の五王とそれに対応する陵墓がどれとどれであるかがほぼ明らかになってきた。ヤマト王権は始祖帝王ホムツワケの陵墓をまず百舌鳥野に経営したことがわかる。王陵の造営にまつわる伝承としては箸墓古墳の造営伝承が崇神紀に見えている。この陵墓は初代女王卑弥呼の奥津城とみてよいものである。それと並んで前節で検討した仁徳天皇陵にまつわる伝承は記念すべき始祖帝王にして倭王讃の造陵伝説であった可能性が強い。前著で論じたように、倭王讃＝ホムツワケ王の治世にまつわる伝承は応神・仁徳・履中天皇らの事績の中に解消されてしまったらしく、百舌鳥ミサンザイ古墳が履中天皇陵に治定されていることと、仁徳天皇の造陵伝承が本墳に関係することとは、本墳こそが真のホムツワケ王陵であることを強く示唆する現象であると言うべきである。

みられるとおり墳丘の規模は倭王讃を起点として珍・済の陵墓へと飛躍的に拡大していることが読みとれる。讃と済とは筆者の復原王系譜ではいずれも始祖帝王の位置にいる王者であるが、それらの陵墓がいずれも百舌鳥野に所在し、倭王済の大山古墳が倭王讃の百舌鳥ミサンザイ古墳のすぐ北側に中軸線をほぼ揃える形で威容を現していることは、後出の済王が讃王の系譜上の立場をきわめて強烈に意識しつつ造陵したと推測されること、さらに対外関係を強く意識して大阪湾からの側面観を重視した立地を選定していることを雄弁に物語っていて、仁徳天皇陵と伝えられてきた大山古墳の被葬者は允恭すなわちヲアサヅマワクゴスクネ王のものであることが検証できたのではないかと思う。

3　天皇陵の伝承

次に『古事記』『日本書紀』に記載されている天皇らの陵墓の所在地についての所伝を列記し、文献史料との整合性の程度を考察してみることにしよう。

天皇名	『古事記』	『日本書紀』
応神天皇	川内恵賀之裳伏岡	記載無し
仁徳天皇	毛受之耳原★	百舌鳥野陵★
履中天皇	毛受★	百舌鳥耳原陵★

反正天皇	毛受野★	耳原陵★
允恭天皇	河内之恵賀長枝	河内長野原陵
安康天皇	菅原之伏見岡	菅原伏見陵
雄略天皇	河内之多治比高鶴	丹比高鷲原陵

右の陵墓伝承のうち雄略天皇陵については『古事記』『日本書紀』いずれの所伝もきわめて安定しており、現仲哀天皇陵に治定されている岡ミサンザイ古墳をこれに比定することができるだろう。当墳の所在地は丹比郡に含まれ、隣接地域に高鷲の地名も遺存している。他方、羽曳野市島泉にある雄略天皇陵はおよそ王陵とは言えない代物で、古代史の点からは学問的な検討に値しない。

次に、★マークを付してある陵墓はいわゆる「百舌鳥三陵（仁徳・履中・反正天皇陵）」である。今、天皇名とは切り離して『古事記』の記述事項を取り出してみると、X「毛受之耳原」陵・Y「毛受」陵・Z「毛受野」陵という三つの微妙に異なった陵墓名になっていることがわかる。これらの陵墓名は古い伝承が遺存したものと考えられ、百舌鳥野に所在する三つの超巨大古墳に対応する陵号とすべきであろう。

次に同じようにして書紀の陵墓名を『古事記』のに対比させて並べてみると、x「百舌鳥耳原陵」・y「耳原陵」・z「百舌鳥野陵」となり、Xとx、Yとy、Zとzがそれぞれ対応しているものとすると、Y「毛受」陵とy「耳原陵」とが齟齬を来しており完全に一致しないことがわかる。書紀は耳原陵を重複して二つ記載しているので錯簡は書紀の編纂過程で生じたと想像され、『古事記』の伝承の方が正しく陵墓名を伝えていたと言わざるを得ない。そこで、百舌鳥三陵の陵号を天皇名と対応させながら改めて並べてみると、次のようになる。

		『古事記』	『日本書紀』
X	「毛受之耳原」陵	仁徳天皇	履中天皇・反正天皇
Y	「毛受」陵	履中天皇	
Z	「毛受野」陵	反正天皇	仁徳天皇

両書の記載事項を尊重し対比の作業を開始すると、それぞれの陵墓がどの天皇のものであるのか真相がまったく掴めない混乱が起こり、収拾のつかない事態となる。そこで、『延喜式』諸陵寮条の編纂に際しては、苦肉の策として百舌鳥三陵が全部「耳原」の地名に関係している事実に基づき、台地上に南北に整列する三基の古墳を機械的に耳原陵として当てはめることにし、さらに伝承の内容から仁徳陵(「百舌鳥耳原中陵」)を大山古墳に、履中陵(「百舌鳥耳原南陵」)を百舌鳥ミサンザイ古墳に、残る反正陵(「百舌鳥耳原北陵」)を田出井山古墳に充当することにしたと考えられるのであり、その把握の仕方が長らく現在に至るまで踏襲されてきているのであって、そうした擬定には何らの学問的な根拠が存在していないのである。

そこで、天皇との対比の作業はひとまず後回しにすることとして、X・Y・Zの記述事項をよく観察してみると、Yが「毛受」とだけあることに注目したい。と言うのは「毛受(百舌鳥)」という地名は大地名であって陵墓名を伝えるためには余りにも漠然とし過ぎた地名なのである。おそらく元来はこの下に耳原のような小地名が付してあった可能性が高く、伝承の過程でそれがどこか別の場所へ紛れ込んでしまったのではなかろうか。この点で注意をひくのは安康天皇の陵墓に関する伝承である。

安康天皇陵は所伝では奈良盆地北部の菅原伏見（奈良市菅原町・宝来町）にありとなっているが、現在皇陵として治定されているもの（「菅原伏見西陵」）は中世の山城跡とみられるもので古墳では決してなく、また付近に五世紀後半期の王陵とみなすべき古墳が見当たらないこと、さらに倭の五王の陵墓はすべて河内に造営されたと考えられることから、古市・百舌鳥古墳群中で陵墓参考地などに指定されている古墳を探索してみる必要があるのではなかろうか。

菅原という地名は各地にあって菅原道真の事績に関わる地名が大多数を占めているが、『古事記』『日本書紀』に記す安康天皇陵の「菅原之伏見岡（菅原伏見）」については実のところ国名の記載がないためにどこの土地のものかは不明で、安康陵にまつわる菅原を垂仁天皇陵（「菅原之御立野」「菅原伏見」）の陵号に引かれ、大和国内の地名とだけ結びつけた『延喜式』の解釈は絶対に正しいとは言えないのではなかろうか。

奈良時代の霊亀元（七一五）年四月、朝廷は垂仁天皇陵（櫛見山陵）と安康天皇陵（伏見山陵）に対して陵墓保護を目的として守陵戸を充てることにした。平城遷都後数年が経過し、両陵の所在地が都城域にかかり京戸住民が陵墓を荒らし穢すことが懸念されたからである。その記録によると、すでに当時安康天皇陵の所在地は平城右京にあるとみられていたことがわかり、『古事記』（和銅五年選）・『日本書紀』（養老四年選）の編者らも安康の陵墓は大和国添下郡菅原郷・「右京菅原寺」（『大僧正舎利瓶記』『行基年譜』）の付近とみなしていたことが判明する。しかるに、帝紀の記す陵墓号に国名や大地名の記載がないことは、単純に菅原を大和国内のものと決めてしまうことに疑問を懐かせる要素となるだろう。

周知のように菅原と土師は古代の氏族名で同族であり、『続日本紀』天応元年六月二十五日条に「居地の名に因りて、土師を改め以て菅原の姓と為さむ」とあるように、土師の方は職掌名で菅原は土師氏の居地名であったのである。右の改姓記事に該当する菅原は確かに大和国添下郡の地名であるが、同じ地名がより古く河内にあったとしても不思議ではないだろう。

和泉国大鳥郡には土師郷があり、それに隣接する河内国丹比郡にも土師郷があって「毛受腹」と称した土師氏の集団が当地に居住していた。そして、この土師郷の真っ只中に土師ニサンザイ古墳があり、この古墳こそが安康陵に比定されるべきではないだろうか。本墳の所在地は「百舌鳥の菅原伏見」または「百舌鳥の菅原伏見岡」と呼ばれ、広大な百舌鳥野の一角にあったとしてもおかしくないと思う。「伏見」とは菅原から西の方角間近に聳える二基の始祖帝王の陵墓を伏し拝み見るという意味にとれ、そうだとすると安康＝倭王興の陵墓を土師ニサンザイ古墳に擬定した先の作業と完全に一致する。よって、百舌鳥三陵のうちY「毛受」陵は『延喜式』の編者らが看過した土師ニサンザイ古墳のことであることが明確になったであろう。

ちなみに、百舌鳥耳原北陵の名称で反正天皇陵に治定されている現在の田出井山古墳（全長一四八メートル）は王陵の規模としてはまったく問題にならないもので、しかも造営年代は反正の治世とはかなりずれて中期後葉以降とされている。筆者は田出井山古墳の被葬者を允恭天皇と深い関係にあった大伴室屋ではないかと憶測しているが、断定はできず今後になお検討を要することを明記しておきたい。

こうしてみてくると、『古事記』『日本書紀』の陵墓名と残りの天皇らとの対比をどのように考えるのかが最後の課題になってくるだろう。

ところで、筆者の復原王系譜案から言えば応神・仁徳・履中三天皇は実在しない架空の帝王である。まず、応神天皇の陵墓伝承は『日本書紀』に記載がないというきわめて重大で不審な事態になっている。雄略紀九年七月条に「蓬蔂丘の誉田陵」にまつわる伝承があるので、応神陵が書紀編纂以前に治定されていたことは間違いがないが、それでも崩御記事の後に陵墓の記載が何もないというのは書紀編者が書き漏らしたというよりも、応神天皇そのものが虚構であったので陵墓の記録がなかったのではないかという疑いを懐かせるに十分な事実であろう。『古事記』の「川内恵賀之裳伏岡」はいずれか別の天皇陵の伝えを強引にあてはめたのではなかろうか。

直木孝次郎氏の興味深い指摘によると、応神の陵墓は百舌鳥にあるとする分註の所伝があったらしい。筆者の考えでは、これは応神がホムツワケ王の実在を否定するために創出された虚構の天皇であったためで、その陵墓が百舌鳥野にあるとされた理由の一つは、ホムツワケ王陵が百舌鳥野に所在すること、すなわちホムツワケ王陵を否定しようとする動きと関係があるのではなかろうか。しかしそうした見方だけでなく、ここで直木氏の応神・仁徳同体分化説が想起され、仁徳の陵墓が百舌鳥野にあるとされたのも仁徳と応神が一体の王者であるという観念から陵墓の所在地が百舌鳥野に考定された経緯を想定することもできる。

さらに、すでに論じてきたように筆者は履中天皇の系譜上の位置には本来ホムツワケ王が入るべきであると考えており、履中はホムツワケ王像を最もよく反映した天皇と言うべきであろう。このように応神・仁徳・履中三天皇の実在性が否定されるとするなら、『古事記』の陵墓伝承と対応すべき天皇は最終的には次のような形に整理されると思う。

ホムツワケ王
反正天皇
允恭天皇

ア　川内恵賀之裳伏岡
イ　毛受之耳原
ウ　毛受野
エ　河内之恵賀長枝

四陵墓の伝承に対して三人の王(天皇)が対応することになるが、イ「毛受之耳原」陵とウ「毛受野」陵は三王の内の二人の王の陵墓であることが確実であるため、残された一人の王の陵墓伝承がアとエのいずれかに対応することになるであろう。イは百舌鳥野にはじめて築かれた陵墓で年代的にもホムツワケ王陵とみなして問題がない。ウに関しては反正・允恭両天皇のうちいずれを比定しても大きな問題はないように思われるが、允恭天皇の陵墓はエと伝えられている。

允恭の陵墓については藤井寺市道明寺町大字国府に所在する市野山古墳に治定されている。『古事記』允恭段に「御陵在河内之恵賀長枝也」と記し、『日本書紀』允恭四十二年十月条には「葬天皇於河内長野原陵」とあり、さらに『延喜式』諸陵寮条にもこれらの所伝を踏襲して「恵我長野北陵」と規定されている。陵号に含まれる「恵賀（エガ）」は国府付近の古い地名でここには恵我市があり、「餌香の長野邑」（雄略紀十三年三月条）は陵墓地名と対応している。しかるに、筆者がこれまで精力的に論じてきたように允恭天皇は倭王済に相当する王者で、五世紀の王系譜のうちB系譜の始祖帝王としての位置にいる人物であった。その人物の陵墓が市野山古墳であるとはとうてい納得できるものではない。

市野山古墳は墳丘の規模からみて当代の王陵とは考え難く、そもそも「帝紀・旧辞」の編纂段階で陵墓の治定そのものが誤っていたか恣意的に治定された可能性が強い。エは王陵ではなく王妃・王子女陵の可能性が高く、試みに人物を特定してみると市辺宮の伝承を持つ市辺押歯別王の陵墓ではないかと推測され、同時期・同規模で古市・百舌鳥古墳群から孤立している太田茶臼山古墳（継体天皇陵）は大草香皇子の陵墓ではないかと考えられるのである。第一章でも述べたように、継体天皇はホムツワケ王　大草香皇子につながる系譜を有する人物であったので曽祖父の陵墓がある摂津の三島に奥津城（今城塚古墳）を構えたのではなかろうか。

そうなると残されたアこそが王の陵号で、応神天皇像の捏造に伴って別人に属する王陵を応神の陵墓のように見せかける強引な措置が施されたと考えられてくる。誉田御廟山古墳はその規模からみて明白にも王陵であることが確実であるから、これを反正天皇または允恭天皇の陵墓に比定しても誤りはないものと思う。そして、誉田御廟山古墳と大山古墳の年代観が一般的に言われているように前者の方が古いとするならば、誉田が反正天皇に、大山が允恭天皇に対応するであろう。

以上のように、倭の五王の陵墓は文献からも究明できる内容を含んでいることが理解されただけでなく、幕末から維新期にかけて実施された皇陵治定がいかに杜撰で非学問的な内容のものであったかが明らかになったことと思う。『古事記』『日本書紀』の天皇系譜をそのまま信用して建てられた陵墓論はまさに砂上の楼閣というほかない代物であったと言わざるを得ない。本節を締めくくるに当たり、筆者の陵墓論の結論を示しておきたい。

・倭王讃	ホムツワケ王	百舌鳥耳原陵	百舌鳥ニサンザイ古墳
・倭王珍	ミズハワケ王(反正天皇)	川内恵賀裳伏岡陵	誉田御廟山古墳
・倭王済	ヲアサヅマワクゴスクネ王(允恭天皇)	百舌鳥野陵	大山古墳
・倭王興	アナホ王(安康天皇)	百舌鳥菅原伏見岡陵	土師ニサンザイ古墳
・倭王武	オオハツセワカタケル王(雄略天皇)	丹比高鷲原陵	岡ミサンザイ古墳

4　倭の五王の殯宮

前に引用した『日本書紀』仁徳六十七年十月条が明示しているように、王陵の造営は当該王者の生前中から葬地の選定と築造が開始されることになっていた。これを寿陵と称する。とりわけ四、五世紀代の王陵は規模がきわめて大きく、王の死後から造営を始めた場合には葬送儀礼が余りにも長期にわたり、その間に次代の王が没するという事態が起こりかねないのである。書紀によると仁徳天皇は治世八十七年に死亡したことになっているから、最長でおよそ二十年かけて陵墓が造られたということになる。そして、死亡してから遺骸が埋葬されるまでの間には正宮とは別の場所において殯宮の儀礼が執り行われた。仁徳のばあいには崩御から埋葬までおよそ九ヶ月間にわたり殯宮儀礼が行われたことになる。問題はその殯宮がどこに設置されていたかである。

筆者は以前から直木孝次郎氏らの河内政権論に疑問を懐いてきたが、その理由の一つは応神や仁徳の宮室が難波にあったとされる伝承に疑いを持ってきたことにある。歴史的にみると難波に宮室を置いた最初の天皇は欽明であるらしく、欽明元年九月条に「難波祝津宮に幸す。大伴大連金村・許勢臣稲持・物部大連尾輿等、従へまつる」とあって、上町台地の縁辺部に所在する港津の一つに行宮を設置し、そこで重臣らと外交のことを協議したようである。その次に問題になるのは孝徳天皇の難波宮であり、これは大和国外で最初に正宮となった確実な事例で、奈良時代に難波宮はほんの短期間ではあるが聖武天皇の皇都とされた事実も想起される。

河内政権論の重要な論拠の一つは、応神・仁徳・履中・反正天皇らの陵墓が河内に所在するという理由だけではなく、天皇の宮室や対中国外交の拠点である住吉大津・難波大津が難波や河内にあったとする『古事記』『日本書紀』の所伝を頭から信用していることにあると考えられる。王陵と宮室が河内にあるのだから五世紀の天皇は河内に出現した政権の君主であるとする考えが生まれるのは当然であるが、しかし筆者は宮室の伝承にはすこぶる疑わしい点があり、五世紀の王宮はやはり奈良盆地に所在したと考える方が正しいだろうと思う。前著ではその一例として始祖帝王ホムツワケの王宮が磐余にあり、ホムツワケ王こそが初代磐余彦なのだということを論じ、さらに本書では先ほどホムツワケ王の陵墓を百舌鳥ミサンザイ古墳に当てることができると指摘した。そうすると、問題はホムツワケ王の殯宮がどこに設置されたかということになるだろう。

この課題を解決に導くためには各々の天皇について殯宮の伝承をピックアップすることが大事であるが、遺憾なことに殯宮のことに言及した記事はまったく存在しないのである。サホヒコ王の后妃イワノヒメの殯宮が筒木(城)宮であることを第五章で指摘できたが、これはきわめて幸運な事例であり、天皇の殯宮に関しては究明する手がかりはほとんど期待できない状態にあるので、これを問題にした先学もいないのである。しかるに、少し考え方を変えてみると応神や仁徳の正宮とされる難波・河内の宮室こそが実のところ殯宮であったのではないかと想定されてくるのである。当時の殯宮儀礼は相当に長い期間を費やして行われたと考えられるので、殯宮にまつわる伝承が生前の王宮に間違われて伝えられたということも想定されるのである。そこで、試みに倭の五王の時代に当たる天皇たちの宮室伝承を一覧に供してみよう。

	『古事記』	『日本書紀』
応神	軽嶋之明宮	難波大隅宮★

		明宮
仁徳	難波之高津宮★	難波高津宮★
履中	難波宮★	磐余稚桜宮
	伊波礼之若桜宮	
反正	多治比之柴垣宮★	丹比柴籬宮★
允恭	遠飛鳥宮	〔記述無し〕
安康	石上之穴穂宮	石上穴穂宮
雄略	長谷朝倉宮	泊瀬朝倉宮
清寧	伊波礼之甕栗宮	磐余甕栗宮
顕宗	近飛鳥宮	近飛鳥八釣宮
仁賢	石上広高宮	石上広高宮
武烈	長谷之列木宮	泊瀬列城宮

これによると応神から反正までの宮室は一部を除くと難波・河内（★マーク）にあり、允恭から後はすべて大和に所在したこととなる。しかも後者の宮室には異伝がほとんどなく『古事記』『日本書紀』の帝紀の記述が安定していたことを示しているのに、前者の場合には伝承が混乱しているように思われる。その理由はおそらく応神・仁徳・履中の三天皇が実在しない架空の天皇で、女王サホヒメや始祖帝王ホムツワ

ケの治世を隠匿し消去するために捏造された天皇たちだったからであろうと考えられる。それゆえに宮室の伝承も不安定な内容になっていると推測できるであろう。応神の場合はその混乱が典型的に出ており、『古事記』では大和の「軽嶋之明宮」を治天下の正宮とするが、書紀は「難波大隅宮」を挙げ、一方では崩御の場所を「明宮」と記しているのである。これでは応神の宮室は大和だったことになるだろう。

応神と仁徳が難波に都を構えたとする伝えは最も信憑性に乏しい。なぜならば、難波の一帯は五世紀後半頃までは鬱蒼たる照葉樹林の生い茂る台地で、難波大津が当地に開かれた時期については先ほど述べた欽明朝の前後とみなしてよく、直木氏も上町台地北端付近の法円坂で発見された巨大倉庫群の建てられた五世紀後半頃に開港されたと推測されているからである。難波大津は上町台地北端部付近に人口の河川(大川)が開削されてから形成された港津とみられるから、仁徳朝に淀川中・下流域の大規模開発が行われたとする伝承自体には歴史的な根拠がないのである。

当時の大津は住吉(墨江)にあり、難波は人口の希薄な未開発地であったとしてよく、難波大隅宮と難波高津宮は五世紀前半の王者の殯宮として伝承されていた宮名ではなかろうか。上町台地は大阪平野では最も西寄りの標高の高い土地柄であり、最近の数多い発掘調査では台地の各所に樹枝状の谷が入り込み複雑な地形になっていたことが判明しており、また大隅は「難波の八十島」の一つ大隅島(安閑紀二年九月条)のことと考えられるから、このような所に宮都が造営されたとも思われないのである。むしろ、静寂と自然の支配する聖域として、また大阪平野全域と茅渟海・淡路島を見渡す眺望の点などからも王者の殯宮がここに置かれたと推測する方がよいであろう。そして、応神・仁徳に対応する天皇となるとホムツワケ王とヲアサヅマワクゴスクネ王こそがふさわしく、これらの王の殯宮儀礼が難波で執行された蓋然性が高いのではなかろうか。

同じことは反正の多治比之柴垣（籬）宮についても言えるだろう。丹比の地は大和と河内をほぼ直線で結ぶ幹線交通路（横大路・竹内街道）沿いに位置し、宮室を置くのに適した場所であるとも言えるが、当地は「多遅比野」とも呼ばれたように水利の悪い原野の卓越した土地柄で、平安時代でも易田を倍給しなければならないほどの痩せ地であった（『類聚三代格』弘仁十二年六月四日付官符）。また丹比はちょうど古市・百舌鳥古墳群の造営地の中間に当たる場所でもあり、このような土地には殯宮儀礼を行う施設を置くのが好適と考えられ、柴垣（籬）というような宮名も簡素な殯宮にふさわしい名称と言える。

したがって反正の宮室はやはり大和にあったのではないかと推測され、その地は応神の宮室とされる「軽嶋之明宮」ではなかったか。前節で述べたように、応神天皇の陵墓はミズハワケ王陵の誉田御廟山古墳に充当された疑いが濃い。それと同じく応神の宮室もミズハワケ王宮の伝承を利用した可能性があると思う。A系譜のホムツワケ王は幼少時には女王サホヒメの「来目高宮」で養育を受け、即位後には「磐余若桜宮」を正宮とし、その弟ミズハワケ王もまた父クメノイサチに所縁のあった軽の地に宮室を構えたと推測されるからである。

いずれにせよ、倭の五王の時代の王宮はすべて大和にあったというのがここでの結論であり、河内から起こった政権などという歴史構想は妄想の類でしかないであろう。

参考文献

日本古典文学大系『日本書紀』上（岩波書店、一九六七年）。

日本古典文学大系『日本書紀』下（岩波書店、一九六五年）。

日本古典文学大系『古事記祝詞』（岩波書店、一九五八年）。

日本思想大系『古事記』（岩波書店、一九八二年）。

和田清・石原道博編訳『魏志倭人伝他三篇』（岩波書店、一九五一年）。

朝鮮史学会編『三国史記』（国書刊行会、一九七一年）。

林友春『三国遺事』（学習院大学東洋文化研究所、一九六四年）。

武田幸男編著『広開土王碑原石拓本集成』（東京大学出版会、一九八八年）。

*

池内宏『日本上代史の一研究』（中央公論美術出版、一九七〇年）。

池田温『東アジアの文化交流史』（吉川弘文館、二〇〇二年）。

井上秀雄・旗田巍編『古代日本と朝鮮の基本問題』（学生社、一九七四年）。

井上光貞『日本国家の起源』（岩波書店、一九六〇年）。

井上光貞『日本古代国家の研究』（岩波書店、一九六五年）。

今西龍『朝鮮史の栞』（国書刊行会、一九七〇年）。

今西龍『新羅史研究』（国書刊行会、一九七〇年）。

今西龍『百済史研究』（国書刊行会、一九七〇年）。

今西龍『朝鮮古史の研究』（国書刊行会、一九七〇年）。

上田正昭『日本古代国家成立史の研究』（青木書店、一九五九年）。

上田正昭『日本古代国家論究』（塙書房、一九六八年）。

上田正昭『大和朝廷』（角川書店、一九七二年）。

上田正昭編『論集日本文化の起源2』（平凡社、一九七一年）。

上田正昭・井上秀雄編『古代の日本と朝鮮』（学生社、一九七四年）。

大橋信弥『日本古代国家の成立と息長氏』（吉川弘文館、一九八四年）。

大橋信弥『日本古代の王権と氏族』（吉川弘文館、一九九六年）。

大橋信弥『古代豪族と渡来人』（吉川弘文館、二〇〇四年）。

大橋信弥『継体天皇と即位の謎』（吉川弘文館、二〇〇七年）。

大山誠一『日本古代の外交と地方行政』（吉川弘文館、二〇〇九年）。

大脇由伎子「仁徳記石之日売物語の構想」（『菅野雅雄博士古希記念古事記　日本書紀論究』おうふう、二〇〇二年）。

岡田精司『古代王権の祭祀と神話』（塙書房、一九七〇年）。

加藤謙吉『吉士と西漢氏』（白水社、二〇〇一年）。

加藤謙吉『大和政権とフミヒト制』（吉川弘文館、二〇〇二年）。

加藤謙吉『大和の豪族と渡来人』（吉川弘文館、二〇〇二年）。

鎌田純一編『甲斐国一之宮浅間神社誌』（浅間神社、一九七九年）。

川口勝康「五世紀の大王と王統譜を探る」（原島礼二他編『巨大古墳と倭の五王』青木書店、一九八一年）。

北郷泰道『熊襲隼人の原像』（吉川弘文館、一九九四年）。

鬼頭清明『日本古代国家の形成と東アジア』（校倉書房、一九七六年）。
金鉉球『大和政権の対外関係研究』（吉川弘文館、一九八五年）。
金錫亨『古代朝日関係史』（勁草書房、一九六九年）。
金廷鶴『日本の歴史　別巻Ⅰ　任那と日本』（小学館、一九七七年）。
栗原朋信『上代日本対外関係』（吉川弘文館、一九七八年）。
笠井倭人『研究史倭の五王』（吉川弘文館、一九七三年）。
岸俊男『日本古代政治史研究』（塙書房、一九六六年）。
岸俊男『日本古代宮都の研究』（岩波書店、一九八八年）。
岸俊男『日本古代文物の研究』（塙書房、一九八八年）。
神戸市教育委員会『史跡五色塚古墳復元整備事業概要』一九八七年。
越まほろば物語編纂委員会編『継体大王の謎に挑む』（六興出版、一九九一年）。
御所市教育委員会編『古代葛城とヤマト政権』（学生社、二〇〇三年）。
小林敏男『古代王権と県・県主制の研究』（吉川弘文館、一九九四年）。
小林敏男『日本古代国家形成史考』（校倉書房、二〇〇六年）。
小林行雄『古墳時代の研究』（青木書店、一九六一年）。
佐伯有清『新撰姓氏録の研究』本文篇（吉川弘文館、一九六二年）。
佐伯有清『日本古代の政治と社会』（吉川弘文館、一九七〇年）。
佐伯有清『研究史　広開土王碑』（吉川弘文館、一九七四年）。
佐伯有清『広開土王碑と参謀本部』（吉川弘文館、一九七六年）。

佐伯有清『七支刀と広開土王碑』（吉川弘文館、一九七七年）。

佐伯有清『古代東アジア金石文論考』（吉川弘文館、一九九五年）。

坂元義種『古代東アジアの日本と朝鮮』（吉川弘文館、一九七八年）。

坂元義種『倭の五王』（教育社、一九八一年）。

志田諄一『古代氏族の性格と伝承』（雄山閣、一九七二年）。

志水正司「倭の五王に関する基礎的考察」（『史学』三九―二、一九六六年）。

白石太一郎『古墳と古墳群の研究』（塙書房、二〇〇〇年）。

白石太一郎編『古代を考える　古墳』（吉川弘文館、一九八九年）。

末松保和『任那興亡史』（吉川弘文館、一九四九年）。

末松保和『新羅の政治と社会』上（吉川弘文館、一九九五年）。

末松保和『新羅の政治と社会』下（吉川弘文館、一九九六年）。

末松保和『高句麗と朝鮮古代史』（吉川弘文館、一九九七年）。

鈴木靖民編『日本の時代史　2倭国と東アジア』（吉川弘文館、二〇〇二年）。

高槻市教育委員会編『継体天皇と今城塚古墳』（吉川弘文館、一九九七年）。

武田幸男「平西将軍倭隋の解釈」（『朝鮮学報』七七、一九七五年）。

武田幸男「六世紀における朝鮮三国の国家体制」（『東アジア世界における日本古代史講座』4、学生社、一九八〇年）。

武田幸男『高句麗史と東アジア』（岩波書店、一九八九年）。

田中俊明『大加耶連盟の興亡と「任那」』（吉川弘文館、一九九二年）。

津田左右吉『日本古典の研究』上（岩波書店、一九四八年）。

津田左右吉『日本古典の研究』下（岩波書店、一九五〇年）。

津田左右吉『津田左右吉全集』第十一巻（岩波書店、一九六四年）。

津田左右吉『津田左右吉全集』第十二巻（岩波書店、一九六四年）。

藤間生大『倭の五王』（岩波書店、一九六八年）。

直木孝次郎『日本古代国家の構造』（青木書店、一九五八年）

直木孝次郎『日本古代の氏族と天皇』（塙書房、一九六四年）。

直木孝次郎『日本古代兵制史の研究』（吉川弘文館、一九六八年）。

直木孝次郎『奈良』（岩波書店、一九七一年）。

直木孝次郎『日本古代国家の成立』（社会思想社、一九八七年）。

直木孝次郎『難波宮と難波津の研究』（吉川弘文館、二〇〇四年）。

直木孝次郎『日本古代の氏族と国家』（吉川弘文館、二〇〇五年）。

直木孝次郎『古代河内政権の研究』（塙書房、二〇〇五年）。

直木孝次郎・小笠原好彦編著『クラと古代王権』（ミネルヴァ書房、一九九一年）。

中田興吉『大王の誕生』（学生社、二〇〇八年）。

新野直吉『国造と県主』（至文堂、一九八一年）。

西嶋定生『中国古代国家と東アジア世界』（東京大学出版会、一九八三年）。

西嶋定生『日本歴史の国際環境』（東京大学出版会、一九八五年）。

浜田耕策「高句麗広開土王陵碑文の虚偽と実像」（『日本歴史』三〇四、一九七三年）。

浜田耕策「高句麗広開土王陵碑文の研究」（『朝鮮史研究会論文集』十一、一九七四年）。

原島礼二『倭の五王とその前後』（塙書房、一九七〇年）。

兵庫県『兵庫県史』第一巻（兵庫県史編纂専門委員会、一九七四年）。

枚方市文化財研究調査会編『継体大王とその時代』（和泉書院、二〇〇〇年）。

平野邦雄『大化前代政治過程の研究』（吉川弘文館、一九八五年）。

平林章仁『蘇我氏の実像と葛城氏』（白水社、一九九五年）。

星野良作『広開土王碑研究の軌跡』（吉川弘文館、一九九一年）。

前田晴人『神功皇后伝説の誕生』（大和書房、一九九八年）。

前田晴人『女王卑弥呼の国家と伝承』（清文堂出版、一九九九年）。

前田晴人『古代王権と難波河内の豪族』（清文堂出版、二〇〇〇年）。

前田晴人『三輪山―日本国創成神の原像』（学生社、二〇〇六年）。

前田晴人『古代出雲』（吉川弘文館、二〇〇六年）。

前田晴人『古代女王制と天皇の起源』（清文堂出版、二〇〇八年）。

前之園亮一『古代王朝交替説批判』（吉川弘文館、一九八六年）。

前之園亮一「允恭天皇の高句麗遠征計画と茅渟行幸伝承」（『東アジアの古代文化』八十七、一九九六年）。

黛弘道『律令国家成立史の研究』（吉川弘文館、一九八二年）。

黛弘道「允恭天皇の盟神探湯」（『東アジアの古代文化』八十八、一九九六年）。

黛弘道「允恭朝に関する考察」（『学習院大学文学部研究年報』四十四輯、一九九七年）。

三上次男『高句麗と渤海』（吉川弘文館、一九九〇年）。

水谷千秋『継体天皇と古代の王権』（和泉書院、一九九九年）。

水野祐『古代社会と浦島伝説』上下（雄山閣、一九七五年）。
水野祐『日本古代の民族と国家』（大和書房、一九七五年）。
水野祐『日本古代王朝史論序説〔新版〕』（早稲田大学出版部、一九九二年）。
本居宣長『校訂古事記伝』（吉川弘文館、一九〇二年）。
山尾幸久『日本国家の形成』（岩波書店、一九七七年）。
山尾幸久『日本古代王権形成史論』（岩波書店、一九八三年）。
山尾幸久『日本古代の国家形成』（大和書房、一九八六年）。
山尾幸久『古代の日朝関係』（塙書房、一九八九年）。
山尾幸久『古代王権の原像』（学生社、二〇〇三年）。
吉井巌『天皇の系譜と神話』一（塙書房、一九六七年）。
吉井巌『天皇の系譜と神話』二（塙書房、一九七六年）。
吉田晶『古代の難波』（教育社、一九八二年）。
吉田晶『吉備古代史の展開』（塙書房、一九九五年）。
吉田晶『卑弥呼の時代』（新日本出版社、一九九五年）。
吉田晶『倭王権の時代』（新日本出版社、一九九八年）。
吉田晶『七支刀の謎を解く』（新日本出版社、二〇〇一年）。
吉田晶『古代日本の国家形成』（新日本出版社、二〇〇五年）。
吉村武彦『日本古代の社会と国家』（岩波書店、一九九六年）。
吉村武彦『古代天皇の誕生』（角川書店、一九九八年）。

李永植『加耶諸国と任那日本府』（吉川弘文館、一九九三年）。
李進熙『広開土王陵碑の研究』（吉川弘文館、一九七二年）。
李成市『古代東アジアの民族と国家』（岩波書店、一九九八年）。
渡里恒信「継体天皇の祖先について」（『続日本紀研究』三五七、二〇〇五年）。
渡里恒信『日本古代の伝承と歴史』（思文閣出版、二〇〇八年）。

おわりに

　五世紀の倭の五王時代の復原王系譜を起点としてさまざまな議論を展開してみた。むしろ冒頭に図化した王系譜の史実性を検証するために書かれたのが本書であると言ってもよい。結論と検証の過程との順序が逆転しているが、『古事記』『日本書紀』両書の天皇系譜があまりにも常識化している現状を打開するためのやむをえない措置であるとお考えいただければ幸いである。古い時期の天皇系譜は理念上の虚構とみなさなければならないのであるが、そのような批判的な見方をするようになった歴史がまだ浅いために、「ほぼ信用できる」というような先学の保守的で根拠のない権威主義的な学説がわれわれの精神を執拗に支配しようとするのである。しかし、学問においては常識や通念ほど危険で恐ろしいものはないであろう。

　本書で明らかにしようとした基本的な史実はただ一つだけであり、五世紀の王統は四世紀後半の時期にそれまでの「女王制(女王の国)」が解体・廃止された結果生み出されたもので、系譜のはじめに位置づけられた四人の男女こそが王統譜の開祖・太祖に当たる人々であったということである。『古事記』『日本書紀』に記され固定された一系の天皇系譜は後世に造作された偽系譜の類であって、最早これを史実とみなすことはできないであろう。

　当時の王統はその成立由来から推定して二系統であるのは当然であったが、両者はまぎれもなく血縁関係で結ばれた同族であり、まったく系統の異なる二つの王家という発想が誤りであることを明らかに示している。一系の王統としての血筋は未成立であるが、聖なる王の血は限られた範囲内に継承されたことがわかる。「二つの王家」という概念は古代史研究者の研究意欲をそそるものであるが、これまで二つの王家の存在を想定しながら何らの議論も展開することができなかった根本の理由は、王家の血縁関係の具体相が何ひとつわからなかったことにあり、その原因は四世紀以前の王権の政治形態が「女王制(女王の国)」であったという事実がこれまでまったく認知されて来なかったことによるであろう。

本書では五世紀の二つの王統譜をめぐってある意味では対立の様相を基軸にしながら論じてきた。こうした論議が正鵠を射るものであるかに一抹の不安が残るが、このような観点からB系譜の始祖的な位置にある允恭天皇に関わる多くの問題を究明できたと思う。それは両系譜が宿命的にフラットな地位にはなかったためである。B系譜の王統が専制的な王権強化策を推進したのはA系譜への強烈な対抗意識の現われであり、系譜の正統化を図ることを絶えず強いられた王たちの結末は系譜それ自体の断絶という事態に陥ったことである。それらの詳しい実相と顛末については筆者の次の研究課題にしたいと思う。

なお、本書では女王制の解体・廃止の方向から倭の五王の時代の王家が二つあったことを明らかにしたが、もう一つの方法論として継体天皇の祖先系譜を究明するという視点からも課題を解決しようと努めてみた。その結果、継体の祖父が帝王殺しで著名な眉輪王その人であることが判明し、継体は父系においてはホムツワケ王の五世孫であること、継体はA・B両系譜からの血筋を受け継いだ正真正銘の王族であったことが確実となり、さらに彼の父汙斯王が近江にいたのは祖父の大罪による流罪・追放によってであることが想定できるようになった。継体天皇の祖先系譜に関するこれらの諸事実を踏まえながら、今後もさらに追究の努力を一層強めたいと思っている。

もう一つ付言しておく必要があるのは、以前から古代朝鮮史について研鑽を積む必要性を痛感し、これまで自分なりに牛歩の足取りで検討を重ねてはきたものの、なお不勉強のために叙述の全体像が曖昧模糊とした状態にあり、本書のさまざまな局面で史料解釈上のつまらない過誤を犯している可能性があるということである。また、先学の研究に対して誤解やあらぬ批判をしている場合がありそうであるが、未熟の故のこととしてご海容賜れば幸いである。古代王権成立史の問題については倭国内だけでことが片付くものではなく、とりわけ古代朝鮮の歴史に関し一定の見識を持たなければ何らの発言もできないことが今回の経験で実感できた。これまでにない新たな見解を披瀝できたと思われる点も幾つかあるが、今後も注意深く且つ精力的に研究を進めるつもりであることを銘記してひとまず筆を擱くことにしたい。

最後になったが、本書の刊行に際し同成社編集部の三浦彩子さんにはひとかたならないお世話になった。適切なご教示と想いがけないアドバイスを数多く頂戴し、校正の作業をことのほか楽しく進めることができた。さらに、筆者のさまざまな提案や要望を受け容れて下さり、まことにありがたく感謝の想いでいっぱいである。また、刊行を快く承諾してくださった同成社には心より厚くお礼を申し上げたい。

二〇〇九年十月十一日

前田晴人

倭《わ》の五王《ごおう》と二《ふた》つの王家《おうけ》

■著者略歴■
前田　晴人（まえだ　はると）
1949年　大阪市生まれ
1977年　神戸大学大学院文学研究科修士課程修了
現　在　大阪府立堺工科高等学校教諭

主要著書
『日本古代の道と衢』（吉川弘文館、1996年）、『古代王権と難波・河内の豪族』（清文堂出版、2000年）、『飛鳥時代の政治と王権』（清文堂出版、2005年）、『古代出雲』（吉川弘文館、2006年）、『古代女王制と天皇の起源』（清文堂出版、2008年）

2009年11月30日発行

著　者　前　田　晴　人
発行者　山　脇　洋　亮
組　版　㈲　章　友　社
印　刷　モリモト印刷㈱
製　本　協　栄　製　本㈱

発行所　東京都千代田区飯田橋4-4-8東京中央ビル内　㈱同成社
TEL 03-3239-1467　振替 00140-0-20618

ISBN978-4-88621-501-7 C3021